KB197370

인문코딩

포스트휴먼사이언스 9

인문코딩

인문학과 인공지능의 공진화

박충식·정광진·이상동·심형준
박진호·오영진·석기용·최복희 지음

파이돈

벌써 몇 년 전 일이라 정확히 기억나진 않지만 아마도 존 롤스였던 것 같습니다. 여느 날과 같이 신문기사를 읽는데, 누군가가 그 철학자를 인용해 우리 사회의 문제를 지적하는 게 눈에 들어왔습니다. 그걸 보고 엉뚱한 생각이 들었습니다.

'어떤 철학자의 사상을 코드화해서 컴퓨터가 익히게 하고 사회문제를 거기다 넣는다면, 그 철학자는 입력된 문제에 대해서 어떤 설명이나 해답을 내놓지 않을까? 이런 게 저절로 나오게 하면 어떨까? 그렇다면 사회문제를 좀 더 생산적으로 접근하고 해결할 수 있지 않을까?'

아직 챗GPT가 세상을 휩쓸려면 2~3년은 남은 때였습니다. 지금이었다면 그냥 '철학 AI'를 떠올렸을 텐데 말입니다. 마침 그때 옆에 앉아 있던 분이 법무법인 민후의 김경환 변호사였습니다. 제 생각을 말했더니 재미있었는지 한참 이런저런 상상을 하시다가 "인문코딩"이라는 단어를 만들어냈습니다. 다시 말씀드리지만, 지금이었다면 그냥 "철학 AI"라고 멋없는 말만 했을 텐데, 다행히 챗GPT가 유명해지기 전이라 나름 낭만이 배어 있는 단어가 탄생했습니다.

그리고 지금 "인문코딩"이 한 권의 책으로 세상에 선보이게 된 순간. 좀 더 이른 시점에 이 개념이 태어난 것을 정말 다행으로 여깁니다. 어쩌면 그냥 챗GPT라는 한 회사의 도구에 파묻혔을지도 모를 잠깐의 상상이, 하나의 이름을 가지고 우리의 손을 떠나 세상으로 나아간 뒤 여러 학자의 광활한 사유를 거닐며 훨씬 더 큰 세상을 만들어가고 있는 것을 알게 되었기 때문입니다.

온 세상이 인공지능이 무엇을 할 수 있을까, 사람이 어디까지 대체될까 궁금해합니다. 하지만 저는 항상 사람이 무엇을 할 수 있을까, 사람이 어디까지 어울릴까 궁금합니다. 그 답을 이 책에서 엿보았습니다.

사람은 이루고자 하는 목적을 스스로 명확하게 가질 수 있는 존재입니다. 사람은 기술에 대체되는 존재가 아니라 기술의 창조주로서 초월하는 사유로 여러 도구를 적재적소에 배치하고 활용하는 존재입니다. 사람은 사회, 역사, 종교, 언어, 예술, 철학 등 여러 분야와 학문을 탄생시키는 존재이며, 기술을 어느 분야와 학문에도 어울리게 사용할 수 있고, 기술을 활용해 세상 누구와도 서로 생각을 주고받을 수 있는 존재입니다.

어린(?) 제자의 사소하고 엉뚱한 아이디어 하나도 지나치지 못하고 재미있겠다고 말할 수 있는 존재이고(백종현 연구소장님), 어느 날 갑자기 던져진 단어 하나에 영감을 얻어 수년간 학자들과 연락하고 끈질긴 연구로 세상을 확장할 수 있는 존재이며(박충식 선생님), 깊은 파고듦으로 새로운 세상을 창조하여 사람들을 초대할 수 있는 존재입니다(정광진, 이상동, 심형준, 박진호, 오영진, 석기용, 최복희 선생님).

네, 그렇습니다. 우리는 굳이 앞날을 비관하거나 지나치게 두려워하지 않아도 될 것 같습니다. 이렇게 즐겁고 유익한 사유가 넘쳐나고 새로운 세상이 매일 펼쳐지며, 우리 모두에게는 샘솟는 창조의 잠재력이 있으니까요.

    그 새삼스러운 진리를 다시 한번 깨우쳐 주신 이 책의 저자분들께 진심으로 감사드리며, 이분들이 어울려 낸 '인문 곱하기 코딩'의 세계에 여러분 모두를 초대합니다.

2024년 12월
최주선
한국포스트휴먼연구소 이사장

인문코딩이란 무엇인가

'인문코딩'이란 "인문사회학적 지식과 상상력에 기반하여 컴퓨터 프로그램 만들기"로 정의하고자 한다. 사실 이렇게 정의하더라도 몇 가지 다른 정의들을 떠올릴 수 있다. 첫째, 인문코딩은 코딩의 목적이나 결과가 인간의 삶이나 사회, 문화에 끼치는 영향을 탐구하는 것을 의미할 수 있고, 둘째, 인문사회학계에서 제기하는 복잡한 문제들(믿음, 감정, 의식, 윤리, 자유, 정의, 행복 등)을 코딩 기술로 탐구하는 것을 의미할 수 있다. 셋째, 인간과 사회의 다양한 문제들을 코딩을 활용해 기술적으로 해결하기 위하여 인문사회학적 이론들을 활용하는 것을 의미할 수도 있다.

첫 번째 의미로서의 인문코딩은 과학기술 철학, 기술비평, 인공지능 윤리학 등에서 이미 많은 논의를 진행하고 있으므로 특별히 새로운 통찰을 주지는 못한다. 두 번째 의미로서의 인문코딩은 코딩으로 만들어진 프로그램, 특히 인공지능을 표방하는 프로그램에 대한 탐구를 통하여 인간의 믿음, 감정, 의식, 윤리, 자유, 정의, 행복 등의 문제들을 재고하는 것이다. 이러한 관점은 인간도 정보를 처리하는 하나의 생명 기계일 수 있다는 계산주의적 이론을 가정하고 있지만, 그렇다고 해서 인간이 곧 기계라는 것을 의미하는 것은 아니다. 이러한 탐구는 기계와 인간의 차별성을 더욱 잘 이해할 수 있는 통찰력을 줄 수 있다. 세 번째 의미로서의 인문코딩은 인문사회학적 이론과 상상력에 기반한 프로그램으로 인간과 사회의 문제들을 해결하고 좀 더 나은 인공지능 기술을 개발하는 것이다.

인문코딩, 인문사회학과 프로그램 개발의 시너지 효과 제고

위 세 가지 의미가 어떤 면에서는 다소 얽혀 있지만, 필자는 이 글에서 주로 두 번째와 세 번째 의미에서의 인문코딩을 중심으로 이야기하고자 한다[1]. 여러 사회적 문제에 대해서는 오랫동안 풍부한 인문사회학적 논의와 이론들이 있었으므로 이를 기반으로 분석적인 계산 모델을 구축하고 방대한 데이터를 기반으로 한 다양한 분석과 대안을 모색할 수 있다. 인간의 인지와 사고에 대한 철학과 심리학의 수많은 이론은 미시 수준의 뇌 과학이 줄 수 없는 통찰을 제공함으로써 다양한 기능적 수준의 마음 계산 모델을 만들고 탐구하는 것을 가능하게 한다. 인지과학에서는 이러한 마음 계산 모델을 인지구조cognitive architecture 라고 한다. 인지구조의 계산 모델은 수많은 사람의 집단적인 행위의 결과인 인문사회학적 현상과 무관할 수 없다. 인간의 행위를 결정하는 믿음, 감정, 의식, 윤리, 자유, 정의, 행복 등은 사회적 관계에서만 이해될 수 있고, 이에 기반이 되는 언어와 지식도 사회를 떠나 존재할 수 없다. 인지구조의 마음 모델은 인문사회학적 환경과 변화하는 자연환경의 영향을 받기 때문에 사회적 문제와 인지구조는 끊임없이 상호작용한다. 따라서 인간을 인력과 척력을 가진 입자로 추상화하는 사회물리학social physics 같은 모델이 매우 명료한 결과를 보여주기는 하지만, 거기서 변화하는 인간에 대한 충분한 통찰을 기대하기는 어렵다. 인간과 사회는 단순한 반복을 넘어서는, 항상 새로운 형태의 끊임없는 상호작용을 한다. 즉 자연환경이 변하면 인간의 행동이 변하고, 인간의 행동이 변하면 사회적 환경 또한 변화하며, 사회적 환경은 다시 인간 행동의 변화를 추동한다. 따라서 특정한 시점의 인간들은 다양한 탐구를 통하여 최선의 선택을 함으로써 스스로에 대한 이해를 발전시켜 나갈 수밖에 없다. 인문코딩은 이러한 인간과 사회의 상호작용을 반영하는 인문사회학의 통찰을 프로그램으로 구현하여 분석하고 구체화하려는 시도이기에 인문사회학과 프로그램 개발 등 두 분야가 서로 시너지 효과를 내는 데 크게 기여할 것으로 전망한다. 특히 "지능은 인간과 같은 몸이 전제되어야 한다", "인간의 사고는 상당 부분 유비추론에 기반한다", "인간의 인지는 거의 대부분 무의식적이며 진화적으로 무의식으로부터 의식이 발생하였다", "감정이 의사결정에 핵심적인 기능을 한다" 등 인간의 사고와 행위에 대해 다양한 통찰을 주는 인문사회학적 이론들이 많이 존재하는데, 이러한 통찰들은 인공지능의 발전에도 기여할 것으로 생각한다.

챗GPT, Gemini, Claude와 같은 대규모 언어모델LLM: Large Language Model을 인문코딩의 관점에서 살펴보자. 오늘날 많은 사람이 사용하는 이러한 인공지능 기술들이 놀라운 성능을 보여주고 있지만, 이를 운영하기 위해 사용되는 전력과 냉각을 위한 전력은 차치하고라도 결과에 대한 설명 부재와 환각 현상, 그리고 데이터 프라이버시는 다양한 문제를 내포하고 있다. LLM은 기술적으로는 아주 복잡하지만,

기능적으로는 아주 단순하게 주어진 단어 다음에 올 단어를 예측하는 것이다. 이러한 기능으로 초창기에는 뜻이 닿지 않은 문장들을 토해 놓았으나 많은 데이터가 제공되고 처리 규모도 커지면서 놀랍게도 어느 순간, 사람들이 보기에도 뜻이 닿는 문장들을 내놓기 시작하였다. 비록 자신이 토해내는 결과에 대한 설명도 하지 않고 가끔 환각 현상을 일으키기는 하지만, 이제 어느 정도 세상 사람들이 자신에 맞게 사용할 수 있게 된 것이다.

인공지능 사고(AI thinking)에 더욱 필요한 인문학적 지식과 상상력

그렇다면 거대 자본에 힘입어 '스케일의 법칙^AI scaling law'이라고 부르는 기술적 믿음으로 LLM의 거대화로 치닫는 인공지능의 발전 방향은 과연 옳은 것일까? 현실은 이미 AI 훈련에 사용되는 GPU^Graphic Processing Unit의 수를 계속 늘리고 있지만, 이제는 과거만큼의 지능적인 개선을 전혀 얻지 못하고 있다. OpenAI가 챗GPT5 '오라이온^Orion' 개발 중 사전 훈련^pre-training으로 인한 모델 성능 향상이 예전만큼 대단치 않았다는 것을 발견했고, 이를 보완하기 위해 추론과 인간 피드백을 통한 강화학습^RLHF: Reinforcement Learning from Human Feedback에 집중한다고 한다.[2]

LLM의 확장이 일정 시점을 넘어 갑자기 놀라운 성능을 보이다가 더는 지속적인 성능 향상을 보이지 않는 이유는 무엇일까? 사실 다음 단어를 떠올리는 것은 문맥 또는 상황에서의 무의식적 연상^association이다. 칸트의 비판철학에서도 직관과 판단에 전제가 되는 것은 기억에 기반한 연상이다. 기억의 내용이 되는 외부 대상에 대한 마음속의 내적 표현인 표상이 언어적 구조를 가지고 있다는 것과 LLM이 언어 모델이라는 점은 서로 무관하지 않다. 그런 점에서 LLM은 인류가 작성한 언어로 이루어진 문서들의 기억^{저장}이며 비록 주어진 단어들로만 알 수 있는 문맥이나 상황이지만 그에 따른 연상^{호출}이라고 할 수 있다. 인간에게도 추론 능력 외에 이러한 연상 능력은 가장 기본적인 인지 기능이다. 빠르고 원활한 연상 능력이 없다면 상황에 따른 행동은 물론이고 말을 하거나 글을 쓰는 일은 불가능하다. LLM 역시 언어적으로 표현되고 일정 수준의 기억 용량에 도달해서야 문맥에 맞는 호출이 가능하며, 어떤 임계점을 넘어서 이제는 추론이 필요하게 되었다고 짐작할 수 있다.

최근 OpenAI는 챗GPT o1에서 Q star 알고리듬을 사용하는 스트로베리 모델을 공개하고 추론 기능을 갖췄음을 명시하고 있다. 노벨 경제학상을 수상한 심리학자 대니얼 카너먼^{Daniel Kahneman}의 인지구조 이론인 이중 과정 이론^{dual process theory}에 따르면 인간의 뇌는 자동적이고 처리가 빠른 '시스템 1'과 의식적이고 처리가 느린 '시스템 2' 등 두 가지 모드로 사고를 처리한다고 한다. 지금까지 LLM 모델은 '시스템 1'에, 스트로베리 모델은 '시스템 2'에 해당한다고 볼 수 있다. 현재 LLM의 단점을 보완하기 위해서 사용되는 검색증강생성^{RAG: Retrieval-Augmented Generation}에도 지식 주입^{Knowledge Injection}이라는 이름으로 단순히 문서를 입력하는 것이 아니라 구조화된 지식, 즉 과거 기호적 인공지능에서 사용되던 온톨로지^{ontology}나 prolog와 같은 논리학 기반의 언어로 이루어진 데이터베이스를 활용하고 있다.

최근 교육 현장에서는 컴퓨터를 이용하여 문제를 해결하는 능력을 키우는 컴퓨팅 사고 computational thinking 훈련인 코딩 교육이 실행되고 있다. 이제는 생성형 인공지능 등장으로 코딩 교육 자체보다는 코딩에 인공지능을 활용하는 교육을 포함하여 다양한 문제 해결을 위해 인공지능을 활용할 수 있는 인공지능 사고 AI thinking 교육이 필요하게 되었다. 과거 코딩 교육이 엔트리나 스케치와 같은 비주얼 프로그래밍 언어를 사용하고 이후 python이나 Java와 같은 언어를 배우면서 간단한 웹이나 앱 프로그램을 만들어 보는 것이었다면, 이제는 생성형 인공지능 프로그램 도구들을 이용하여 좀 더 다양한 문제 해결 방안을 모색할 수 있게 되었다. 자동차를 이용하기 위하여 기본적인 자동차 기술의 원리를 이해할 필요가 있듯이 생성형 인공지능 기술을 사용하기 위해서도 컴퓨터나 인공지능 기술의 원리를 이해할 필요가 있다. 사람들은 자동차를 이용하여 다양한 문제를 해결하듯이 좀 더 현실적인 문제를 해결하기 위해서 과거 전문 프로그래머들이 할 수 있는 작업을 생성형 인공지능으로 할 수 있게 된 것이다. 이를 위해서는 전문적인 코딩 능력보다는 인문학적 지식과 상상력이 더욱 필요하기 때문에 교육 현장에서는 이를 지향하는 교육이 필요하다. 인문코딩은 인문사회학적 교육과 코딩 교육을 병행함으로써 미래의 인간 사회에 대한 이해와 미래 기술을 준비할 수 있는 좋은 방안이 될 수 있다.

이 책의 구성과 내용

이 책은 인문사회학의 다양한 문제 해결을 모색하는 인문코딩의 연구 사례와 더불어 새롭게 시도되고 있는 인공지능 기술 개발의 몇 몇 사례들을 소개한다. 1부에서는 사회, 역사, 종교 분야에서 코딩을 활용한 연구 사례들을 소개하며, 2부에서는 딥러닝을 이용한 문학 텍스트 연구와 생성형 인공지능과 인간의 상호작용에 의한 시 창작 등 언어와 예술 분야의 코딩을 소개한다. 3부에서는 프로그램 코딩을 통한 논리 교육의 가능성을 비롯해 칸트의 비판철학과 율곡의 성리학에 기반하여 윤리적 인공지능 기계의 원리를 탐구한다.

1장 「사회를 코딩하기」는 코딩과 컴퓨팅 기술을 활용하여 사회현상을 연구하는 계산사회과학을 소개한다. 계산사회과학은 최근 빅데이터와 인공지능의 발달과 더불어 더욱 주목받고 있지만, 사실 1950년대부터 관련 기술의 발전과 맞물리며 정체와 혁신을 반복해 온 연구 영역이다. 이 글에서는 1960년대 전후에 등장하여 오랫동안 계산사회과학을 대표했던 접근법인 '소셜 시뮬레이션'을 소개하고, 비슷한 시기에 시도되기 시작했지만 텍스트의 디지털화와 함께 최근 적용 가능성이 폭발적으로 증가하며 사회과학의 새로운 연구 방법으로 자리 잡은 '계산 텍스트 분석'을 소개한다. 소셜 시뮬레이션의 목적은 사회현상을 모델로 만들고 조건을 조정하여 현상의 요인과 임계값을 파악하는 데 있다. 이 글에서는 거주지 분리 모델(토마스 셸링)과 시민봉기 모델(조슈아 엡스타인)을 통해 소셜 시뮬레이션을 NetLogo와 같은 간단한 프로그램을 활용해 재현할 수 있음을 소개한다. 이를 통해 미시적 조건의 변화가 거시적 사회현상의 발현으로 이어지는 과정을 확인할 수 있다.

이 글에서 계산 텍스트 분석의 사례로 소개되는 의료기록과 소셜 미디어 텍스트 분석을 통해 퇴역 군인의 자살을 예측한 '뒤르켐 프로젝트'는 특히 흥미롭다. 이는 분석하기 까다로운 의료기록에서 패턴을 발견하고 이를 모델로 만들어 소셜미디어 텍스트 분석에 적용한 참신한 시도였다. 이 사례를 통해서 우리는 컴퓨팅 기술을 활용해 사회현상을 어떻게 분석하는지 그 단면을 살펴볼 수 있다. 컴퓨팅 기술과 사회현상 연구가 연결되는 방식은 이미 다양하며, 앞으로도 폭발적으로 성장할 것으로 예상된다. 계산사회과학은 최근에 갑자기 생겨난 접근이 아니라 컴퓨팅 기술의 발전과 함께 성장해왔다. 사회과학의 연구 분야와 연구 방법의 경계는 외부의 도전과 자극에 따라 확장되고 변화해 왔던 만큼, 인공지능이나 데이터사이언스가 제시하는 새로운 가능성에 대해 열린 태도를 가질 필요가 있다. 또한, 그러한 기술적 접근을 효과적으로 활용하기 위해서는 사회과학이 지금까지 축적해 온 사회현상에 대한 질문과 지식에 대한 이해 수준도 더 깊어져야 할 것이다.

2장 「역사 시뮬레이션과 역사 코딩」은 기술 발전에 따라 역사 연구 방법론이 어떻게 변화했는지 살펴본다. 특히 최근 컴퓨터 기술의 급격한 변화 속에서 디지털 방법론을 도입한, 이른바 디지털 역사학의 현황을 검토한다. 나아가 새로운 연구 방법론으로서 행위자기반모델 시뮬레이션의 가능성을 제기한다. 전통적으로 역사 연구는 문헌 자료에 기반한다. 그러나 현재 관점에서 시간을 거슬러 올라가면 갈수록 문헌 자료는 한계를 보인다. 이런 문제를 고고학 분야가 성장하면서 보완했으나 여전히 인류 역사에서 풀리지 않는 의문이 많이 존재한다. 예컨대 14세기에 창궐했던 흑사병 사례와 같이 전염병 및 감염병의 기원과 확산, 혹은 앵글로-색슨인의 이주가 그러하다. 그러나 의학 기술의 발전에 따른 DNA 분석은 전염병 및 감염병을 비롯해 이주 및 이산 문제를 좀 더 가까이 볼 수 있는 기회를 제공한다.

최근에 연구가 활발한 디지털 역사학은 컴퓨터 기술을 역사 연구에 도입하여 매핑, 텍스트 마이닝, 네트워크 분석 등을 시도하고 있다. 이 방법론은 컴퓨터 기술을 활용하여 방대한 데이터를 효과적으로 다루는 데 기여할 뿐만 아니라 행위자기반모델 시뮬레이션을 역사 방법론으로 가능하게 한다. 즉 시뮬레이션 기법을 역사 연구에 도입하여 연구자가 머리로 실행하던 사고 실험의 한계를 뛰어넘어, 거대한 데이터망을 활용하고 다양한 변수를 포함하는 연구를 수행할 수 있다.

3장 「코딩으로 종교문화 연구하기」는 디지털 기술과 종교문화 연구의 만남을 다룬다. 저자는 종교와 코딩의 조합이 어색해 보일 수 있지만, 알파고와 챗GPT 같은 AI 기술의 발전으로 이제는 종교와 같이 복잡한 문화 현상도 디지털 분석이 가능해졌다고 설명한다.

이 글은 디지털 종교학의 네 가지 주요 연구 영역을 소개한다. 먼저 불경의 저자를 추정하거나 문체를 분석하는 종교 텍스트 연구를 다루고 이어서 '종교' 개념의 역사적 변천을 디지털 자료로 추적하는 역사 자료 연구, 온라인 종교 활동과 '랜선 일출' 같은 현대의 디지털 종교문화 연구, 그리고 컴퓨터 시뮬레이션으로 종교현상을 모델링하는 연구를 설명한다. 특히 저자는 자신의 연구 경험을 예시로 들어 실제 디지털 종교학 연구가 어떻게 이루어지는지 보여준다. 즉 1883~1910년 한국의 '종교宗敎' 용례를 분석한 연구를 통해, 방대한 역사 자료를 디지털 방식으로 분석할 때의 장점을 설명한다. 글의 마지막 부분에서는 디지털 종교학의 전망과 한계를 다루면서 대규모 데이터 분석으로 새로운 통찰을 얻을 수 있지만, 여전히 종교문화 전문가의 통찰이 중요하다는 점을 강조한다. 결론적으로 저자는 도메인 전문가와 데이터 분석 전문가의 협업을 통해 디지털 종교학이 종교문화 연구에 새로운 지평을 열 수 있다고 전망한다.

4장 「딥러닝을 이용한 한중일 한시의 영향관계 분석」은 딥러닝 모델을 이용하여 조선과 일본의 한시는 중국의 어느 시인의 영향을 많이 받았을까를 알아본다. 전근대 시기에는 표절을 문제시하는 의식이 그리 강하지 않았으므로 다른 저작의 글귀를 자기 글에 따오는 일이 흔했다. 조선이나 일본의 전근대 지식인이 한시를 지을 때, 압운이나 평측 등의 규칙을 지키면서 내용상으로도 자연스럽게 글을 구성해야 했기에 작문의 난이도가 높았다. 따라서 평소에 탐독하던 중국 한시의 시구를 의식적으로든 무의식적으로든 따오는 일이 흔했다. 이에 필자는 조선과 일본의 한시가 중국의 어느 시인의 영향을 많이 받았을까를 추적하기 위해 중국 시인 245명의 한시 약 12만 수를 토대로 작자를 판단하는 딥러닝 모델을 만들었다. 이 모델에 조선과 일본의 한시를 넣은 결과를 보면, 소식을 비롯한 송대의 시인들이 상위에 포착되었다. 가령 『동문선』에 수록된 이규보의 시 65수 중 소식의 것으로 판정된 것은 8수이다. 이 8수가 소식의 3,471수의 시 중 어느 것과 의미상 가장 유사한지를 알아보기 위해, 고전 중국어 BERT 모델을 사용하여 벡터화하고 코사인 유사도를 측정하여, 유사도가 가장 높은 것을 추출하였다. 한시 데이터로 훈련시킨 BERT-

CCPoem 모델을 사용했을 때와 훨씬 더 많은 데이터로 훈련시킨 BERT-Ancient-Chinese 모델을 사용했을 때는 결과가 사뭇 다르게 나왔다. 이는 연구 목적에 따라 적합한 모델을 선택하거나 여러 모델의 아웃풋을 비교해야 함을 시사한다. 작자 판단 모델이 이규보의 시를 소식의 것으로 판정했을 때, 각 시의 어느 글자(연쇄)가 큰 영향력을 행사했는지를 히트맵을 알아보았는데, 심층적인 의미상의 유사성보다는 표면적인 문자열의 일치도에 주목했음을 알 수 있다. 모델이 심층적인 의미상의 유사성에까지 주목하게 만들려면 더 깊은 궁리가 필요하다. 이 글은 코딩이나 최근의 AI 기술을 인문학 연구에 활용하고자 할 때 문제의식과 방법론 측면에서 시사하는 바가 크다.

5장 「생성형 인공지능과 시적 연산」은 생성형 인공지능을 활용한 시적 창작의 본질을 탐구하며, 인간과 기계의 상호작용 속에서 이루어지는 '시적 연산'의 개념을 제시한다. GPT-3와 같은 대규모 언어 모델은 확률과 패턴에 기반한 언어 생성을 통해 시적 구문을 만들어 내지만, 이는 인간의 창의적 해석과 결합할 때 비로소 의미 있는 창작물로 발전한다. 시적 연산은 기계의 확률적 문장 생성 한계를 넘어서, 인간 사용자가 이를 창의적으로 조합하고 새로운 맥락과 서사를 형성하는 과정에서 발생하는 예술적 실험이다. 기계가 생성하는 언어는 무작위적 연속성과 패턴 반복의 특징을 가지며, 인간의 경험과 물리적 세계의 이해가 부족하다는 한계를 보인다. 그러나 이러한 기계적 생성은 인간 창작자의 의도와 상호작용하면서 예상치 못한 결과물을 내놓기도 한다. 이러한 점에서 대규모 언어모델은 창의적 도구로서의 가능성을 지니며, 인간의 상상력을 촉진시키는 아이디어 계산기로 활용될 수 있다. 결국 생성형 인공지능을 활용한 예술 창작은 기계의 패턴적 언어 생성을 통해 인간이 새로운 영감을 얻고, 이를 기반으로 다양한 예술적 가능성을 모색하는 과정으로 정의될 수 있다. 이 글은 시적 연산을 통해 인간과 기계는 상호작용하며 창의적 긴장을 유지하고, 기존의 틀을 넘나드는 새로운 표현과 의미를 창출하는 데 기여할 수 있음을 보여 준다.

6장 「프로그램 코딩과 논리 교육」은 논리 교육을 코딩 교육과 융합하는 방안을 제안한다. 오늘날 우리 사회에서는 인공언어를 활용한 컴퓨터 프로그램 코딩 교육 열기가 널리 확산하고 있다. 2018년부터 전국 초중고교에서 코딩 교육을 의무화하고 있으며 주요 대학들에서도 코딩 교육을 포함한 디지털 리터러시 교과목을 전교생을 대상으로 한 핵심 교양 과목으로 지정하는 사례가 늘어나고 있다. 일부 대학의 인문계열 학과들에서는 자체적으로 코딩 관련 교과목을 전공과목으로 개발하고 있다. 그밖에도 사회 진출을 앞둔 많은 취업 준비생이 자신의 전공과 상관없이 코딩 능력을 갖추기 위해 관련 교육 프로그램을 스스로 찾아 나서고 있다.

이런 현상의 한 가지 아쉬운 측면은 프로그램 코딩 교육에서 논리학 교육의 중요성이 다소 간과되고 있다는 점이다. 컴퓨터 프로그래밍과 논리학의 관련성은 주지의 사실이다. 논리적 연산은 컴퓨터 프로그래밍의 핵심적인 요소이다. 특히 논리학사에서 19세기 중반 이후로 프레게, 러셀 등이 성취한 혁신은 전통 논리학의 한계를 뛰어넘어 20세기 이후 인간 지성사의 발전에 엄청난 영향을 미치게 되었고, 이러한 새로운 논리학의 급속한 발전이 계산 가능한 언어의 탄생과 오늘날의 인공지능 개발로 이어지게 되었다는 것은 널리 알려진 사실이다. 하지만 코딩 교육을 강조하는 현재 초중고교에서 체계적인 논리학 교육은 사실상 전혀 이루어지지 않고 있으며, 대학에서도 그러한 사정은 크게 다르지 않다. 이런 현실을 개선하기 위한 동기를 부여한다는 측면에서, 이 글은 논리학을 충실히 공부하는 것, 특히 형식 논리학을 철저히 학습하고 훈련하는 것이 프로그래머에게 여러 모로 이득이 될 수 있다는 점을 제시한다. 더불어, 단지 더 나은 프로그래밍을 위해 논리학 공부가 필요할 뿐만 아니라, 논리 교육 자체를 코딩 교육과 융합하는 방안을 제안한다. 가령 'Logic Programming'이라고 알려진 프로그래밍 양식을 논리학 교육에 적절히 활용한다면 논리 학습과 코딩 학습을 동시에 수행하며 서로의 학습 성과를 함께 높일 수 있을 것이다.

7장 「칸트 머신: 칸트 비판철학 코딩하기」는 칸트 철학과 인공지능 연구를 융합하여 철학적 사고를 기술로 구현하려는 시도를 다룬다. 이 글은 철학적 이론과 컴퓨터 공학적 접근을 통합하여, 인간의 이성적 사고와 윤리적 판단 과정을 인공지능에 적용하는 가능성을 탐구한다.

칸트의 비판철학은 인간의 이성을 기반으로 올바른 앎, 희망, 그리고 판단의 원칙을 제시하는데, 이는 인간의 인식 능력과 도덕적 행위를 설명하는 데 그치지 않는다. 저자는 이 글에서 칸트의 비판철학이 인공지능의 설계 원리로 사용할 수 있음을 '칸트 머신'의 사례를 통해서 보여준다. 즉 칸트 철학이 추상적이고 복잡한 철학적 개념으로 이루어져 있지만, 이를 컴퓨터 프로그램으로 표현함으로써 철학적 사고의 실질적 활용 가능성의 사례를 탐색하는 것이다.

이 글에서는 칸트 철학의 이론적 구조를 활용한 AI 시스템의 여러 사례가 소개된다. 가령 통각 엔진Apperception Engine은 칸트의 인식론적 원리를 구현하여 감각적 입력을 분석하고, 이를 통해 새로운 판단을 생성한다. HERA는 칸트의 정언 명령을 기반으로 윤리적 판단을 수행하는 AI 시스템으로, 도덕적 딜레마에 대한 결정을 설명 가능한 방식으로 내린다. 또한 칸트봇Kantbot은 칸트의 문체와 사고방식을 모방하여 대화형 인공지능을 구현하려는 프로젝트이다. 이러한 사례들은 철학적 이론이 기술적 발전과 만나는 접점을 생생히 보여준다.

인공지능 기술은 점점 더 많은 윤리적, 사회적 질문에 직면하고 있으며, 이러한 질문에 답하기 위해 철학적 사고는 필수적이다. 따라서 저자는 이 글에서 칸트 철학이 인공지능의 한계를 극복하고 새로운 윤리적 기준을 제시할 수 있는 잠재력을 가지고 있음을 강조한다. 특히 딥러닝 기반 생성형 인공지능이 직면한 한계, 즉 논리적 설명 부족과 윤리적 기준의 부재를 보완할 수 있는 대안으로서 칸트 철학을 제시한다.

마지막으로 8장 「율곡 머신: 기계의 도덕적 패턴 코딩하기」는 성리학의 도덕 모형을 인공지능 시뮬레이션으로 구현한다면 어떤 시도가 가능할지 모색하는 글이다. 다양한 인공지능 시뮬레이션이 시도되어 인간의 정신과 같은 활동을 구현하는 것이 현실화되고 있는 시대에 전통철학이 어떤 역할을 할 수 있을지에 대한 검토가 요청된다. 비록 시험적 단계에 불과하지만, 이 글은 마음에 대한 성리학적 개념들을 형식적으로 기술하여 컴퓨터에서 다룰 수 있는 형태로 어떻게 구성할 수 있을 것인가를 탐색한다. 이 글은 성리학의 마음 개념이 현대의 마음 연구에 새로운 가능성을 열어줄 수는 없을까? 하는 문제의식에서 시작해 "현재 상용되는 코딩으로 성리학적 도덕 모형의 패턴을 초보적으로라도 구현하는 것이 가능하지 않을까"라는 질문을 던진다. 이러한 시론으로 필자는 성리학적 인공적 도덕 행위자AMA, Artificial Moral Agent의 구현 가능성에 대한 본격적인 토론이 촉발될 수 있기를 기대한다.

저자에 따르면 율곡 이이는 마음의 작용을 기氣의 '자동적 패턴[機自爾]'으로 설명하면서, 그 패턴이 도덕적 원리로 작동되도록 하는 수양방법을 제시했다. 따라서 우선 '자동적 패턴'이라 했던 기氣의 작용이 마음에서 어떻게 전개되는가를 분석하고, 그다음에 마음의 도덕적 작용, 즉 도덕원리의 우선적 발현을 정형화할 수 있는가를 검토한다. 나아가 칸트 머신 관련 연구들이 칸트가 제시했던 도덕규범을 기계 윤리에 적용하는 방안을 논의한다는 점에 주목하여, 성리학도 인간의 미덕과 구체적 행위규범을 도덕 행위자 정형화에 적용할 수 있을지 여부를 모색한다. 아울러 저자는 인공적 도덕 행위자 논쟁의 쟁점 중 하나인 '무의식적 도덕성'이 성리학적 마음 시뮬레이션에서도 고려되어야 한다는 점을 지적한다. 저자는 무의식적 도덕성 문제가 수기修己의 차원에서는 용납될 수 없지만, 치인治人의 차원에서는 가능하다는 판단하에, 비인격적 모델인 치인治人 시스템에 관한 논의를 또 하나의 과제로 남겨 둔다.

인문코딩이라는 용어와 책의 기획에 대한 저간의 사연은 이미 다른 매체를 통하여 소개한 바 있다.[3] 해당 매체에서 언급한 원로 교수님은 칸트 연구로 유명한 백종현 교수님이다. 백종현 교수님에 따르면 '인문코딩'이라는 용어는 법무법인 민후의 김경환 변호사님이 처음으로 언급하셨다고 한다. 이 자리를 빌려 두 분께 감사의 말씀을 드린다. 그리고 무엇보다도 이 책에 필자로 참여해주신 선생님들에게 깊은 감사의 뜻을 표한다. 기획한 지 2년이 되도록 지속적으로 본 책에 대하여 논의하고 편집해주신 파이돈 출판사의 김일수 대표님께도 특별히 감사의 말씀을 전한다.

2024년 12월
박충식
한국포스트휴먼연구소 인공지능로봇센터장

1부

사회, 역사, 종교 코딩

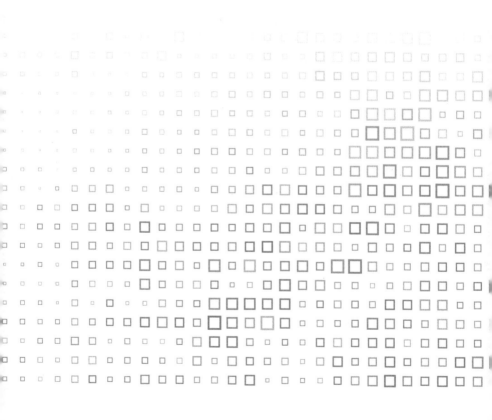

1
사회를 코딩하기
– 소셜 시뮬레이션, 계산 텍스트 분석을 중심으로

정광진

이 글에서는 컴퓨팅 기술이 사회현상을 조사하고 설명하는 데 활용되는 방식을 사례 중심으로 소개하고자 한다. 소개하는 연구 방법은 소셜 시뮬레이션과 계산 텍스트 분석이고 구체적 사례는 거주지 분리, 시민봉기, 퇴역 군인의 자살 예방이다.

지난 수십 년간 컴퓨팅을 활용한 사회과학 연구는 '계산사회과학 computational social science'이라는 이름으로 발전하였다. 사회학으로 제한할 경우 '계산사회학computational sociology'으로 부르기도 한다. 하지만 계산사회과학 혹은 계산사회학은 엄밀하게 정의되거나 내적으로 통일된 학문 분야는 아니다. 그 이유는 무엇보다 이 분야의 발전이 학문 내적 관심사보다는 컴퓨팅 기술의 발달에 따라 추동되어 왔기 때문이다. 즉 1950년대 전후로 컴퓨터 관련 기술이 도약적으로 발전하였는데 이를 사회현상에 대한 연구에 적용하려는 활동이 계산사회과학으로 발전했다. 이후 컴퓨팅 기술은 꾸준히 발전하였고, 계산사회과학 연구의 주제, 내용, 연구 방향, 주목도 등에 크게 영향을 미쳤다. 두말할 것 없이 최근에는 빅데이터, 인공지능 등과 관련된 영역의 기술이 사회적으로 크게 주목받으면서 계산사회과학도 새로운 전기를 맞고 있다. 이는 연구뿐 아니라 대학 교육에도 영향을 미쳐서 전통적

계량적 연구방법 수업인 '사회통계'의 자리를 '데이터과학'이 대신하거나 기존 분과학문을 융합하는 새로운 학과로 '계산사회과학'이 등장하기도 한다. 이와 관련된 연구 문헌과 교과서도 쉽게 파악하기 어려울 정도로 많아지고 있다. 내부적으로 복잡하고 빠른 속도로 발전 중인 연구 분야를 짧은 글에서 포괄적으로 소개하기는 어려운 일이라, 이 글에서는 계산사회과학의 다양한 연구 주제와 방법의 일부를 사례 중심으로 개론적으로 소개하려고 한다.[1]

소셜 시뮬레이션과 계산 텍스트 분석

이 글에서는 두 가지 연구 방법에 집중하려고 한다. 하나는 사회현상을 모델로 만들고 조건을 조정해 가면서 현상을 만들어내는 요인과 임계값 등을 파악하는 소셜 시뮬레이션social simulation이다. 다른 하나는 다량의 텍스트 데이터를 컴퓨팅을 통해서 분석하는 계산 텍스트 분석computational text analysis이다.

소셜 시뮬레이션은 1960년대부터 계산사회과학을 대표하는 연구방법이었다. 빅데이터와 데이터 분석이 주목을 받기 시작한 2000년대 이전까지는 계산사회과학이라고 하면 소셜 시뮬레이션, 그중에서도 행위자 기반 모델링agent-based modeling으로 이해했다(Conte & Paolucci 2014). 한편 사회과학 연구에서 활용되는 데이터는 크게 양적 데이터와 질적 데이터로 구분되는데 텍스트는 대표적인 질적 데이터에 속한다. 텍스트를 연구 데이터로 삼는 연구방법은 '내용 분석content analysis'으로 정립되어 있다. 전통적으로 텍스트를 분류하고 내용을 분석하는 연구는 연구자의 주관적 판단에 의해서 이루어진다. 신뢰도를 높이기 위해서 여러 연구자가 같은 텍스트를 분석한 후 결과를 종합하는 경우도 있지만, 인간의 판단에 의존한다는 점은 마찬가지다. 하지만 컴퓨터를 활용한 계산 텍스트 분석은 텍스트 분류와 내용 분석을 컴퓨터에 의존하는 것이다. 이는 텍스트를 마치 양적인 데이터처럼 처리하기 때문에 가능한 접근이다. 이러한 계산 텍스트 분석은 최근에 텍스트 마이닝text mining 같은 개념으로 널리 알려졌지만, 사실은 이미 1960년대부터 시도되었던 방식이다. 당시에 이를 처리하기 위해서는 상당한 규모의 장치, 인력, 비용이 필요해서 널리 활용되긴 힘들었을 뿐 기본 착상은 유사하다. 최근에는 텍스트 데이터를 디지털 포맷으로 확보하기가 매우 쉽고 컴퓨팅 장치 또한 접근과 활용 가능성이 비교할 수 없을 정도로 높아졌다. 특히 디지털 데이터의 볼륨, 속도 등이 이전과 비교할 수 없을 정도라서 이를 가리키기 위해 '빅데이터'라는 개념이 등장했을 정도다. 빅데이터에는 행동 데이터, 수치 데이터 등도 있지만 텍스트 데이터가 차지하는 비중이 압도적이다. 디지털화된 텍스트를 다양한 방식으로 분류하고 분석하는 방식이 계산 텍스트 분석인데, 이는 연구 현장에서 가장 널리 활용되고 있는 계산사회과학적 연구 방식으로 봐도 좋을 것이다.

이 두 가지 계산사회학의 연구 방법을 사례를 중심으로 소개하려고 한다. 첫 번째 소셜 시뮬레이션은 '인종에 따른 거주지 분리 모델'과 '시민봉기 모델'을 중심으로 소개한다. 인종에 따라 거주지가 분리되는 현상의 원인이 인종주의적 신념이 아니라 훨씬 더 단순한 수준의 선호 때문일 수 있음을 보여주는 모델로 미국의 경제학자 토마스 셸링Thomas Schelling이 제시하면서 유명해졌다. 셸링은 이 아이디어를 컴퓨터의 도움 없이 직관적으로 이해할 수 있는 수준에서 제시하였지만, 이제는 컴퓨터 코딩과 시뮬레이션 플랫폼을 활용하여 그 결과를 훨씬 더 시각적으로 분명하게 확인할 수 있다. 이는 매우 단순하고 오래된 모델이지만 소셜 시뮬레이션의 원리를 이해하기 쉬운 사례라 판단되어 소개한다. 조슈아 엡스타인Joshua M. Epstein이 발표한 시민봉기 모델은 권위적 국가에 대한 불만족이 시민봉기로 이어지는 조건을 모델링하여 시민봉기의 집단적 운동이 발생하는 원인과 과정을 추측해 볼 수 있게 한다. 좀 더 복잡한 사회현상을 설명하는 데 소셜 시뮬레이션이 활용되는 방식을 살펴볼 수 있다.

두 번째 계산 텍스트 분석 사례는 미국에서 진행되었던 텍스트 분석을 통해서 실시간 자살 예측을 목표로 한 '뒤르켐 프로젝트'이다. 두 단계로 설정되었다. 먼저 퇴역 군인들의 의료기록을 인공지능과 머신러닝을 활용하여 분석하고 이를 통해 자살을 예측하는 모델을 만든다. 그다음 이 모델을 소셜 미디어와 연동시켜서 퇴역 군인이 실시간 올리는 소셜미디어 텍스트에서 자살 위험성을 감지하고 예방한다. 자살을 개인적 선택의 결과가 아닌 사회적 요인이 작용하는 사회적 사실로 본 사회학자 에밀 뒤르켐의 이름을 프로젝트명으로 삼았다.

소셜 시뮬레이션이란?

시뮬레이션의 본래적 의미는 현실에서 재현 불가능한 문제를 해결하기 위한 일종의 사고 실험이다. 하지만 계산사회과학의 방법으로서 시뮬레이션은 컴퓨터를 활용한 시뮬레이션을 가리킨다. 컴퓨터 시뮬레이션에서는 현상이나 상태를 체계적으로 표현하기 위해서 핵심적인 개념, 조건, 규칙들을 중심으로 모델을 세우는 것이 핵심이다. 그래서 모델링이라고 부르기도 한다. 시뮬레이션은 모델을 실행하여 결과를 해석하고 이를 바탕으로 상태나 현상을 이해하고 결과를 예측하는 과정이다. 모델을 세우고 모사를 반복하면서 결과를 구현하고, 그 결과에 따라 모델을 조정하면서 더 정교한 모델을 얻는 것이다.

컴퓨터를 활용하는 시뮬레이션은 컴퓨팅 능력의 발전과 더불어서 다양한 영역에서 활용되고 있다. 실제로 실험하거나 재현하기에 비용이나 시간이 많이 드는 경우, 기술적으로 어려운 경우 등에 컴퓨터 시뮬레이션은 매우 효과적인 대안이다. 컴퓨터 시뮬레이션은 2차 세계대전 기간 중 핵탄두 피해 계산 등 군사적 목적으로 개발되었다. 그 이후 다양한 학문 영역에서 활용되며 여러 갈래로 발전하는 과정에서 사회현상에 대한 연구에도 적용되기 시작한 것이다. 사회과학 연구에서도 사회현상을 재현하기 위해 컴퓨터 모델을 만들고 이를 통해 반복 실험을 통해 인간 행동과 사회현상의 변화를 관찰하거나 초기 조건의 변화에 따른 결과의 차이를 비교하였다. 사회적 현상에 대해서는 실험 자체가 불가능한 경우가 대부분인데 모델링은 현실을 추상적 모형으로 모사하고 분석하여 모형에서 해결책을 찾는다는 점에서 고유한 장점이 있는 연구방법이다[2].

컴퓨터 시뮬레이션의 경우 사회학에서는 분석사회학 연구자들이 관심을 보이는 경우가 많다(León-Medina 2017, Kreuschnigg et al. 2018, Javris 2022). 분석사회학은 개인의 동기, 결정, 행동이 어떻게 집단적 패턴이나 사회적 현상으로 나타나는지를 연구하고, 미시적 행위자와 거시적 사회현상을 연결하는 메커니즘을 밝혀서 사회현상을 설명하려고 한다. 행위자 기반 소셜 시뮬레이션과 분명한 친화성을 갖고 있지만, 분석사회학은 실제 경험적 환경에서 미시적 수준의 행동이 어떻게 거시적 수준의 결과를 만들어내는지 입증하기 위한 핵심 도구로 시뮬레이션을 이용한다는 점에서 차이가 있다(Bruch & Atwell, 2015).

사회과학에서 컴퓨터 시뮬레이션 발전 과정은 흔히 세 단계로 구분된다. 마이크로 시뮬레이션, 시스템 다이내믹스, 행위자 기반 모델링ABM, agent-based modellin이다. 이 중에서 행위자 기반 모델링 혹은 시뮬레이션이 사회학에서 주목을 받았다. 이는 표현 그대로 행위자 간의 상호작용에 기반한 접근이다. 가상의 행위자를 상정하고 행위자 간의 상호작용에 특정한 조건과 규칙을 부여해모델링 그 상호작용이 어떤 결과 또는 어떤 거시적 현상이나 구조를 만들어내는지 관찰하는 접근이다. 행위자 기반 모델링의 장점은 미시적 행위자 수준에서 출발하여 거시적 현상을 이론화할 수 있다는 점과 사회과학에서 통제하기 어려운 복잡한 요소들을 가정을 통해 통제해보는 실험적 설계방식에 있다. 한편 애초에 공학이나 자연과학 분야에서 발전된 연구툴로서 수식으로 모델을 짜고 컴퓨터 코딩 후 컴퓨터 프로그램을 작동시키는 방식이기 때문에 진입장벽이 다소 높은 편이다. 하지만 수학 공식을 세우지 않고서도 모델을 세울 수 있는 전문 프로그램들이 많이 개발되어 있고 그중에는 공용 프로그램도 있다.

행위자 기반 모형 분석을 위한 대표적 프로그램으로는 "NetLogo"[3]가 있는데 1999년 처음 배포된 후 지금까지 꾸준히 판올림소프트웨어를 새것으로 교체하거나 성능을 높이는 일되고 있다. 프로그램 내 라이브러리에는 사회과학 분야의 여러 주제에 대한 모델이 포함되어 있어서 손쉽게 시뮬레이션해 볼 수도 있다. 그밖에 널리 쓰이고 있는 프로그래밍 언어 "Python"[4]이나 "R"[5]을 통해서도 시뮬레이션이 가능하다.

소셜 시뮬레이션의 고전적 사례, 셸링의 분리 모형

상대적으로 단순하지만 소셜 시뮬레이션의 진행 방식과 의의를 손쉽게 파악할 수 있는 고전적 사례로 자주 언급되는 것이 '분리 모델segregation model'이다. 2005년에 노벨경제학상을 받은 미국 경제학자 토머스 셸링Thomas Schelling이 1960년대 말 70년대 초에 발표한 여러 문헌에서 소개하였다(Schelling 2009[1978]). 분리 모델은 개인의 간단한 행동 규칙이 집단 수준에서 어떻게 예기치 않은 결과를 초래할 수 있는지를 보여주는 사회적 시뮬레이션이다. 복잡한 수학에 의존하지 않고 직관적으로 이해할 수 있도록 설명했다. 아래 그림은 그가 분리 현상을 설명하기 위해서 사용한 것이다.

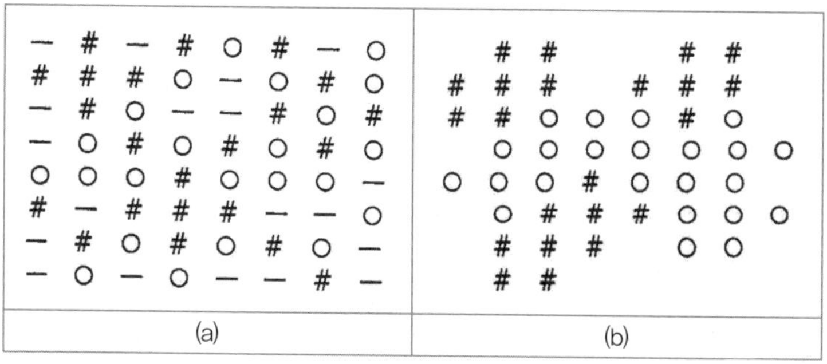

그림 1 (a) 최초 상태 ('−'는 빈 공간을 의미), (b) 몇 차례 이동 후 안정된 분리 상태
(Schelling 2009)

그림에서 O, # 는 두 집단을 가리킨다. 어느 한 집단에 속한 개별 행위자는 격자형 가상공간셀 내에서 무작위로 흩어져서 자신의 주거

공간을 점유하고 있는 것으로 가정하였다. 비어 있는 공간도 있다. 위 그림에서는 두 집단의 비율을 같게 하였다. 행위자가 가질 수 있는 이웃의 수는 0~8개 사이인데 이웃의 적어도 3분의 1이 동일한 그룹(인종, 사용언어, 신분 등)에 속하기를 선호한다고 가정한다. 그 기준(임계점)이 충족되지 않을 때 행위자는 비어 있는 곳으로 이사를 한다. 비율이 일정한 수준에 도달할 때까지 지속적으로 다른 빈 공간을 찾아 움직이게 된다. 한 행위자의 이사는 후속 이사를 야기한다. 이사를 나온 곳과 이사를 가는 곳 주위 행위자들의 만족도 비율에 영향을 주기 때문이다. 이런 식으로 이사가 반복되면 안정적인 상태에 이르는데 이는 모든 행위자가 만족하거나 더는 이동할 수 없는 상태를 가리킨다.

한편 그림(b)는 두 집단의 점유 공간이 뚜렷이 분리된 상태에 이르렀음을 보여준다. 행위자들이 비교적 낮은 수준의 선호(예: 이웃의 3분의 1만 같은 집단이길 원함)만 가져도, 전체적인 결과는 강한 분리로 나타날 수 있다는 것이 분리 모델의 핵심 주장이다. 예를 들어 인종 간의 주거지역 분리의 원인을 강한 인종주의, 즉 다른 인종에 대한 반감에서 찾는 경향이 있는데 셸링의 모델은 단지 주위에 같은 인종이 어느 정도 있으면 좋겠다는 소박한 선호만으로도 거주지 전체 차원에서는 완벽한 인종 간 공간 분리가 일어날 수 있음을 보여주는 것이다. 이 모델은 도시의 인종 분리, 학교 선택, 주거지 선택 등 다양한 사회현상을 설명하는 데 활용되었다. 아울러 소수의 개인적 선호가 집단적 행동에 큰 영향을 미칠 수 있다는 비선형성non-linearity을 보여준다는 점에서 주목을 받았다.

셸링의 거주지 분리 사례에서도 확인할 수 있지만, 행위자 기반 모델링의 핵심 요소는 1 행위자 설정, 2 환경 설정, 3 규칙 등 세 가지다. 행위자 설정은 개인 행위자가 가진 속성을 정의하는 것을 말한다. 환경 설정은 행위자가 위치하는 공간의 물리적 설정과 행위자 행위에 영향을 미치는 행위 공간 또는 물체에 대해 시뮬레이션상에서 정의하는 것이다. 규칙은 행위자 간 상호작용의 규칙이거나 혹은 환경과 행위자 간의 상호작용 규칙이다.

셸링은 매우 단순한 조건을 설정했지만, 우리는 규모나 규칙을 다양하게 바꿔서 결과를 비교해 볼 수 있다. 예를 들어 공간의 크기, 집단 간의 상대적 비율, 빈 공간의 비율을 달리 정할 수 있고, 이사를 가야 하는 불만족 기준도 다양하게 설정할 수 있다. 아울러 그 기준을 집단에 따라 달리 가정할 수도 있다. 하지만 행위자 규모를 크게 하거나 행위자 거주지 이동의 규칙을 복잡하게 하려면 종이 위의 시뮬레이션이 갖는 한계는 금방 드러난다. 셸링의 분리 모델을 컴퓨터 코딩으로 구현하면, 여러 조건을 바꿔가면서 분리 현상을 관찰할 수 있다. 컴퓨터 시뮬레이션의 활용도를 확인하기 좋은 사례다. 예를 들어 파이썬Python에서 이 모델을 구현할 수 있는데[6] 이 글의 「부록」에 코드스크립트를 수록하였다. 이 코드는 챗GPT나 Claude같은 생성형 인공지능을 통해서 얻을 수도 있다(부록의 코드는 GPT-4 아키텍처를 기반으로 한 챗GPT가 생성하였다). 코드를 수정하면서 모델의 다양한 매개변수를 쉽게 조작할 수도 있다. 분리 모델에서 중요한 조건은 전체 거주지격자 크기, 빈 공간의 비율, 행위자가 만족하는 유사한 이웃의 비율이다. 아래는 이를 각각 20x20, 20%, 30%로 설정한 코드다.

```
# 파라미터 설정
grid_size = 20                    # 그리드 크기 (grid_size x grid_size)
empty_ratio = 0.2                 # 빈 셀의 비율
similarity_threshold = 0.3        # 에이전트 만족 임계값 (30% 유사한 이웃)
```

다음 그림은 빈칸 비율 10%, 유사성 임계값 30%, 즉 동일 집단이 주위 30% 미만일 경우 이사를 간다고 가정한 초기 상태에서 시뮬레이션을 10회 반복한 것인데 분리의 진행 과정을 시각적으로 확인할 수 있다.

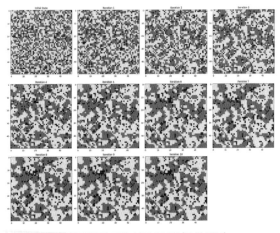

그림 2 분리 모델 시뮬레이션 (10회 반복)

셸링의 모델은 컴퓨터 시뮬레이션 소프트웨어인 NetLogo에서도 구현해 볼 수 있다. NetLogo에는 곧바로 시뮬레이션해 볼 수 있는 예제를 모아둔 모델 Library가 있는데 분리 모델도 포함되어 있다. 오른쪽 그림은 분리 모델을 NetLogo 6.4에서 구현한 화면이다. 시뮬레이션 조건을 쉽게 바꿀 수 있고 결과도 바로 확인할 수 있도록 인터페

이스가 구성되어 있다.

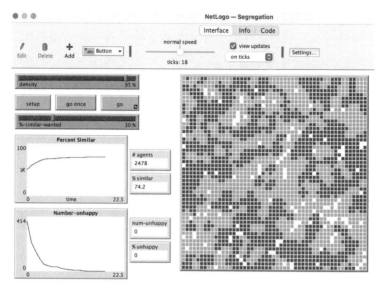

그림 3 NetLogo의 분리 모형 시뮬레이션 인터페이스

집단행동 분석에 유용한 소셜 시뮬레이션, 엡스타인의 시민봉기 모델

소셜 시뮬레이션 두 번째는 사례는 시민봉기 발생의 조건을 탐색해보는 '시민폭력 모델civil violence model'이다. 조슈아 엡스타인Joshua Epstein은 미국의 정치학자로서 브루킹스 연구소Brookings Institution, 뉴욕대 등에서 일하였다. 행위자 기반 소셜 시뮬레이션 분야의 대표적 연구자로서 흥미로운 시뮬레이션 모델을 다수 제시하였다(Epstein & Axtell 1996, Epstein 2006). 시민봉기rebellion 모델은 그가 2002년 발표한 두 개의 시민폭력 모델 중 하나이다(Epstein 2002). 그는 행위자 기반 모형을 이용하여 시민들의 저항과 국가 기관의 관계, 즉 시민폭력civil violence 현상을 설명하였다. 그중 시민봉기 모델은 시민들이 집단적으로 국가 권력에 저항하는 현상의 발생을 설명한 것이다.

억압적이고 권위주의적인 정권에 대항해서 시민들이 집단적으로 때로는 폭력을 동원해서 불만을 표출하는 사례가 역사적으로 다수 발견된다. 권위적이고 억압하는 정권 아래에서 처벌을 두려워하는 시민들은 언제 감옥행을 감수하고 봉기를 일으키는가? 집단행동은 어떤 조건에서 유지, 확산되거나 아니면 반대로 소멸하는가? 이를 설명하기 위해서 시민봉기 모델은 시민들이 반란을 일으킬 수 있는 조건을 부여하고 그 조건을 바꿔가면서 봉기로 이어지는 과정을 모사해 본다. 개별 수준의 상호작용이 폭동, 혁명 또는 지속적인 평화와 같은 거시적 현상으로 어떻게 이어질 수 있는지를 연구하기 위해 설계되었다.

행위자 기반 시뮬레이션이니만큼 행위자 설정이 중요하다. 시민폭력 모델civil violence model에는 봉기의 주체 역할을 하는 시민과 중앙 권력을 대변하여 그 봉기를 막는 역할을 하는 경찰을 두 범주의 행위자로 상정한다. 경찰은 법 집행을 대표하며, 관할구역 내의 봉기 참여자(활동적인 시민)를 체포하여 일정 기간 감금하여 시민폭력을 억제하는 역할을 한다. 시민과 시민, 시민과 경찰의 상호작용을 통해 시민봉기가 일어나거나 잦아드는 것으로 가정한다.

시뮬레이션 규칙은 다음과 같다. 각 시민은 불만 수준을 가지며, 이는 빈곤이나 불평등 같은 어려움과 정부의 정당성에 대한 인식에 의해 결정된다. 어려움의 수준이 높을수록 불만이 커질 것이고 정부의 정당성에 대한 인식이 높을수록 불만이 줄어들 것이다. 그밖에 봉기에 대한 처벌로 인한 위험 인식도 중요하다. 종합하면, 시민들은 중앙 권위에 대한 불만 수준보다 체포 등 처벌에 대한 위험 인식 수준이 낮을 경우, 봉기에 가담할 가능성이 높다. 시민의 상태는 시민 봉기에 참여하거나('활동적active') 그렇지 않은('조용한quiescent/quiet') 상태 어느 한쪽에 해당한다.

공간적으로 환경은 다음과 같이 설정된다. 행위자들은 도시나 국가를 나타내는 격자grid에서 이동한다. 시민과 경찰은 근접성 정도에 따라 상호작용한다. 상호작용 규칙은 다음과 같다. 시민들은 그들의 불만과 인식된 위험을 바탕으로 반란 여부를 결정한다. 경찰은 그들의 시야 내에서 적극적으로 반란을 일으키는 시민을 체포한다. 체포된 시민은 일정 기간 격자에서 제거된다. 경찰은 환경을 순찰하며 활동적인 시민을 체포한다. 경찰의 수, 배치, 체포 전략은 시민폭력 수준에 영향을 미치는 주요 변수이다. 행위자들이 관찰할 수 있는 시야 범위vision도 변수 중 하나로 포함된다. 예를 들어 시민의 시야 범위 내에 들어온 경찰이나 봉기에 참여 중인 시민의 수에 따라 봉기 참여 혹은 침묵 중 선택할 수 있다. 경찰은 시야 범위 안에 있는 봉기 참여자 가운데 무작위로 한 명을 체포한다. 또 시민 행위자와 경찰은 정지해 있지 않으며, 자신이 가진 시야 안의 임의의 한 곳을 무작위로 정해 이동한다.

이 모델은 정부의 정당성 수준, 경찰의 존재, 시민 불만 등의 다양한 시나리오를 시뮬레이션하여 이러한 요소들이 전체적인 폭력 수준에 어떻게 영향을 미치는지 관찰할 수 있다. 이 모형에서 행위자들에게 부여된 행동 규칙은 매우 간단하지만, 예상치 못한 흥미로운 현상들이 나타나고 있다. 환경이나 에이전트 속성의 작은 변화가 폭력 수준에 큰 변화를 가져오기도 하는 것이다. 예를 들어 경찰 수의 약간의 증가는 단기적으로는 체포된 시민의 증가, 다시 말해 활동적인 시민의 수를 줄이지만, 단기적으로 폭력을 억제할 수 있다. 하지만 다른 시민들의 불만을 증가시켜 장기적으로는 더 큰 폭력으로 이어질 수 있다. 시민 행위자는 경찰이 가까이 오면 순응자가 되었다가 경찰이 멀어지면 반체제 행위자가 되는 기만적인 행동을 보인다. 또 행위자들의 대부분이 체제 순응자로 있다가도 시간이 지남에 따라 경찰의 수가 감소하는 곳에서 급격하게 반체제 행위자가 증가하면서 시민봉기로 발전하는 현상이 나타났다.

시뮬레이션 결과 엡스타인은 일반 대중이 중앙 정부에 대한 불만의 표출이 폭력성을 띠기 시작하는 일정한 한계점^{tipping point}이 나타나는 경향을 보인다고 보고하였다. 그리고 그 한계점이 어느 수준에서 설정되는가를 결정하는 데에는 공권력의 투입 정도, 불만의 성격, 통행 금지 및 집회결사의 자유 제한 정책 등 여러 변수 간 상호작용의 영향이 있다는 사실을 발견하였다. 이 모델은 중앙에서의 조정 없이도 시민폭력이 어떻게 발생하고 확산될 수 있는지에 대한 통찰을 제공한다. 또한 집단행동을 형성하는 데 있어 개인의 인식, 지역적 상호작용, 불만과 인식된 위험 사이의 균형의 중요성을 강조한다.

시민봉기 모델은 집단행동의 비신형직이고 종종 예측 불가능한 특성을 이해하는 데 중요한 역할을 한다. 시민폭력이 몇몇 불만을 가진 개인들의 결과물이 아니라, 불만, 정당성, 위험에 대한 인식에 영향을 받는 많은 행위자 간의 복잡한 상호작용에서 발생할 수 있음을 보여준다. 이 모델은 정책 입안자와 법 집행 기관이 고려할 만한 관점을 제공한다. 폭력을 억제하기 위해 단순히 경찰력을 늘리기보다는 불만의 근본 원인을 해결하고 정당성에 대한 인식을 관리하는 것이 더 효과적일 수 있음을 시사하는 것이다. 시민봉기 모형 또한 NetLogo의 모형 라이브러리에 포함되어 있어서 손쉽게 실행해 볼 수 있다. 엡스타인의 원 모델과 일부 차이를 보이기도 하지만 대체적으로 충실하게 구현하였다.

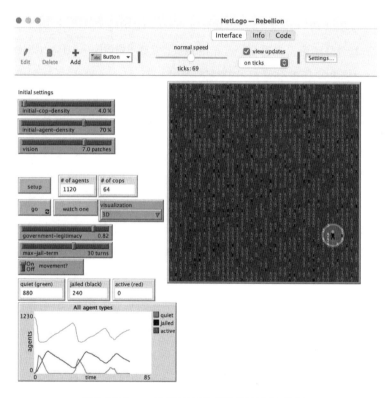

그림 4 NetLogo 시민봉기 모델 시뮬레이션 인터페이스

계산 텍스트 분석이란?

두 번째 소개할 계산사회과학의 방법은 사례는 컴퓨팅을 통해서 텍스트를 다양한 방식으로 분석하는 접근이다. 컴퓨터를 활용하여 텍스트를 자동으로 분류하려는 꽤 진전된 시도는 1960년대에 있었던 것으로 확인된다. IBM의 컴퓨터 7090 시스템을 활용하여 텍스트를 분석하는 프로그램 General Inquirer가 그것이다(Stone et al. 1966). 하버드대의 필립 스톤과 그의 동료들이 만든 이 시스템은 사전 기반 접근 방식을 사용하여 체계적으로 자연어 처리NLP 기술의 길을 닦은 획기적인 도구였다. 작동 방식은 다음과 같다. (1) 사전에 연구자들이 단어, 구 등을 분류하는 사전을 만든다. 이 과정에서 기존에 연구되었던 결과를 활용한다. 단어와 구의 큰 사전과 특정 카테고리 또는 태그가 연결된 사전을 사용했다. 이 카테고리에는 심리 상태, 사회적 역할 및 기타 주제 요소가 포함되었다. 사전은 연구자들이 각 단어 또는 구句를 일반적인 사용법과 의미에 따라 하나 이상의 카테고리에 수동으로 할당하여 작성되었다. (2) 분석하고자 하는 텍스트를 천공카드punched card에 표시하고 이를 자기테이프에 입력한다. (3) 컴퓨터는 사전에 입력된 사전과 새로 읽어 들이는 텍스트를 비교해서 단어, 개념 등의 빈도와 패턴 등을 분류하는 것이다. General Inquirer로 수행되었던 프로젝트 중에서는 10개 문화권의 민간전승 텍스트folklore texts를 비교하여, 예컨대 성性에 대한 태도가 얼마나 노골적이거나 잠재적인지, 텍스트의 구술성orality은 얼마나 노골적인지 잠재적인지 확인하였다. 〈그림5〉는 General Inquirer를 작동하였던 IBM 7090 컴퓨터의 사진이다.

아래에서 소개하겠지만 이는 현재 자연어 처리 방식, 특히 머신러닝의 지도학습의 원리와 유사하다. 다만 활용할 수 있는 사전의 범위나 분석할 수 있는 데이터가 매우 제한적이고, 컴퓨터를 구동하기 위해 필요한 비용, 인력은 현재와 비교할 수 없을 정도로 많이 요구되었다. 예를 들어 텍스트를 컴퓨터가 읽을 수 있도록 디지털화하는 과정 자체가 복잡하다. 천공 카드에 입력하고 이를 다시 자기테이프로 옮겨야 하기 때문이다. 이 과정만 하더라도 상당한 노동력이 필요하다. 현재는 데이터의 디지털화, 빅데이터, 인공지능, 컴퓨팅 저장장치, 연산 능력의 폭발적 발전으로 텍스트 데이터 분석에 컴퓨터를 활용할 수 있는 여지가 이전과 비교할 수 없을 정도로 넓어졌다. 디지털 데이터와 컴퓨팅 능력의 확장으로 새로운 전기를 맞는 계산사회과학의 여러 접근 중에서도 계산 텍스트 분석은 가장 널리 적용되고 있고 교육되고 있는 연구 분석 방법으로 자리 잡고 있다[7]. 이 절에서는 이를 '뒤르켐 프로젝트'를 통해서 소개하고자 한다.

그림 5 1950년대 NASA에서 사용하던 IBM 7090[8]

자살 위험도 예측을 위한 계산 텍스트 분석, 뒤르켐 프로젝트

이 프로젝트는 명칭은 19세기 말 자살의 사회적 요인을 밝히는 일련의 연구로 유명한 사회학자 에밀 뒤르켐Emile Durkheim의 이름에서 따왔다. 자살률은 직업군에 따라서도 큰 차이를 보이는데 높은 자살률은 보이는 대표적 직업 집단은 군인, 그중에서도 퇴역 군인이다. 자살의 유일한 대응책은 예방이다. 따라서 미국에서는 퇴역 군인의 자살 위험도를 예측하여 대응하기 위한 프로젝트를 추진했고, 이를 위해 소셜 미디어 텍스트에서 자살 위험도를 예측하는 방안이 채택되었다. 뒤르켐 프로젝트는 자살을 예측하기 위해 소셜 미디어와 같은 공공 데이터 플랫폼에 드러나는 언어적 자살 암시 징후를 포착함으로써 자살을 예방하려는 프로젝트였다. 기본 구상은 간단하다. 정신적 문제를 겪는 퇴역 군인은 자신의 고민을 말로 표현하는 경우가 드물다. 하지만 페이스북 포스트나 트윗 등 소셜 미디어 활동을 통해서는 문제를 드러낼 수 있다. 따라서 자살을 암시하는 문맥적 지표를 개발하고 소셜 미디어 스트림에서 이를 실시간으로 분석할 수 있다면, 문제를 겪는 개인을 찾아내고 그가 자신의 생명을 해치기 전에 어떠한 도움을 줄 수 있을 것이다. 페이스북이나 트위터같이 개개인의 생각과 감정 중심의 정보를 확보할 수 있는 소셜 미디어 플랫폼의 문맥적 지표를 체계화text-mining하여 이를 실시간으로 분석할 수 있다면, 자살 징후를 보이는 개인을 찾아내 그들을 돌봄으로써 자살을 예방할 수 있다는 것이 뒤르켐 프로젝트의 골자이다.

이 프로젝트는 미국재향군인관리국U.S. Veterans Administration과 방위고등연구계획국Defense Advanced Research Projects Agency, DARPA의 지원을 받아

2011년부터 시행되었다. 이 프로젝트에는 다트머스 의대 · 공대의 인공지능(기계 학습) 전문가를 비롯한 학계, 군, 의료계 등이 협력하여 진행했다. 프로젝트의 주요 목표는 우선 병원 임상기록을 기반으로 자살 위험이 있는 개인을 효과적으로 식별할 수 있는 예측 모델을 개발하는 것이었다. 개발된 모델을 기반으로 소셜 미디어 게시물, 메시지 및 기타 텍스트 기반 커뮤니케이션을 분석하여 자살 위험에 처한 개인을 식별하는 것이 다음 단계의 목표였다. 자연어 처리[NLP]와 머신러닝 알고리듬을 사용하여 자살 행동의 위험을 시사하는 경고 신호와 지표를 감지하고 궁극적으로는 자살을 예방하려 한 것이다.

뒤르켐 프로젝트는 다음 세 단계로 구성되었다(Poulin et al. 2014, 2016). (1) 의료 상담 같은 의료기록을 비교 분석하여 자살 위험 어휘, 문장을 추출하고(텍스트 마이닝) 이를 기계 학습시켜서 새로 입력되는 텍스트에서 자살 위험도를 예측하는 모델을 개발한다. 소셜 미디어 데이터를 수집하고 분석하기 위한 초기 소프트웨어 인프라를 구현한다. (2) 참여자의 동의를 얻어 소셜 미디어 게시물을 수집 및 분석한다. (3) 소셜 미디어 텍스트와 알고리듬의 연계를 통해 자살 위험 정도를 실시간으로 예측한다.

위 3단계 중 1단계에서 계산 텍스트 분석방법이 집중적으로 활용되어서 이 글에서는 1단계를 중심으로 소개하려고 한다(Vepstas 2013 참고). 1단계는 상담기록 등 임상 텍스트를 자료로 삼아 기계 학습 시스템을 통해 분석하여 통계학적으로 자살과 연관성을 지니는 언어적 지표 및 행동 패턴을 파악하는 것이다. 의료기록 중에서 자살과 관련된 어휘를 구분하기 위해서 환자를 세 집단으로 구분하고 각각의 의료기록에 대한 비교 분석이 수행되었다. 환자 기록은 세 개의 집단으로 나뉘었다. (1)

의료 상담을 받았고 결국 자살로 생을 마감한 퇴역 군인 집단(69명), (2) 정신과 상담을 받은 퇴역 군인 집단(70명), (3) 대조군으로서 의학적 치료를 받았지만 정신과적 치료를 받지 않은 퇴역 군인 집단(70명). 각 환자와 관련된 일련의 메모 기록은 1년간의 기간에 작성된 것이다. 데이터 세트에 포함된 기록은 병원에 입원할 때(간호 직원이 작성), 환자 진료 메모(주치의가 작성), 검사 결과, 검사실 결과, 상담 메모, 영상 촬영을 포함한 의뢰 메모, 외래 환자 메모, 수술 및 치료 메모, 약국 메모, 진행 중인 치료 메모, 전화 후속 조치 메모 등이다. 이 텍스트는 문맥과 상관없이 구두점 등을 제외하고 말뭉치corpus, 코퍼스로 묶인다. 이 말뭉치는 후속 분석을 위해서 동일한 단위로 구분되는데 이 과정을 토큰화tokenization라고 한다. 주어진 말뭉치에서 토큰token이라 불리는 단위로 나누는 작업이라는 의미이다. 토큰의 단위는 상황에 따라 다르지만, 보통 의미 있는 단위로 토큰을 정의하는데 텍스트 분석에서는 대개 단어word가 기준이 된다.

텍스트를 세 집단으로 구분해서 수집했으니 다음 단계는 각각의 집단에서 사용하는 단어, 단어 간의 관계에 어떤 차이가 있는지 확인하는 과정이다. 이 과정을 텍스트 마이닝으로 부른다. 텍스트 마이닝은 비구조적인 텍스트 자료에서 컴퓨터의 연산과 알고리듬algorithm을 동원하여 정보를 추출하는 텍스트 분석의 한 방법이다. 복잡한 텍스트를 요약·축소하는 기법으로 텍스트의 주제topic를 추론하기에 토픽 모델topic models 혹은 토픽 모델링topic modeling이라고 부른다.

토픽 모델링은 문서를 잠재된 다양한 주제의 혼합물로 파악한다. 텍스트는 단어, 구문의 혼합물이지만 무작위 혼합이 아니라 유사한 단어들끼리 확률적으로 함께 모여 있는 군집의 합이다. 문서는 여러 주제가 섞여 있는 혼합물이고 문서마다 주제의 분포 비율이 상이하며, 주제마다 단어의 분포가 상이하다. 따라서 LDA^{Latent Dirichlet Allocation} 토픽 모델링은 각 문서가 해당 주제에 속할 확률값과 각 단어가 해당 주제에 속할 확률값을 산출한다. 이를 통해서 발견하고자 하는 것은 패턴과 논리다. 예컨대 자살을 암시하는 부정적인 표현을 직접적으로 사용하는 환자는 드물기 때문에 자살을 암시하는 '표현 지표'를 감지할 수 있어야 한다.

토픽 모델링에도 여러 방식이 있으나 가장 널리 사용되는 것은 말뭉치의 문서와 단어의 확률분포를 계산한 단어의 군집을 통해 문서 안에 잠재된 주제를 추론하는 방법으로 LDA 토픽 모델링이다. LDA 토픽 모델링은 문서를 문법 등에 의해 규정되는 짜임새 있는 구조가 아니라 가방에 섞여 있는 혼합물로 본다. 그래서 이를 '단어들의 가방^{Bag-of-Words, BOW}' 혹은 '단어뭉치' 라고 부른다. 특정한 주제를 다루는 문서가 있을 경우, 해당 주제를 다루는 단어들이 빈번하게 나오기 마련인데 그렇다면 해당 문서에 나온 단어들의 빈도나 조합으로 문서가 특정 주제에 관한 내용이라고 분류할 수 있게 된다. 단어들의 순서는 전혀 고려하지 않고, 단어들의 출현 빈도^{frequency}에만 집중하는 텍스트 데이터의 수치화 표현 방법이다.

단어들이 들어 있는 가방을 상상해보자. 어떤 텍스트 문서에 있는 단어들을 가방에 전부 넣고 이 가방을 흔들어 단어들을 섞는다. 만약 해당 문서 내에서 특정 단어가 N번 등장했다면, 이 가방에는 그 특정 단어가 N개 있게 된다. 또한 가방을 흔들어서 단어를 섞었기 때문에 더는 단어의 순서가 중요하지 않다. 특정한 주제를 다루는 문서가 있을 경우, 해당 주제를 다루는 단어들이 빈번하게 나오기 마련인데,

그렇다면 해당 문서에 나온 단어들의 빈도나 조합으로 문서가 특정 주제에 관한 내용이라고 분류할 수 있다.

하지만 단지 단어만 가지고 그것이 어떤 문맥에서 사용되는지 충분히 파악하기 어려운 경우가 많다. 예컨대 '외상 후 스트레스 장애 PTSD'라는 단어는 그것의 사용만으로 높은 자살 가능성과 직접 연관시키기 어렵다. 'PTSD가 없다'는 맥락에서 사용되면 오히려 낮은 자살 가능성을 가리키기 때문이다. 그래서 단어만이 아니라 단어의 연결을 파악하는 것이 필요하다. 이를 위한 접근은 '단어의 가방'과 비교해서 '구문의 가방 Bag-of-Phrases' 혹은 '구문뭉치'로 불린다. 자연어처리 NLP에서 텍스트 데이터를 분석하고 처리하는 데 사용되는 방법 가운데 하나로 'Bag-of-Words'을 확장한 것이다.

뒤르켐 프로젝트에서는 단어뭉치 Bag-of-Words, BOW, 구문뭉치 Bag-of-Phrases, BOP 까지 분류하였다. 뒤르켐 프로젝트에서도 특정 단어가 세 환자 집단의 의료기록에서 얼마나 자주 사용되었는지를 우선적으로 계산한다. 빈도수가 작은 단어를 제거하는 등의 선택 과정을 거친 후 결과를 예측하는 데 가장 중요하다고 판단되는 수천 개의 단어로 집합을 축소한다. 아울러 구문에 대해서도 집단을 비교하였다. 이처럼 집단을 대표하는 대표적인 단어를 찾는 모델을 기계 학습을 통해서 수립한 것이다.

다음은 이렇게 해서 얻어진 모델에서 표현하는 사례이다(Vepstas 2013: 14). 이에 대한 설명을 연구보고서에서 그대로 옮겨오면 다음과 같다.

```
or(and(or(and($MODERATE_t1.3 !$PRESCRIBE_t0.02)
$CONCERN_t0.8 $EVIDENCE_t0.4 $INCREASING_t0.3
$RESTRICTED_t0.1) or($ALBUTEROL_t1.2 $AMOUNTS_t0.08
$SYSTEM_t0.08 $VIEW_t0.8) or(!$STOMACH_t0.4
!$SURROGATE_t0.7)) and(!$BRING_t0.6 !$HIGH_t1.9
!$MINUTES_t2.5 !$SAT_t0.7 $STOMACH_t0.4) $LOWEST_t0.08
$NYSTAGMUS_t0.03 $OLANZAPINE_t0.05 $OVERDOSE_t0.09
$PRESCRIBE_t0.02 $SUPERFICIAL_t0.16 $WEAPONS_t0.04
$WITHDRAWAL_t0.2)
```

이는 다음과 같은 의미이다. 텍스트에서 'moderate'라는 단어가 1.3번 이상 나오면 LMODERATE_t1.3은 'true' 값을 갖는다(단어 수가 정수가 아닌 값으로 정규화된 경우 부동 소수점 값이 사용됨). 느낌표 ! in-은 조건이 충족되지 않음을 나타내므로 !.LPRESCRIBE_t0.02는 '처방'prescribe 이라는 단어가 0.02회 이상 나오지 않음을 의미한다. 부울 연산자 'and', 'or'는 이러한 조건을 결합하는 역할을 하므로 위에서는 "만약 'moderate'라는 단어가 최소 2회 이상 나타나고 'prescribe'라는 단어가 나타나지 않거나 '우려'concern, '증거'evidence, '증가'increasing 또는 '제한'restricted 중 한 단어라도 최소 1회 이상 나타나고 '알부테롤'albuterol 이라는 단어가 2회 이상 나타나면 환자는 2그룹[자살 위험 집단]으로 분류해야 한다"는 의미이다.

뒤르켐 프로젝트의 텍스트 마이닝에서 활용된 기계 학습은 '비지도 학습'에 해당한다. 기계 학습machine learning에는 다양한 방식이 있으나 크게 지도 학습과 비지도 학습으로 구분한다. 비지도 학습은 기계 스스로 자료에서 규칙성을 찾아 비슷한 성향의 결과 값끼리 묶거나 특성에 따라 데이터 세트를 분류하는 군집화clustering가 대표적인 방식이다. 반면에 지도 학습 방법으로는 레이블label이 부여된 자료를 토대로 학습하여 새로운 데이터를 레이블에 따라 구별하는 분류classification

가 대표적이다. 앞서 언급한 IBM General Inquirer는 컴퓨터를 활용한 텍스트 분석이라고 하더라도 인간이 미리 설정한 사전을 이용한다는 점에서 기계 학습이 아닌 규칙기반 접근으로 봐야 할 것이다. 규칙기반 접근은 단어 빈도나 단어 간 연결 등에 대한 연산 알고리듬을 사람이 구체적으로 지정한다는 점에서 기계 스스로 연산 알고리듬을 만들어 분석하게 하는 기계 학습과 구별된다. 규칙 기반 접근은 인공 지능의 초기 형태로서 알고리듬의 연산 과정이 투명하고 예측 가능하다는 장점을 가지지만, 복잡한 문제의 경우 가능한 상황을 규칙으로 정의하기 어렵고, 유연성이 부족하다는 단점도 있다. 최근에는 머신러닝과 딥러닝 기반 접근 방식이 많은 분야에서 더 효과적이고 유연한 대안으로 자리잡고 있다. 하지만 기계 학습은 분석 대상의 양이 충분히 많아야 분류 정확성을 보장할 수 있기 때문에 그렇지 않은 경우에는 기계 학습 방식보다는 규칙기반의 텍스트 마이닝이 더 적절한 선택일 수 있다.

뒤르켐 프로젝트 연구진은 텍스트 마이닝과 기계 학습을 통해서 자살 예측 모델을 만들었고 이 모델은 약 67%의 정밀도를 보이는 것으로 확인되었다(Poulin et al. 2016). 즉, 어떤 환자가 세 집단 중 어디에 해당하는지 예측할 수 있는 확률인 67% 이상이라는 의미이다. 〈그림 6~8〉은 이 모델에 따라서 각각의 그룹에 더 자주 등장할 것으로 예측되는 단어를 보여준다(Poulin et al. 2014).

그림 6 자살 실행 집단을 예측하는 단어들

그림 7 정신과 상담 집단을 예측하는 단어들

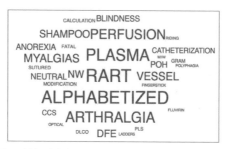

그림 8 자살, 정신과 상담과 상관없는 집단을 예측하는 단어들

뒤르켐 프로젝트는 텍스트 분석을 통해서 개발된 자살 예측 모델을 실시간 모니터링 시스템으로 만들어서 참여에 동의한 퇴역 군인들의 소셜미디어 텍스트에 적용하는 것을 목표로 삼았다. 자살과 연관성을 지니는 텍스트 콘텐츠 및 행동 패턴을 실시간으로 모니터링하려고 했다. 하지만 최종 단계까지 이 프로젝트가 진행되었는지 확인할 수는 없었다. 현재 이 프로젝트는 종료된 것으로 보이지만 최종 단계의 결과나 성과를 보고하는 내용은 문헌을 통해서 알려지지 않고 있다. 현실화 과정에서 어려움이 있었다면 이는 계산사회과학 프로젝트의 한계를 보여준다는 점에서 그 자체로 따져볼 필요가 있을 것이다. 그럼에도 뒤르켐 프로젝트는 계산사회과학 방법을 실용적으로 적용한 흥미로운 사례임은 틀림없다. 의료 기록 텍스트와 소셜 미디어 텍스트처럼 성격이 크게 다른 텍스트 데이터를 연계해서 해석하고 사회적으로 중요한 의제인 자살 예방에 적용하려는 시도는 계산사회과학의 연구적 의의뿐 아니라 실천적 가능성을 보여주는 사례이기 때문이다.

계산사회과학, 사회과학 연구의 새로운 전기를 마련

컴퓨팅 역량을 활용해서 사회현상을 분석하는 학제간 연구로서 계산사회과학의 방법과 사례를 간략하게 소개했다. 이 글에서 소개한 소셜 시뮬레이션과 계산 텍스트 분석은 계산사회과학의 대표적인 연구 방법이다(Castellani & Hafferty 2009: 85쪽, Ignatow 2020: 19쪽). 하지만 이 두 방법은 컴퓨터의 계산computing 능력을 활용한다는 점을 제외하곤 구체적 연구 과정에 관한 한 겹치는 영역이 많이 보이지 않는다.

이는 서두에 언급했듯이 계산사회과학의 발전이 연구 내적 관심사보다는 컴퓨팅 기술의 발달과 활용 가능한 데이터의 증가 같은 연구 외적 요인에 의해서 주로 추동되었기 때문이라고 해석할 수 있다. 게다가 계산사회과학 연구자 공동체는 그 구성원이 매우 다양한 분과학문 출신인 느슨한 다학제적 학문 공동체의 성격을 띠고 있을 뿐 강한 통일성이나 일관성을 갖고 있다고 보기 힘들다. 물론 이러한 느슨한 연대가 다양한 접근을 통해서 상호작용이 활발해지면 새로운 접점을 찾을 수도 있고 예상치 못한 혁신적 접근으로 이어질 수도 있다. 예를 들어 이 글에서 언급한 소셜 시뮬레이션과 빅데이터 분석은 애초에 다른 경로를 통해서 발전해 왔지만 서로 연계되면서 새로운 연구 동향을 만들어가고 있다(Chen & Venkatachalam 2017). 예컨대 행위자 기반 모형은 단순한 가정, 조건, 규칙에 의존할 때가 많은데 모델링에 반영할 규칙을 많은 양의 실제 데이터와 인공지능 기계 학습을 통해서 산출한다면 조금 더 현실에 가까운 모델을 만들 수도 있을 것이다(Chen & Venkatachalam 2017, Perez 2018, Tolk 2015).

데이터 사이언스와 인공지능 연구, 그리고 이와 긴밀하게 연결되어 있는 계산사회과학과 발전에 대해서는 다양한 전망이 충돌한다. 사회과학의 패러다임 자체를 바꿀 수 있는 가능성에 주목하는 견해가 있는 반면, 찻잔 속의 태풍이나 또 하나의 유행일 뿐이라며 과도한 의미 부여를 경계하는 입장도 있다. 언제나 그렇듯이 현실은 이 양극단 어디쯤에서 길을 만들어갈 것 같다. 이 글에서 언급했듯이 계산사회과학은 어느 날 갑자기 빅데이터나 인공지능과 함께 시작된 것이 아니라 제2차 세계대전 이후 꾸준히 발전해 온 경로 위에서 새로운 전기를 맞이한 것이다. 주목도나 관심도의 부침은 있겠지만 계산사회과학은 다양한 분석 방식과 데이터를 종합하며 사회과학 연구를 더 풍성하게 만들 것이다.

사회학으로 한정할 경우 이 글에서 소개한 행위자 기반 모델링과 빅데이터는 모두 사회의 관계적이고 상호작용적인 측면, 행위자 간 상호작용의 결과로 발현적인emergent 구조가 형성되는 과정과 그 메커니즘 등을 분석하고 설명하는 데 강점이 있다. 기존 사회학 연구에서 이러한 계산사회학적 접근의 장점을 결합하여 연구를 풍성하게 발전시킬 수 있을 것이다. 계산사회학의 제도화 정도는 낮은 편이지만 계산사회학 연구자는 사회연결망 분석, 수리사회학, 분석사회학 등 주류 사회학의 연구 전통과 연계점을 더 적극적으로 찾을 필요도 있다.

어쩌면 계산사회과학의 가장 적극적인 기여는 혁신적인 방법론의 적용, 종합, 개발에 있을지 모르겠다. 다중 선형 회귀 분석이나 영가설 검증 같은 정량적 기법이 수십 년 전에 사회학 교육과 연구의 표준이 된 것처럼, 시뮬레이션, 자연어 처리, 기계 학습, 데이터 마이닝, 토픽 모델링 같은 컴퓨터연산 텍스트 분석은 사회과학 전공 교육에서 더 일반적인 구성요소가 될 가능성이 높다(Fu 2022, Macanovic 2022). 어느 하나가 다른 것을 축출하거나 진입을 막는 그런 상황보다는 여러 방법이 골고루 쓰이는 방법론의 재분배redistribution of methods 상태에 더 가까울 것 같다(Marres 2012). 계산사회과학이 새로운 지배적 패러다임을 차지하진 못하더라도 최소한 유력한 '연구 프로그램'으로 자리 잡을 수는 있을 것이다(이재현 2013).

참고 문헌

이재현, 「빅데이터와 사회과학: 인식론적, 방법론적 문제들」, 『커뮤니케이션 이론』 9(3), 127-165, 2013.

황용석 외, 『데이터 시대의 언론학 연구』, 커뮤니케이션북스, 2017.

Bruch, E. & Atwell, J., "Agent-Based Models in Empirical Social Research", *Sociological Methods & Research* 44(2), 186-221, 2015.

Castellani, B., Hafferty, F.W., *Sociology and Complexity Science: A New Field of Inquiry*, Springer, 2009.

Chen, S. H., Venkatachalam, R., "Agent-based modelling as a foundation for big data", *Journal of Economic Methodology*, 24(4), 362 – 383, 2017.

Conte, R., Paolucci, M. "On agent-based modeling and computational social science", *Frontiers in psychology*, 5, 1-9, 2014.

Epstein, J. M., "Modeling Civil Violence: An Agent-based Computational Approach", *Proceedings of the National Academy of Science of the USA*, 99(10), 7243-7250, 2002.

Epstein, J. M., *Generative Social Science: Studies in Agent-Based Computational Modeling*, Princeton University Press, 2006.

Epstein, J. M., Axtell, R. L., *Growing Artificial Societies: Social Science From the Bottom Up*, Brookings Institution, 1996.

Fu. Q., Gu, J, Zeng, Z., Tindall, D., "A manifesto for computational sociology: The Canadian perspective", *Canadian Review of Sociology* 59, 200 – 206, 2022.

Grimmer, J., Roberts, M. E., Stewart, B. M., *Text as Data. A New Framework for Machine Learning and the Social Sciences*, Princeton Univesrity Press, 2022.

Ignatow, G., *Sociological Theory in the Digital Age*, Routledge, 2020.

Kreuschnigg, M., Lovsjö, N., Hedström, P., "Analytical sociology and computational social science", *Journal of Computational Social Science*, 1, 3 – 14, 2018.

León-Medina, F. J., "Analytical Sociology and Agent-Based Modeling: Is Generative Sufficiency Sufficient?", *Sociological Theory*, 35(3) 157 – 178, 2017.

Macanovic, A., "Text mining for social science-The state and the future of computational text analysis in sociology", *Social Science Research*, 108, 102784, 2022.

Marcy, M. W., Willer, R., "From factors to actors: computational sociology and agent-based modeling", *Annual Review of Sociology*, 28, 143-166, 2002.

Marres, N., "The redistribution of methods: On intervention on digital social research, broadly conceived", *The Sociological Review*, 60(S1), 139–165, 2012.

Perez, L., Kim, EK, Sengupta R., *Agent-Based Models and Complexity Science in the Age of Geospatial Big Data*, Springer, 2018.

Poulin, C., Shiner, B., Thompson, P., Vepstas, L., Young-Xu, Y., Goertzel, B., "Predicting the risk of suicide by analyzing the text of clinical notes", PLoS One, 9, e85733, 2014.

Poulin, C., Thomson, P., Bryan, C., "Public Health Surveillance: Predictive Analytics and Big Data", *Artificial Intelligence in Behavioral and Mental Health Care*. ed D.D.Luxton, Academic Press, 205-230, 2016.

Salganik, M. J., *Bit by Bit: Social Research in the Digital Age*, 2019: 『비트 바이 비트, 디지털 시대의 사회조사방법론』, 강정한, 김이현, 송준모, 윤다솜 옮김, 동아시아, 2020.

Schelling, T. C., *Micromotives and Macrobehavior*, 1978: 『미시동기와 거시행동』, 이한중 옮김, 21세기북스, 2009.

Stone, P.J. & Hung, E. B., "A computer approach to content analysis: studies using the general inquirer system", *AFIPS '63(Spring): Proceedings of the May 21-23*, 241–256, 1963.

Stone, P. J., Dunphy, D, C., Smith, M.S., Ogilvie, D. M., *The General Inquirer: A Computer Approach to Content Analysis*, The M.I.T. Press, 1966.

Tolk, A., "The Next Generation of Modeling & Simulation: Integrating Big Data and Deep Learning", *SummerSim '15: Proceedings of the Conference on Summer Computer Simulation*, July 26-29, 2015,

Troitzsch, K. G., "Social Science Simulation-Origins, Prospects, Purposes", *Simulating Social Phenomena. Lecture Notes in Economics and Mathematical Systems*, vol 456, eds. Conte, R., Hegselmann, R., Terna, P., Springer, 1997.

Vepstas, L., Durkheim Project Data Analysis Report. arXiv:1310.6775, 2013.

파이썬 환경에서 셸링 분리 모델을
실행해 볼 수 있는 코드

GPT-4 아키텍처를 기반으로 한 챗GPT가 생성

```python
import numpy as np
import matplotlib.pyplot as plt
import random

# 파라미터 설정
grid_size = 20      # 그리드 크기 (grid_size x grid_size)
empty_ratio = 0.2   # 빈 셀의 비율
similarity_threshold = 0.3  # 에이전트 만족 임계값 (30% 유사한 이웃)

# 그리드 초기화
def initialize_grid(grid_size, empty_ratio):
    num_cells = grid_size * grid_size
    num_empty = int(num_cells * empty_ratio)
    num_agents = num_cells - num_empty

    # 에이전트와 빈 셀 생성
    agents = np.array([1] * (num_agents // 2) + [2] * (num_agents // 2) + [0] * num_empty)
    np.random.shuffle(agents)
    return agents.reshape((grid_size, grid_size))

# 에이전트가 행복한지 확인하는 함수
def is_happy(grid, x, y, threshold):
    agent = grid[x, y]
    if agent == 0:
        return True

    # 이웃 가져오기
    neighbors = grid[max(x-1, 0):min(x+2, grid_size), max(y-1, 0):min(y+2, grid_size)]
    total_neighbors = (neighbors != 0).sum()
    similar_neighbors = (neighbors == agent).sum()

    # 에이전트가 행복한지 확인
    if total_neighbors == 0:
        return True
    return (similar_neighbors / total_neighbors) >= threshold

# 모델의 한 단계 시뮬레이션 함수
def simulate_step(grid, threshold):
    unhappy_agents = []
```

```python
    # 모든 불행한 에이전트 찾기
    for x in range(grid_size):
        for y in range(grid_size):
            if grid[x, y] != 0 and not is_happy(grid, x, y, threshold):
                unhappy_agents.append((x, y))

    # 불행한 에이전트를 랜덤한 빈 위치로 이동
    random.shuffle(unhappy_agents)
    for x, y in unhappy_agents:
        empty_locations = list(zip(*np.where(grid == 0)))
        if empty_locations:
            new_x, new_y = random.choice(empty_locations)
            grid[new_x, new_y] = grid[x, y]
            grid[x, y] = 0

# 모델이 균형에 도달할 때까지 시뮬레이션하는 함수
def simulate(grid, threshold, max_steps=1000):
    for step in range(max_steps):
        previous_grid = grid.copy()
        simulate_step(grid, threshold)

        # 균형 확인
        if np.array_equal(previous_grid, grid):
            print(f"균형에 도달한 단계: {step}")
            break

# 시각화 함수
def plot_grid(grid, title="Schelling's Segregation Model"):
    plt.imshow(grid, cmap=plt.cm.get_cmap('viridis', 3), interpolation='nearest')
    plt.title(title)
    plt.colorbar(ticks=[0, 1, 2], label='Agent Type')
    plt.show()

# 주요 시뮬레이션
grid = initialize_grid(grid_size, empty_ratio)
plot_grid(grid, "초기 상태")
simulate(grid, similarity_threshold)
plot_grid(grid, "최종 상태")
```

2
역사 시뮬레이션과 역사 코딩

이상동

역사 연구 방법론의 변화

이른바 AI 및 빅데이터 분야가 산업과 학문 영역에서 큰 힘을 발휘하고 있다. 역사학 분야에서도 '디지털 역사학'이라는 이름으로 디지털 기술을 연구 방법론으로 활용한다. 그러나 많은 역사 연구자가 디지털 기술을 연구 방법론으로 도입하는 것에 회의적인 것 역시 부인할 수 없다. 이런 상황에서 과학기술의 발전에 따른 역사 연구 방법론의 변화를 살펴보고, 디지털 기술의 역사 연구 방법론 도입을 모색하고자 한다.

인류 역사는 큰 범주에서 두 시대, 즉 선사시대와 역사시대로 구분한다. 두 시대를 가르는 기준은 문자로 기록을 남겼느냐 여부이다. 문자를 이용하여 기록을 남기기 이전을 선사시대, 기록으로 남기기 시작한 시대를 역사시대라고 한다. 한자를 보면 의미가 더 잘 이해된다. 선사^{先史}에서 '선'은 '먼저 선^先'이다. 따라서 선사는 '사^史'에 앞선다는 뜻이다. 영어 표현도 마찬가지이다. 선사의 영어식 표현은 prehistory이다. 접두사 'pre'는 '~전의', '~에 앞서'라는 뜻으로 선사는 '역사에 앞선^{pre-history}'이라는 의미이다.

문자로 기록하지 않던 시대, 즉 선사시대에 인간은 암각화를 통해 기록을 남기기도 했다. 암각화는 날카로운 도구를 이용하여 바위나 동굴 벽면 등에 그린 그림이다. 울산 반구대 암각화를 비롯하여 프랑스에 있는 라스코 동굴 벽화와 스페인의 알타미라 벽화 등이 대표적이다. 이들 암각화 혹은 벽화는 문자가 아니라 그림 형태로 당대인의 흔적을 남겼다. 후대인은 그림이 다산과 풍요, 사냥의 성공 등을 기원하는 것과 연관 있다고 추정한다. 다시 말해 선사시대에 남겨진 암각화나 벽화를 통해 당대인의 삶과 사유 방식의 일부를, 확신이 아니라 추정을 통해 이해할 수 있다.

한편 '역사'시대는 문자로 기록을 남김으로써 후대인이 과거를 재현할 수 있도록 한다. 이 표현을 역사 연구와 관련지어 보면, 역사 연구는 기본적으로 문자로 기록된 자료에 기반한다. 이른바 역사학의 아버지로 여겨지는 헤로도토스는 『역사』를 남겼다. 그가 남긴 기록을 통해 21세기를 사는 우리는 기원전 400년경에 벌어진 페르시아-그리스 전쟁에 대해 알 수 있다. 헤로도토스 이래 오랫동안 '역사'는 문자로 기록된 자료를 통해 후대에 전해졌고 역사가들은 이들 문헌 자료를 바탕으로 연구를 할 수 있었다.

19세기에 들어서지 문헌 자료에 근거하던 역사(학)에 변화가 일기 시작했다. 고고학 분야가 발전하고 그에 따른 성과가 빛을 보았기 때문이다. 19세기 후반기 독일의 고고학자 하인리히 슐리만이 발굴하기 시작한 트로이를 사례로 들어보자. 지리적으로 트로이는 오늘날 튀르키예에 있는 아나톨리아 북서부에 자리 잡은 고대도시이다. 트로이가 우리에게 익숙한 것은 고대 그리스 시대 그리스군대와 트로이군대 사이에 벌어진 트로이 전쟁 관련 내용 때문이다. 해당 서사는 기원전 8세기 고대 그리스 시대에 활동한 호메로스가 쓴 『오디세이아』를 통해 전해진다. 후대인들은 트로이 전쟁 이야기를 신화로 간주했다. 그도 그럴 것이 호메로스가 쓴 서사시에 신화적 요소가 많이 포함되었고, 또 호메로스가 살던 시대의 모습을 확인할 다른 자료가 제한적이기 때문이다. 서사시 내용에서 무엇이 허구고 무엇이 실제인지 불분명한 상황에서, 관련 내용이 신화가 아니라 사실이라고 믿는 사람들이 있었다. 슐리만이 그런 경우다. 슐리만의 주도로 진행된 트로이 지역 발굴 조사는 신화로 여겨졌던 내용이 실존했던 사실이라는 것을 밝혀냈다.

트로이 발굴 사례에서처럼 고고학 발굴 자료는 문헌 자료로 확인할 수 없는 내용을 파악할 수 있게 하고 문헌 기록이 부재하거나 희소한 시대 혹은 연구 대상을 이해하는 데 큰 도움을 준다. 고고학 하면 주로 선사시대나 고대 세계가 떠오르는 이유가 바로 여기에 있다. 예를 들어보자. 5세기 무렵, 오늘날 잉글랜드로 불리는 브리튼 중남부 지역으로 앵글로-색슨인이 이주했다. 이들의 영향으로 앵글로인이 사는 땅이라는 앵글로^{Anglo}-랜드^{land}, 즉 잉글랜드가 형성되었다. 또 그들이 사용하는 언어인 앵글리쉬, 즉 잉글리쉬가 만들어졌다. 그만큼 앵글로-색슨인의 브리튼 이주는 잉글랜드 역사에서 큰 의미가 있다. 그런데 실제로 그들의 이주 규모가 어느 정도였고 또 이주 기간이 어떠했는지 알 수 있는 문헌 자료는 극히 제한적이다. 얼마 안 되는 현존 문헌 자료 역시 단지 색슨인이 처음에 "세 척의 배에" 나눠 타고 왔으며 이후 더 많은 사람이 이주했다고 진술하는 등 매우 적은 정보만 제공한다. 따라서 연구자들은 문헌 자료뿐 아니라 고고학 발굴 자료에 의존하게 된다. 예컨대 1990년 H. 헤르케는 5~7세기 잉글랜드에 조성된 앵글로-색슨인 매장지 47곳을 조사하여 앵글로-색슨인 성인 남성 대 토착 성인 남성 비율이 47:53이라며 앵글로-색슨인의 이주 규모가 컸다고 주장한다. 그의 견해에 동의하든 그렇지 않든, 고고학 발굴 자료가 앵글로-색슨인 이주 연구에 기여했다는 점은 부인할 수 없다.

DNA 분석법, 역사 연구의 외연 확대

이렇듯 고고학의 발굴 자료가 문헌 자료로 파악하기 어려웠던 내용을 재현하는 데 도움을 준 덕분에 역사학의 외연은 확장하였다. 그런데 인류 역사에서 문헌 자료와 발굴 자료로 파악하기 어려운 게 여전히 많다. 예컨대 전·감염병의 기원과 확산이 그러하다. 이해를 돕고자 근래에 경험했던 코로나19 팬데믹을 먼저 살펴보자. 이번 코로나19는 2019년 11월 중국 우한에서 시작된 것으로 알려져 있다. 코로나19 바이러스가 우한에 있는 연구소에서 외부로 유출되었다, 혹은 글로벌 제약회사가 개입하였다는 등의 음모론과 함께 확산의 원인은 논쟁적이다. 정치권력과 자본권력이 결부된 사안이라 일반에 정보가 쉽게 공개되지 않는 탓에 벌어진 논란이다. 한편 코로나19가 발병하게 된 정확한 경위는 알지 못하지만 언제 어디서 확산하기 시작했는지는 알 수 있다. 의료기술 및 언론매체의 발달 덕분이다.

여기서 시선을 과거로 돌려 14세기에 창궐한 흑사병을 살펴보자. 일반적으로 흑사병은 내몽골에서 발병하여 중앙아시아 스텝 지역을 거쳐 흑해 연안을 지나 북아프리카 일대와 유럽에서 창궐한 것으로 알려져 있다. 특히 서유럽에서는 1347 또는 1348년 창궐하기 시작하였고, 불과 3~4년 사이에 인구 1/3가량이 사망하였다. 흑사병은 첫 번째 창궐한 이후에도 주기적으로 반복해서 발생했다. 중세 서유럽 역사에서 흑사병은 그만큼 의미가 크다. 이런 사정 때문에 역사가들은 중세 서유럽의 흑사병을 다방면으로 심도 있게 연구하였다. 연구는 주로 문헌 자료에 바탕을 두면서 고고학 자료의 도움을 받았다. 역사가들은 현존하는 흑사병 관련 자료를 모두 참고했다고 봐도 무방하다. 이렇게 흑사병 연구는 다양한 관점에서 성과를 내며 축적되었다.

그럼에도 풀리지 않는 의문이 있다. 14세기 중반 서유럽에서 창궐한 흑사병의 병인이 '페스트'라고 하는데, 그것을 어떻게 확인할 수 있느냐는 문제 제기가 대표적이다. 19세기에 병리학이 발전한 이래, 전·감염병이 발생하면 역학 조사를 실시한다. 이를 통해 병인, 즉 병을 일으키는 원인이 무엇인지 파악한다. 역학 조사 체계를 흑사병 사례에 간단히 적용해 보자. 흑사병은 14세기 중반에 서유럽에서 창궐했다. 이때 발생한 질병이 '페스트' 때문인지는 역학 조사를 통해 규명해야 한다. 그런데 14세기에 발병한 흑사병을 어떻게 역학적 관점에서 조사할 것인가. 흑사병의 병인이 '페스트'라는 주장에 의구심을 품는 연구자들이 제기하는 근본적인 문제의식이다.

이런 의문에 답을 제공할 수 있게 된 건 DNA 분석법이 연구에 도입되면서이다. D. 라울Raoult이 이끄는 프랑스 연구팀은 이 방법론을 적용하여 2000년에 주목할 만한 성과를 냈다. 그들은 14세기 프랑스에서 매장된 유골의 치아에서 DNA를 채취하는 데 성공하고, 이를 분석한 결과 페스트균을 확인하였다. 페스트균이 흑사병의 병인일 수 있다는 점을 최초로 과학적 방법을 통해 규명했다는 데 의미가 있는 연구 결과였다. 라울 팀의 성과는 오류 가능성이 제기되면서 논란을 초래했지만, 다른 연구팀 역시 DNA 분석법을 통해 흑사병 병인이 페스트라는 점을 밝혀냈다.

DNA 분석법을 역사 연구에 적용하는 사례는 더 있다. 이주 관련 연구가 대표적이다. 언급한 앵글로-색슨인의 브리튼 이주를 예로 들어보자. 2002년 M. E. 위얼Weale이 주도하는 팀은 이스트-앵글리아에서 북웨일즈를 가로지르며 자리 잡은 7개 도시에서 313개 DNA 표본을 수집하여 노르웨이와 프리슬란트Friesland. 네덜란드 최북단 지역에서 확보한 177개 표본과 비교하였다. 이후 C. 카펠리Capelli와 그의 동료들, 그리고 M. G. 토마스Thomas 팀 등이, 또 가장 최근에는 2022년 J. 그렛징어Gretzinger가 주도하는 연구자 집단이 성과를 냈다. 이들 연구는 과거 앵글로-색슨인이 집중적으로 거주했던 지역을 보면 오늘날 잉글랜드인 중 적게는 30%가량 많게는 70% 정도가 앵글로-색슨인을 조상으로 둔다고 결론지었다. 예컨대 2022년 그렛징어는 동부 잉글랜드 지역인의 76%가 북유럽인 혈통을 이어받았다는 연구 결과를 발표했다. 다시 말해 이상의 연구 결과는 지역 차는 있지만, 오늘날 잉글랜드인 30~70%가 앵글로-색슨인 후예라고 말한다.

이처럼 DNA 분석법은 전·감염병 및 이주 관련 연구에 활용되어 역사학의 외연을 확대하였다. 이 방법론은 문헌 자료와 발굴 자료로 규명하기 어려운 역사적 내용을 더 잘 이해할 수 있게 했다는 데 의의가 있다.

매핑, 텍스트 마이닝, 네트워크 분석

위에서 살펴봤듯이 의학 기술 발달은 DNA 분석법을 역사 연구에 활용할 수 있게 하였다. 마찬가지로 디지털 기술 발전은 역사 연구 방법론에 변화를 가져왔다. 아래에서는 이에 대해 살펴보겠다.

역사학계에서 연구 방법론으로 디지털 기술을 활용한 지는 오래되었다. 1968년 프랑스 역사가 E. L. R. 라뒤르^{Ladurie}는 "내일의 역사학은 프로그래머가 되거나, 아니면 더는 존재하지 않을 것이다"라며 디지털 기술을 활용한 역사 연구, 이른바 디지털 역사학의 도래를 전망했다. 그에 앞서 1962년에 이미 '인류학에서 컴퓨터 활용'이라는 주제로 오스트리아에서 학술대회가 개최된 바 있다.[1] 또한 20세기 후반부터 도서관이나 문서고에서 사료를 디지털화하는 작업이 진행되었다.[2] 이 작업을 통해 종이 문서 혹은 사료를 대신하여 디지털화된 자료가 컴퓨터 하드웨어에 저장되었다. 하드웨어는 많은 양의 자료를 저장할 수 있을 뿐 아니라 자료를 체계적으로 분류하여 필요한 자료에 쉽게 접근할 수 있게 한다. 1세대 디지털 역사학 격인 '사료의 디지털화' 작업이 역사 연구에 기여한 점이다.

이후 기술 혁신과 더불어 디지털 기술을 활용한 역사 연구 방법론은 좀 더 발전했다. W. G. 토마스^{Thomas} 3세는 디지털 역사학을 "컴퓨터, 인터넷 네트워크, 소프트웨어 시스템과 같이 새로운 형태의 커뮤니케이션 기술을 통해 과거를 검토하고 재현하는" 방법론이라고 정의했다.[3] 예컨대 "매핑^{Mapping 혹은 역사적 GIS}", "텍스트 마이닝", "네트워크 분석" 등이 디지털 역사학에서 사용하는 방법론이다.

우선 매핑을 살펴보면, 매핑은 사료 내 특정 대상의 시공간 연결점 혹은 지리적 분석 등 복잡한 데이터를 시각화하는 연구 방법이다. 종교, 교역, 정복, 문화전파 등 주로 시공간적 변화와 전이 등을 시각적으로 보여준다. L. 물렌Mullen은 1790년부터 1860년 사이 미국에서 노예제의 확산을 시각적으로 표현했으며(그림 1).[4] 18~19세기 런던 시가의 지형을 오늘날의 지도에 구현하는 작업을 성공적으로 수행했다(그림 2).[5]

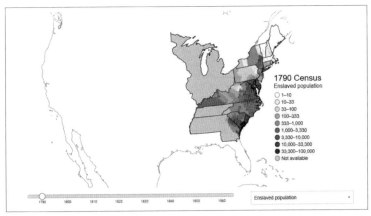

그림 1 1790-1860년대 미국 노예제의 확산

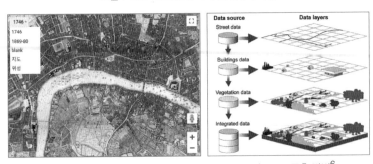

그림 2 옛 런던 모습 나타내기   **그림 3** GIS 구축 방법[6]

텍스트 마이닝은 웹사이트, 책, 이메일, 리뷰, 논문 등 텍스트에서 자동으로 정보를 추출하여 새로운 정보를 발견하는 방법론이다. 이 방법론을 통해 방대한 사료와 자료에서 특정 주제어를 추출하여 일정한 맥락 혹은 주제어 간 상호 연관성을 파악하거나 혹은 일정 기간 특정 주제어의 의미가 어떻게 변화하는지 파악한다. 다시 말해 텍스트상 모든 단어를 개별적으로 보지 않고 의미와 맥락을 살펴 분석한다. 텍스트 마이닝 기법으로 특정 단어를 추출하면 연관 개념어들이 함께 드러나 비교·분석의 대상이 된다. 이때 연관 검색어는 또 다른 텍스트 내 다른 주제어와 함께 추출된다. 이런 과정을 거치며 주제어 간 의미의 유사성과 맥락이 파악되어 논리적 관계를 이해할 수 있다.

이 방법론은 이미 기업의 마케팅 분야에서 많이 활용된다. 기업은 온라인상의 정보, 즉 데이터를 텍스트 마이닝하여 고객이 제품이나 서비스에서 기대하고 선호하는 게 무엇이며 또 무엇을 꺼리는지 등을 파악할 수 있다. 예컨대 기업은 고객 리뷰를 분석하여 자사 제품의 장점이나 단점을 확인하고 이를 바탕으로 제품을 개발하고 가격을 책정하며 판촉 활동 등을 기획할 수 있다. 또 데이터상 텍스트 마이닝을 통해 기업은 인구 통계, 고객의 행동 패턴 및 관심 사항 등을 기반으로 고객을 분류하고 이에 따라 맞춤형으로 마케팅 전략을 수립할 수 있다. 이외에도 텍스트 마이닝은 여러 형태로 마케팅에 활용된다.

텍스트 마이닝은 공적 영역에서도 사용된다. 예컨대 「텍스트 마이닝을 이용한 2012년 한국대선 관련 트위터 분석」에서 연구자는 2012년 대통령 선거일(12월 19일) 전인 2012년 10월 1일부터 2012년 10월 31일까지 1,737,969건의 트윗을 수집하여 분석했다. 이 연구는 트위터상 내용을 텍스트 마이닝함으로써 사회적 이슈가 어떻게 변화하는 지 추적하고 분석할 수 있으며, 또 이슈의 변화 양상을 예측할 수 있다는 시사점을 제공했다.[7] 텍스트 마이닝 기법은 실제로 선거 전략 및 선거 결과 예측 연구에 많이 사용되었다. 예컨대 2020년 미국 대선 전 트윗을 분석하여 선거 결과를 예측하는 연구가 진행되었다.[8] 또 아래와 같이 국내 AI 엔지니어들이 "미국 대선 관련 뉴스 기사-트위터-토론 텍스트 마이닝을 통한 감성 분석 및 예측"한 프로젝트도 있다(그림 4).[9]

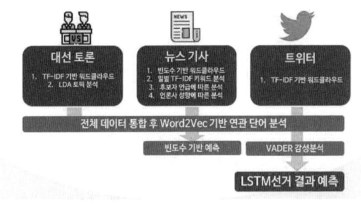

그림 4 미국 대선 관련 뉴스 기사-트위터-토론 텍스트 마이닝을 통한 감성 분석 및 예측

그렇다면 텍스트 마이닝 기법을 역사 연구에 어떻게 적용할 수 있을까. 위에서 예로 든 사례에서 현재성을 삭제하면 역사학에 적용할 수 있다. 즉 분석 대상이 현재 사안이 아니라 과거에 생산된 텍스트면 된다는 뜻이다. 가령 텍스트에서 '독재'라는 단어를 텍스트 마이닝 기법을 통해 추출하면 박정희, 군부 등 독재 관련 단어가 나타난다.

동시에 단어의 사용 빈도 및 단어가 선호된 지역과 같은 정보를 확인할 수 있다. 이렇게 확보한 자료를 역사가는 분석한다. 이 부분에서 개별 역사가의 역량이 발휘된다. 다시 말해 텍스트 마이닝을 통해 확보한 자료가 얼마나 의미가 있을 수 있느냐는 그것을 분석하는 역사가의 몫이다. '독재'라는 단어를 기반으로 박정희, 군부 등 연관 단어를 추출했다고 하자. 이때 "… 이러했다"라는 식으로 결과물을 그냥 보여주는 수준에 머물지, 아니면 "… 의미가 있어 … 시사점이 있다"와 같이 좀 더 분석적으로 접근할지는 해당 내용을 연구하는 역사가의 역량에 달렸다. 마치 동일 혹은 유사한 자료를 기반으로 선거 전략과 마케팅 계획을 수립했음에도 결론을 달리 내는 건 대상 자료를 분석하는 전문가의 역량에 따른 것과 같다.

다음으로 살펴볼 것은 네트워크 분석으로, 특정 집단의 구조 혹은 개인 간 상호 관계 등을 파악하는 것을 목표로 하는 방법론이다. 이 방법론은 자료에서 어떤 형태나 패턴을 추출하고 분석하여 대상 혹은 인물 간 구조, 연결망, 관계성 그리고 집단 혹은 개인의 속성을 파악할 수 있게 한다. 이때 분석 결과를 수치화하고 통계화한 후 그래프로 표현함으로써 시각적으로 의미를 이해할 수 있는 장점이 있다.

네트워크 분석 기법은 페이스북과 트위터 같은 소셜 네트워크상에서 벌어지는 이용자 간 상호작용을 분석하는 등 여러 분야에서 활용된다. 아래 〈그림 5, 6〉에서와 같이 많은 팔로어를 보유한 트위터 유력자 그리고 리트윗 유력자가 마케팅에 미치는 영향력을 연구하여[10] 실제 마케팅 전략 수립에 활용하는 경우가 그러하다.

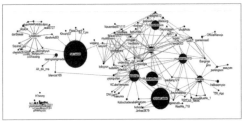 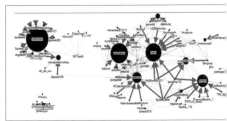

그림 5 모바일앱 검색네트워크의 팔로어 유력자   **그림 6** 모바일앱 검색네트워크의 리트윗 유력자

    네트워크 분석법 역시 역사 연구에 적용해보자. F. 클레버트[Clavert]는 트위터에서 사용자가 제1차 세계대전에 대해 언급한 내용을 분석하였다. 그는 일정 기간 관련 내용이 보이는 패턴과 빈도 및 의미 변화 등을 분석하여 집단 기억이 어떻게 형성되는지 네트워크 분석을 통해 파악하였다. 그는 해당 내용이 있는 트윗을 클러스터링하고 재구성하여 시간 경과에 따라 통계학적으로 정리하였다.

    SNS상의 내용이 아니라 과거 자료를 사용한 사례를 살펴보자. V. 아커만[Ackermann]은 1930년대 초 독일 뒤셀도르프에서 활동하던 인더스트리–클럽과 부르주아 엘리트를 대상으로 네트워크 분석을 실시하였다. 아커만은 네트워크 분석을 통해 클럽 회원의 거주지, 공적 활동 장소, 소득 수준과 직위 및 개인 성향 등이 포함된 개인 정보를 분석하여, 시간 경과에 따라 관계망의 변화를 산출하여 시각적으로 표현하였다. 이를 통해 분석 대상 간 경향 및 충성도 등을 파악할 수 있었다. 여기서도 매핑이나 텍스트 마이닝을 연구 방법론으로 활용할 때와 마찬가지도 결과물의 의미 정도는 해당 내용을 분석하는 역사가의 역량에 달렸다.

    이상에서 살펴본 매핑, 텍스트 마이닝, 네트워크 분석은 현재 디지털 역사학의 방법론으로 널리 사용된다. 이 방법론은 방대한 사료를 상대적으로 효과적으로 취급할 수 있고, 해당 사료에서 유의미한 정보와 역사적 맥락 및 의미를 추출하여 데이터화 하고 그것을 다시 시각화할 수 있다는 장점이 있다.

국내 디지털 역사학의 현황

위에서 살펴본 디지털 기술을 활용한 국내 디지털 역사학계의 대표적인 사례를 간략히 알아보자. 서구 역사학계와 마찬가지로 한국 역사학에서 자료를 데이터화 하기 시작한 것은 1960년대이다. 1966년 전북대 송준호 교수가 하버드대학의 에드워드 와그너 교수와 함께 시작한 이른바 '와그너-송 조선문과방목朝鮮文科榜目' 프로젝트가 그것이다. 작업의 결과물은 2001년 '보주 조선문과방목'이라는 제목으로 CD롬 형태로 출간되었다. 1995년에는 『조선왕조실록』 우리말 번역본이 CD롬으로 출시되었고 2005년에는 이에 대한 온라인 무료 서비스가 시행되었다. 한편 1999년 공공근로사업의 일환으로 시작된 한국사 디지털화 작업은 국사편찬위원회를 비롯하여 규장각, 한국학중앙연구원, 고전번역원 등이 참여했다.[11]

이와 같은 한국사 자료의 디지털화와 별개로 최근 몇 년 사이 한국사 연구자 일부가 디지털 기술을 역사 연구 방법론으로 활용했다. 예컨대 허수는 '공기어 네트워크 분석'을 이용하여 역사 연구를 시도한다. 여기서 공기어란 "대상어와 같은 문맥에서 함께 사용된 단어"를 뜻한다.[12] 그가 수행한 연구 중 '민중' 공기어 네트워크 분석은 1980년대 한국 사회에서 사용된 '민중'이라는 단어의 논의 맥락을 파악한 작업이다. 그에 따르면 '민중'의 논의 맥락은 '사회운동', '제도정치', '변혁 이론', '공연 예술'의 네 가지 영역으로 이루어졌다.[13]

공기어 분석은 사실 "대규모 텍스트에서 담론이나 주제를 찾아내고", "단어의 빈도를 측정하거나 혹은 단어 간 관계를 만들어내는" 방법론을 구사한다는 면에서 서구 디지털학계에서 명명하는 토픽 모델링과 텍스트 마이닝에 속한다. 토픽 모델링은 많은 데이터를 기반으로 하는 양적방법론이라는 점에서 비판 대상이 되기도 한다. 이에 대해 마르틴 페히너Martin Fechner는 "어떠한 지식을 어떻게 생산해낼 수 있는가"가 관건이라는 말로서 토픽 모델링을 옹호했다. 실제로 토픽 모델링을 활용하여 의미 있는 결과를 낸 연구가 다수 있다. 예컨대 '독일 국제교과서 연구소'를 중심으로 시행된 "아동들의 세계"라는 프로젝트가 그러하다. 이 프로젝트는 1850년과 1918년 사이에 출간된 3,500여 권의 교과서와 아동 도서를 분석하여 "학문 생산과 분배가 엄청난 정도로 촉진되고 민족주의와 세계화 과정이 상호 맞물린 시기인 19세기와 20세기에 아동과 청소년들이 가진 세계상이 어떻게 형성 및 확산되고 변화해왔는지, 그리고 아동과 청소년에게 어떤 영향력을 행사해 왔는지를 분석"했다.[14]

다음으로 GIS 기법을 활용한 연구를 살펴보자. GIS란 지리정보시스템Geographic Information System의 약자로, 지도와 지리정보를 수집하고 관리·분석할 수 있는 정보시스템이다. 인문학 분야에서는 〈그림 3〉에서 볼 수 있듯이 인문 정보와 관련된 지리 정보를 시각화하기 위해 지도와 연계할 때 이 시스템을 이용한다.[15] 위에서 언급한 '옛 런던 모습 나타내기Locating London's Past' 프로젝트가 GIS 기법을 충분히 활용한 사례이다. 국내 연구자로는 서울대 정요근이 GIS 기법을 이용하

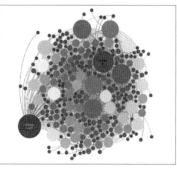

그림 7 1914년 통폐합 전후의 과천 일대 행정구역 복원

그림 8 혼인 네트워크 분석

여 과거 행정구역을 복원하는 등의 작업을 수행했다(그림 7).[16]

한편 이상국은 네트워크 분석을 시도했다. 그는 족보 네트워크를 분석하여 13~15세기 정치 변동에 따른 귀족 가문의 결혼 전략을 파악했다(그림 8). 그의 연구는 245년에 걸쳐 342개의 혼인 기록이라는 데이터를 기반으로 하였다. 또 다른 글에서 그는 두 귀족 가문의 족보 분석을 통해 전근대 엘리트 가문의 생존과 상호 연대에 관해 검토했다. 그의 연구는 데이터의 양적 확대를 통해 더 장기적인 변화의 추이를 확인할 수 있게 했다.[17]

이상에서 간략하게 살펴봤듯이 국내외 역사학계는 디지털 기술을 활용하여 다양한 형태의 역사 연구를 시도하고 있다. 위에서 언급한 방식 외에도 디지털 기술을 이용하여 여러 방식으로 역사 연구를 수행하는데, 이를 총칭하여 '디지털 역사학'이라고 한다. 다시 말해 디지털 기술을 활용한 역사 연구는 모두 넓은 의미에서 디지털 역사학에 포함된다. 구체적으로 디지털 역사학은 다음과 같이 정의할 수 있다.

(디지털 역사학은) 역사적 분석, 프리젠테이션과 연구를 진전시키기

위하여 디지털 미디어를 사용하는 것이며, 디지털 역사학의 결과물은 온라인 대중이 역사적 콘텐츠에 참여하는 것과 관련된 디지털 공공 역사 또는 학술적 연구를 진전시키는 디지털 연구 방법이다. 디지털 역사학은 이용자들이 좀 더 쉽게 역사에 접근할 수 있도록 하는 디지털 아카이브, 온라인 프레젠테이션, 데이터 시각화, 상호작용 지도, 연대표, 오디오 파일을 포함한다. 최근의 디지털 역사학 프로젝트는 창의성, 기술적 혁신, 텍스트 마이닝, 코퍼스 언어학, 3차원 모델링과 과 빅데이터에 초점을 두고 있다.[18]

컴퓨테이셔널 역사학(computational history)

지금까지 매핑 혹은 GIS, 텍스트 마이닝, 네트워크 분석과 같이 디지털 기술을 역사 연구에 적용한 디지털 역사학에 대해 살펴봤다. 아래에서는 디지털 방법론을 사용한다는 점에서 기존 디지털 역사학과 유사하면서도 구체적으로는 차별화된 컴퓨테이셔널 역사학computational history을 알아보자.

컴퓨테이셔널 역사학은 기계 학습과 데이터 주도의 여러 컴퓨테이셔널한 방법computational method을 통해 역사를 연구하는 다학제적 연구 분야이다.[19] 컴퓨테이셔널한 방법이란 텍스트 마이닝, 네트워크 분석, 기계 학습machine learning, 시뮬레이션simulation 등을 의미한다. 이처럼 디지털 기술을 활용한다는 점에서 컴퓨테이셔널 역사학은 디지털 역사학이다. 그러나 자세히 보면 컴퓨테이셔널 역사학은 기존 디지털 역사학과 구별된다. 컴퓨테이셔널 역사학에서 '컴퓨테이셔널'은 '컴퓨테이셔널한 모델 computational model'을 의미한다. 다시 말해 컴퓨테이셔널 모델은 확장된 형태의 컴퓨터 지원, 즉 컴퓨터 시뮬레이션을 활용한다.[20] 이런 면에서 '컴퓨테이셔널'은 '디지털'과 다른 의미를 내포하며, 컴퓨테이셔널 역사학은 기존 디지털 역사학과 구별된다.

그렇다면 컴퓨테이셔널 역사학을 정의하는 핵심 내용인 컴퓨테이셔널한 방법이란 무엇인가. 텍스트 마이닝과 네트워크 분석은 위에서 거론한 내용으로 갈음하고 여기에서는 기계 학습과 시뮬레이션에 대해 살펴보자. 우선 기계 학습은 명시적인 지시는 없지만, 패턴과 추론을 통해 컴퓨터가 특정한 업무를 수행할 수 있도록 알고리듬과 통계적 모델을 이용하여 연구를 수행하는 인공지능 영역의 한 분야이다. 기계 학습 알고리듬은 해당 업무를 실행하기 위하여 명시적인 프로그래밍 없이 예측 혹은 판단을 위해 "훈련 데이터training data"로 알려진 샘플 데이터에 기반을 둔다. 기계 학습 알고리듬은 예컨대 데이터에 기반하여 기계 학습을 통해 수신한 이메일이 스팸인지 아닌지 구분할 수 있도록 한다.[21]

시뮬레이션은 절차나 시스템의 동작을 근사적으로 모방하여 시간에 따른 동작을 표현한다. 시뮬레이션이 활용되는 분야는 광범위하다. 성능 조정 및 최적화, 안전공학 분야, 각종 훈련 및 교육, 그리고 비디오 게임과 같이 여러 분야에서 널리 사용된다. 아울러 시뮬레이션은 예정된 행동 및 행위를 반복적으로 숙달하는 데 사용될 뿐 아니라 행위의 대안을 찾거나 행동 절차의 실제 효과를 미리 확인하기 위하여 사용될 수 있다. 따라서 시뮬레이션은 실제 시스템에 접근하는 것이 위험 혹은 불가능한 경우, 시스템에 개입하는 것이 허용되지 않는 사안에 대해, 또는 시스템이 아직 구체적으로 존재하지 않아서 시스템에 직접 접촉할 수 없을 때도 사용된다. 예컨대 자연 현상을 분석하고 예측하거나 국가 정책을 수립하기 전 다양한 상황을 그려보고 대안을 확보하는 일 등에 적용된다. 결국 시뮬레이션 운용은 시스템의 핵심 성질과 그것을 작동하는 것과 관련해서 유용한 정보를 획득하고 미래의 상황을 예측하여 대응하며 현실화 전의 가정을 단순화하는 것을 목표로 한다.[22]

시뮬레이션을 운용하는 방식으로는 시스템 다이나믹스 system dynamics와 행위자 기반 모델agent-based model이 있다. 시스템 다이나믹스는 시스템의 상위 수준 행위와 관련 있다. 시스템 다이나믹스는 거시적 규모macro scale에서 시스템의 집합적인 동작을 이해하는 데 유용하다. 이 방법은 불필요한 세부 사항을 제외함으로써 모델에서 중요한 지점에 집중하는 데 효과적이다. 예컨대 도심의 교통 정책을 시스템 다이나믹스를 활용해서 시뮬레이션하면, 주요 변수는 도심화, 도시 내 이동, 차량 소유, 도시 외부로 이동, 교통 공급과 수요, 사회경제적 및 환경적 평가 등이다.[23]

한편 행위자 기반 모델은 시스템 내에 존재하는 개별 행위자들을 모델화할 수 있게 한다. 시스템 다이나믹스가 시스템의 전체 집단을 볼 수 있게 하는 것과 달리, 행위자 기반 모델은 시스템 전체 속의 개별자들을 모델링하고 개별자 간 차이와 상호작용을 확인하게 한다.[24]

도시 내 토지 사용 변화를 행위자 기반 모델로 시뮬레이션한다고 가정해보자. 이때 행위자는 토지 소유주, 관계 당국, 기업, 가정이 된다. 개별 행위자는 자율적이고 독립적으로 판단하고 행동하므로 행위자의 행동에 따른 결과값을 분석할 수 있다. 다시 말해 행위자가 토지를 사고팔기 위해 결정을 내리는 행동을 비롯하여 결혼과 출산, 이직, 노령화 등 생애 주기에 따라 행동 패턴의 변화, 일상 활동의 패턴 다양화 등 여러 변수를 시뮬레이션에서 돌려볼 수 있다.[25]

위의 사례에서 알 수 있듯이 시스템 다이나믹스 시뮬레이션은 변수의 값을 구하는 게 아니라 변수의 동적인 변화를 분석한다. 따라서 갑자기 출현하는 변수에 대응하지 못하며, 변수의 변화를 예측할 수 없다. 또한 변화를 초래하는 구조 및 과정을 설명하기 어렵다. 반면 행위자 기반 모델 시뮬레이션에서 행위자는 자율적이고 독립적으로 판단하고 행동하는 존재로, 행위자의 다양한 행동 즉, 변수들의 변화를 시뮬레이션으로 파악할 수 있다. 결국 행위자 기반 모델 시뮬레이션은 복잡한 현상을 모델링할 수 있다. 또 행위자의 행동 변화를 추가해가며 모델링할 수 있기 때문에 시뮬레이션을 유연하게 작동할 수 있다는 장점이 있다.

이상에서 살펴본 컴퓨테이셔널 방법 중 시뮬레이션과 기계 학습에서 연구자는 다양한 행위자의 행동 규칙과 환경 조건을 조정할 수 있다는 장점이 있다. 또한 기계 학습과 시뮬레이션은 인문학적 콘텐츠를 디지털화하고 분석에 따른 결과물을 시각화는 수준을 넘어 역사의 역동적 변화를 재구성하고 새로운 역사 해석을 시도할 수 있게 한다. 이런 점을 강조하는 컴퓨테이셔널 역사학의 특징은 2014년 더블린 대학에서 개최된 제1회 국제 컴퓨테이셔널 역사학 워크샵[1st] International Workshop on Computational History 의 취지문에서 잘 드러난다. 취지문에 따르면, "역사 지식이 컴퓨터가 처리할 수 있는 형태로 증가함에 따라 큰 규모의 컴퓨테이셔널한 분석과 이를 기반으로 한 역사 해석이 가능해지고 있다. 데이터에서 관찰할 수 있는 동적이고 진화적인 패턴의 수학적 분석은 과거를 이해하는 데 더 도움을 주고, 경험에 기반하여 미래 예측을 가능하게 한다."[26]

3
코딩으로 종교문화 연구하기

심형준

디지털 종교학은 가능할까

종교문화 연구와 코딩의 조합은 왠지 어색하다. 코딩을 이용해서 종교문화를 연구한다는 게 어떻게 가능한지 의문이 들 수 있기 때문이다. 종교학자들이 "코딩으로 종교문화를 연구할 수 있다"는 이야기를 들으면, 그동안 빈번하게 등장한 학문적 유행으로 치부하며 아마 실소하거나 시류에 영합하는, 그럴듯한 헛소리로 치부할 가능성이 많을 듯하다. "인문현상이라는 것은 디지털 숫자로 처리될 수 없는 거야", "종교는 문화마다 달라서 하나의 일반적 특성을 추출하기 어려운데, 어떻게 프로그램화 할 수 있겠어? 종교 현상에 대한 식견이 없는 사람들의 무모한 소리에 불과해"라고 평가할 만한 일이다. 필자 역시 몇 년 전이라면 비슷한 반응을 보이지 않았을까 싶다.

과거에 "종교를 믿는 로봇AI을 만들 수 있을지 모른다"는 말을 들었다. 그 말을 한 사람에게 필자는 이렇게 말했다. "종교는 그렇게 간단하게 프로그래밍할 수 없다. 종교가 얼마나 복잡한 문화 현상인데, 그게 가능하겠는가? 망상에 불과해!" 그런데 어느덧 알파고가 이세돌을 꺾은 지도 8년이 흘렀고 우리 일상의 많은 것들에 AI 기술이 적용되고 있다. '구글 번역'은 과거에 거의 의미가 없는 수준이었으나 2016년 인공신경망 번역 기술이 등장하면서 상황은 확 달라졌다. 한국어 번역 품질이 인간 수준에 이르지는 못했지만, 충분히 의미가 통하는 수준으로 번역 결과가 나오는 상황이 되었다.

'복잡한 문제는 인간의 예술적인 직관 능력이나 추론 능력이 아니면 처리할 수 없다'고 당연시한 믿음이 이제는 확실히 무너진 것 같다. 생성형 AI가 등장하고 '가장 먼저 없어질 직업 리스트'가 완전히 달라졌다. 예전에는 단순 반복형 일자리가 쉽게 대체될 것으로 봤지만, 지금은 많은 전문직이 사라지거나 일자리 자체가 크게 줄어들 것으로 전망하고 있다. 작가, 프로그래머(주로 초중급), 법조인, 심지어 의사까지도 영향을 받을 것으로 예상한다.

생성형 AI를 활용하면 다양한 데이터 분석 기술을 활용해서 종교문화와 같은 복잡한 문화 현상을 다룰 수 있는 시대가 되었다고 말할 수 있는 상태다. 자신의 연구 질문만 분명하다면, 챗봇 AI와 대화를 통해서 해당 연구 질문을 다룰 수 있는 표준적인 방법론, 그것을 구현하는 방법 등에 대해서 손쉽게 양질의 정보를 얻을 수 있으니 말이다.

AI를 활용한 종교 연구는 충분히 가능하다. 이미 '디지털 인문학 Digital Humanities'이 그런 연구를 보여주고 있다. 디지털 인문학은 간단히 말해서, 디지털 분석 기법을 활용해서 인문학적 연구를 하는 분야를 일컫는다. 가령 필자가 본 연구 중 하나는 저자 불명의 문학작품을, 유력한 저자 후보인 사람의 문학작품과 비교하는 연구로서, 사용된 표현상의 유사성을 텍스트 전체 수준에서 컴퓨터 프로그램을 이용해 분석하는 일이었다.

디지털 인문학 분야의 연구 방법론을 종교문화 연구에 적용하여 이야기한다면, '디지털 종교학'이라고 말할 수도 있지 않을까. 그렇다면 '디지털 종교학'은 어떤 모습으로 펼쳐질 수 있는지, 현재까지 이루어진 주요 연구 사례들을 살펴보면서 생각해 보자.

디지털 종교학 연구의 자료

코딩으로 다룰 수 있는 자료는 기본적으로 디지털 자료여야 한다. 종교와 관련된 많은 자료는 비정형 자료, 즉 텍스트, 이미지, 음성, 영상 등 구조화되지 않아 컴퓨터가 바로 처리할 수 없는 데이터가 대부분이다. 디지털 인문학 연구도 자료의 디지털화부터 시작되었듯이, 디지털 종교학도 그러한 과정을 거쳐야 한다. 이러한 경향은 다음 그래프로도 쉽게 알아볼 수 있다.

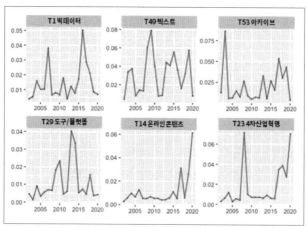

그림 1 정유경(2020)의 '국내 주요 토픽의 시계열적 발현 추이' 중 일부

〈그림1〉은 정유경이 「디지털 인문학 분야의 국내외 연구 동향 분석」(2020)이란 글에서 2000년 이후 국내 연구논문들의 주요 토픽의 시계열 추이를 표현한 것 중 일부이다. 그림을 보면 과거에 '아카이브'가 논문의 토픽으로 많이 등장했다는 것을 볼 수 있다. 반면에 근래에 부상하는 토픽은 '온라인콘텐츠', '4차 산업혁명' 같은 것이다. 이 글에서는 해외 연구논문의 주요 토픽 시계열 그래프도 보여주고 있다. 국내와는 다소 차이가 있는데, 이 중에 '아카이브'와 기타 부상하는 주제를 뽑아보면 다음과 같다.

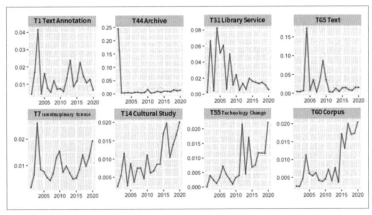

그림2 정유경(2020)의 '국외 주요 토픽의 시계열적 발현 추이' 중 일부

위 그림에서 보듯이 해외의 경우 '텍스트', '아카이브' 등의 토픽이 감소한 반면 '문화연구', '학제간 과학', '말뭉치corpus' 같은 토픽이 부상하는 것을 알 수 있다. 디지털 인문학 연구 트렌드가 역사·문화자료의 디지털화 및 아카이브 구축에서 문화연구나 말뭉치 연구 등으로 바뀌어 가고 있다는 것을 짐작해 볼 수 있다.

종교 자료의 아카이빙은 이미 진행 중이다. 온라인으로 기독교, 불교, 유교 등의 경전을 볼 수 있을 뿐만 아니라, 각 종교 전통별로 중요한 기록물들의 디지털화가 계속 이루어지고 있다. 또 종교사 관련 자료들은 역사 분야의 디지털 아카이빙을 활용할 수 있다. 『조선왕조실록』을 비롯해서 조선시대 지식인들의 서책들이 상당수 디지털화되어 있기 때문이다.

여기서 고민이 필요한 부분이 하나 있다. 이 글의 제목에 '종교문화'를 사용한 이유와 관련이 있다. 종교나 종교인 기록물은 당연히 종교 연구의 자료가 되지만, '종교문화'로 확장해서 보면 그 외에도 우리가 살펴봐야 할 자료들이 많다. 가령 귀신, 언데드^{Undead} 같은 초자연적 존재를 생각해 보자. 이들은 종교문화로 이야기할 수 있는 주제이지만, 관련 기록들이 꼭 종교나 종교인의 기록은 아니다. 즉 언데드의 대명사 중 하나인 '드라큘라'를 생각해 보면, 브램 스토커의 『드라큘라』(1897)는 종교 자료는 아니지만, 종교문화 자료에 해당한다. 또한 오늘날 가장 각광을 받는 언데드인 '좀비'를 떠올려 보면, 영화 〈살아있는 시체들의 밤〉(1968)이나 드라마 〈워킹 데드〉(2010~2022)도 종교문화 자료라고 할 수 있다. 이런 자료들로 시대에 따른 언데드 이미지의 변천과 그 요인을 탐색하는 연구를 기획해 볼 수 있기 때문이다.

이와 같이 종교문화를 읽어낼 수 있는 모든 것이 디지털 종교학 연구의 자료가 될 수 있다. 물론 이런 자료들 가운데 디지털화가 가능한 것이나 디지털 데이터로 생산된 것만 접근이 가능할 것이다. 소셜 미디어 텍스트, 이미지, 영상 등과 함께 각종 온라인 콘텐츠의 댓글 등도 자료가 될 수 있다. 특히 해외 디지털 인문학에서 '문화연구'의

비중이 커지는 경향을 볼 때, 이러한 자료를 활용한 '디지털 종교문
화' 연구는 앞으로 주목할 만하다.

디지털화된 종교 텍스트를 활용한 연구

코딩을 활용한 텍스트 분석을 접해 본 이들은 이런 연구가 어떤 식
으로 진행될지 충분히 짐작할 것이다. 예를 들면, 단어의 빈도값을
찾거나 감정 분석을 하고(이 경우는 종교 텍스트에 대한 2차 기록물 분석에
서 의미가 있다), 다른 텍스트에는 없는 해당 텍스트에서 중요한 단어
를 뽑거나(TF-IDF 값) 네트워크 분석을 하고, 나아가 딥 러닝을 활용
해 텍스트의 문체를 분석하거나 작성 연대와 저자를 추정하는 작업
을 진행할 수 있다.

어느 종교의 경전이든 어떤 한 시점에서 완성본이 만들어지지는
않는다. 기독교 경전(성서)이나 불교 경전 등의 형성사는 아주 복잡하
다. 경전 말고도 외경이나 위경도 많다. 코딩을 활용한 텍스트 분석
기법인 자연어 처리 방법론을 활용하면 정확도를 높이기 위한 지난
힌 과정(기계 학습과 모델 수정)이 필요하지만, 경전 테스트의 연대 추정
과 같은 작업을 할 수 있다

경전 텍스트의 연대 추정을 하기 위해서는 작성 연대를 아는 데이
터셋이 있어야 한다. 해당 데이터셋을 활용해 기계 학습을 시키고 그
정확성을 테스트하여 정확성을 높이면 텍스트 데이터의 작성 연대를
비교적 정확하게 추정할 수 있다. (단, 모든 텍스트 자료가 디지털화되어 있으
며 기계 학습의 효과가 있을 만한 데이터 양이 있어야 한다는 전제가 있다).

한편 기계 학습은 텍스트의 저자를 추정하는 데에도 활용된다. 기계 학습으로 특정 저자의 문체상의 특징을 추정할 수 있는 모델을 만들어 저자 불명 텍스트를 분석할 수 있다. 이런 방법이 어느 정도로 효과적일 수 있는지 불경을 가지고 시도해 본 연구가 있다. 박보람은 「N-gram 및 SVM을 사용한 기계 학습을 통한 화엄 텍스트의 저자 속성Authorship Attribution in Huayan Texts by Machine Learning using N-gram and SVM 」(2018) 에서 디지털 인문학에서 많이 시도되고 있는 저자 불명 텍스트(소설, 시, 철학서 등)의 저자 추정 방식을 활용해 어느 정도로 저자를 구분할 수 있는지 검토했다.

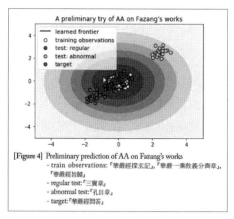

그림 3 박보람(2018)의 '법장 저작에 대한 저자 귀속(authorship attribution)의 예비적 시도'

결과를 보면 타깃 데이터가 중국 당나라 때의 승려 법장Fazang의 저술과 근접하긴 하지만 일치하지는 않는 것으로 나오며, 전혀 관련 없는 텍스트abnormal data는 확실하게 분리시켜 보여주고 있다. 이는 시론적 연구로서 기계 학습을 활용한 저자 추정 가능성을 확인한 연구에 해당한다.

김바로의 「딥 러닝으로 불경 읽기」(2019) 연구는 불경 텍스트를 딥 러닝으로 분석하는 것을 시론적으로 보여준 또 하나의 연구 사례이다. 해당 연구에서는 CBETA(중국의 불경 DB) 불경 DB의 텍스트를 Word2Vec이라는 워드 임베딩 기술을 적용해서 딥 러닝을 활용한 불경 텍스트 분석의 다양한 가능성과 한계를 검토하였다. 참고로 Word2Vec은 컴퓨터가 인간과 유사한 방식으으로 단어의 의미를 이해하도록 돕는 기계 학습 알고리듬이다. 특히 큰 말뭉치(텍스트 모음)의 각 단어에 대한 숫자 표현(벡터)을 생성한다. 이런 변환은 유사한 방식으로 사용되고 유사한 의미를 갖는 단어가 유사한 벡터값을 가질 것이라는 아이디어에서 나왔다. 알고리듬은 대규모 텍스트 코퍼스(corpus, 말뭉치)를 분석하여 이러한 기능을 하는 값을 학습하고 유사한 방식으로 사용되는 단어의 벡터가 벡터 공간에서 서로 가깝게 나타나도록 최적화한다. 벡터가 학습되면 언어 번역, 감정 분석 등과 같은 다양한 작업에도 적용할 수 있다.

김바로의 연구는 불경 텍스트에 대한 Word2Vec 처리를 한 결과를 Embedding Projector를 활용해 시각화한 것으로 〈그림 4〉와 같은 결과를 보여준다. 〈그림 5〉는 많은 한자 중에서 '教(교)'를 골라서 한 자어 간의 관계를 살펴본 것으로, 활성화된 단어의 3차원 벡터 공간 상의 위치를 통해서 단어들 간의 의미론적 관계를 쉽게 유추해 볼 수 있게 한다. 〈그림 5〉을 보면 '教'와 '宗(종)'이 겹쳐 있는 것을 볼 수 있다.

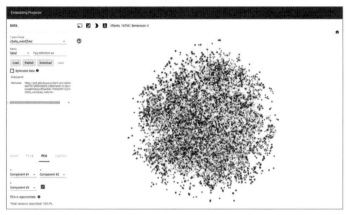

그림 4 김바로(2019)에서 불경을 Word2Vec 처리한 결과의 시각화

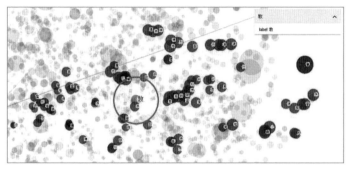

그림 5 시각화 결과에서 특정 라벨(敎)을 선택한 모습

한편 김바로(2019)의 연구는 불경 텍스트 분석의 새로운 결과를 보여주기보다는 워드 임베딩 기술을 활용해서 불경 텍스트를 분석할 수 있다는 것을 보여주는 데 초점이 맞추어진 시론적인 논의였다. 아직 해당 방법론으로 기존과 다른 어떤 연구를 시도할 수 있는지 명확하게 방향이 잡히지는 않은 상태로 보인다.

디지털화된 역사 자료를 활용한 연구

종교 기록물이 아니더라도 종교문화와 관련된 연구를 수행할 수 있다. 가령 종교 개념사를 다룬다고 할 때, 이미 구축된 여러 DB를 활용해서 '종교' 개념의 등장과 유행 및 그 의미의 변화상을 추적해 볼 수 있다. 이러한 작업은 전체 경전 텍스트를 분석하는 것처럼 사람이 하게 된다면 엄청난 시간이 걸리겠지만, 코딩을 통해서 데이터 분석 기법을 적용한다면 상당히 효율적으로 진행해 볼 수 있다.

필자의 연구(심형준, 「1883~1910년 한국의 '종교(宗敎)' 용례 특이성」(2022)를 예로 들자면, '종교'라는 말이 처음 쓰였을 때는 그때까지 한자문화권에서 일반적으로 쓰인 '교敎'나 '도道'의 의미로 쓰였고 온전히 낯선 개념으로 받아들이지 않았다. 그런데 종교학계에서 '종교'라는 말은 일본에서 'religion'을 번역한 말로 정착되어 동아시아에 전파되었다고 알려져 있다. 따라서 처음부터 이 말은 '근대적인 개념'으로 사용되었다는 전제가 깔려 있다. 19세기 후반에서 20세기 초반에 '종교'('宗敎'나 '종교' 등 포함)가 쓰인 예들을 보면 여전히 '종교'를 '국교' 혹은 그 낱글자 의미 그대로 '최고의 가르침'이라는 의미로 많이 쓰고 있다. 필자는 『조선왕조실록』, 고신문 자료(대한민국 신문 아카이브 외 8), 문집 자료(한국고전종합DB), 19세기 말 20세기 초 사전 자료(Internet Archive, Harvard Library, Google Books)를 1차 자료로 해당 경향성을 확인한 바 있다. 이런 이해는 현대까지 '종교'라는 말을 이해하는 한 흐름으로 남아 있는 것 같다.

전근대적 종교 개념을 간단히 짚고 넘어가면, 종교란 '최고의 가르침'을 말하고 인간을 도덕적으로 선하게 하고 사회를 이롭게 하는 가치 체계를 의미한다. 따라서 종교에는 비교급의 의미가 포함되어 있어서 여러 '가치 체계' 중에서 '가장 뛰어난 것'이란 함의가 있다. 이런 관념하에서 국민교화는 종교의 몫이 된다. 반면 근대적인 종교 개념은 정교분리, 신앙의 자유(개인의 종교 선택의 자유이지 선교의 자유는 아니다), 여러 종교를 아우르는 유적 범주(종교에는 기독교, 불교, 이슬람교 등이 있다는 식의 설명) 등으로 여겨진다. 이런 관념하에서는 종교 간 차별이 문제가 된다.

다시 종교 개념사 연구로 돌아가 보자. 필자는 관련 텍스트 데이터를 실록 DB, 고신문 DB, 고전문헌 DB에서 수집하였다. 모두 1,500건이 넘었고, 사전 자료는 특정 시기에 발간된 판본을 구할 수 있다면 모두 구해서 '종교' 혹은 'religion'이라는 표제어를 일일이 확인했다. 그러다 보니 연구 기간이 상당히 늘었다. 신문 자료만 보면, 다음과 같은 그래프를 그려 볼 수 있었고, '종교' 용례의 비중('종교' 사용 기사수/전체 기사수)이 높아진 시기를 특정하고 해당 시기 주요 용례 패턴

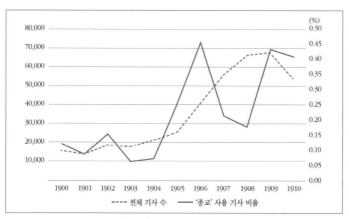

그림 6 심형준(2022)의 '종교' 사용 기사 빈도 그래프

을 변별하여 그 빈도를 살펴볼 수 있었다. 이를 통해서 1910년대 초기까지는 '교'나 '도' 개념에 근거한 '종교' 개념이 많이 사용되었다는 것을 확인하였다.

	'종교' 기사수	나라, 문화	책(이름, 항목)	기독교	유교	최고 가르침	종교단체
1905	64	26	12	15	18	20	18
1906	185	60	81	32	33	46	12
1909	291	10	61	61	117	129	97

그림 7 심형준(2022)의 신문 기사에서 '종교' 용례 패턴

이런 조건에서 코딩을 활용했다면 훨씬 효율적으로 해당 데이터들을 분석해 볼 수 있었을 것이다. 물론 특정한 맥락이 드러나지 않는 단순 용례도 상당했다는 점에서 쉽사리 변별력 있는 결과를 추출하긴 어려웠을 것이다. 그러나 '국교'적 의미로 쓰인 특이한 패턴을 빨리 포착할 수는 있었을 것이다. 한편 19세기부터 현대까지, 그리고 일본의 용례나 중국의 용례를 비교 검토하는 것까지 고려하면, 개인이 시도할 수 없는 규모라는 것을 상상할 수 있다. 일례로 최근 신문 자료를 간단하게 분석한 결과를 보여주는 '빅카인즈'를 활용해서 '종교'라는 말을 검색해 보면, 1990년에서 현재까지 30만 건이 넘는 기사를 찾아볼 수 있다. 일제시대부터 1990년까지 여러 DB들을 활용해서 자료를 수집하면 최소 수백만 건의 자료가 수집될 텐데, 이를 사람이 일일이 확인해서 개념의 다양한 용례 패턴을 변별한다는 것은 불가능한 일이다.

결국 최소한의 인원으로 이런 방대한 데이터를 다루려면 자연어 처리 방법을 사용할 수밖에 없다. 다양한 DB를 이용해서 '종교' 용

례 데이터를 수집한다면, 이렇게 모인 디지털 텍스트를 말뭉치^{corpus}
로 만들어서 유사어 혹은 유관어 분석 등을 통해서 인접하여 쓰인 표
현들을 추출하여 몇 가지 패턴을 발견할 수 있을 것이다. 그리고 시
대별로 인접한 표현의 변화를 추적한다면, '종교' 개념 이해의 비중이
어떻게 달라졌는지 확인해 볼 수도 있을 것이다.

해밀튼 등(「통시적 워드 임베딩으로 의미 변화의 통계적 법칙을 밝혀내다
Diachronic Word Embeddings Reveal Statistical Laws of Semantic Change」(2016))
은 워드 임베딩을 활용하여 단어의 의미 변화를 추적하는 작업을 시
도한 바 있다. 대략 150년 내외의 기간에 몇몇 단어들의 인접어 변화
를 토대로 의미상의 변화를 추정할 수 있음을 보여주는 작업이다. 이
처럼 19세기부터 현재까지 다양한 학습 데이터를 확보하고 마찬가지
과정을 수행한다면, 손쉽게 종교 개념의 변천을 추적할 수 있을 것으
로 기대된다.

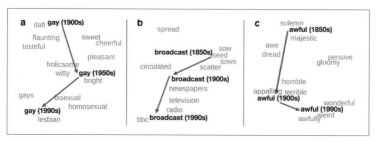

그림 8 해밀튼 외(2016)의 fig.1

여기에서는 종교 개념사 연구 사례로 살펴보았으나 역사 자료를
활용한 디지털 종교학 연구는 다양하게 시도될 수 있을 것이다. 텍스
트 정보와 다른 정보(가령 지도)를 연결해서 새로운 종교사적 통찰을

얻을 수도 있다. 예를 들면, 신화나 전설, 민담의 확산 범위를 지도로
나타낼 수 있다면, 이야기의 전파나 변형에 대한 새로운 시각을 얻을
수도 있을 것이다.

동시대 디지털 자료를 활용한 연구

종교문화와 관련된 디지털 데이터만 충분하다면, 디지털 종교학
은 충분히 시도할 만하다. 이와 관련하여 가장 주목할 분야는 동시
대 온라인상의 종교문화이다. 서구 학계에서는 '디지털 종교'라는 주
제로 이런 문제를 다루고 있다. 시론적인 논의들이지만, 디지털 인
문학 방법론을 활용한 연구들도 속속 발표되고 있다.(Digital Humanities
and Research Methods in Religious Studies: An Introduction, Edited by Christopher D.
Cantwell, Kristian Petersen, De Gruyter 2021 참고)

종교와 온라인의 관계는 특히 종교계에서 무척 큰 관심을 보였다.
코로나19 팬데믹으로 비대면 접촉이 일상화되었을 때 온라인 종교
활동이 활발하게 진행되었고, 종교계에서는 이러한 흐름이 어떤 변
화를 불러올지 귀추를 주목하지 않을 수 없었다. 가령 개신교계에서
는 '플로팅 그리스천floating christian'이라는 신조어에 비상한 관심을 보였
다. 플로팅 크리스천은 가톨릭의 '냉담자'나 개신교의 '가나안 성도'와 비
슷한 듯 하지만, 조금 다른 개념이다. 그들은 직접 정해진 교회에 나와
의례에 참여하지 않고, 교회를 떠돌거나 온라인 예배만 보는 개신교인을
일컫는다. 이 표현은 미국에서 일반적으로 사용되는 표현은 아니다.

이런 경향은 여론조사를 포함하는 사회조사를 통해서 밝혀야 할
부분이다. 개신교계, 특히 목회데이터연구소의 경우 주간 리포트를

통해서 관련 조사 내용을 꾸준히 소개하고 있다. 가령 151호(2022. 7. 5.)에는 온라인 예배에 대한 개신교인들의 반응과 온라인 교회에 대한 참여 의향 등을 조사한 결과를 소개했다. (온라인조사 결과는 일반적인 여론조사와 다소 차이가 있을 수 있다)

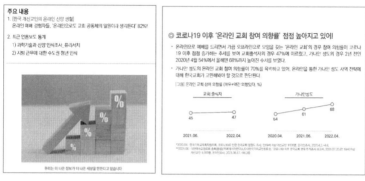

그림 9 목회데이터연구소 '주간 리포트' 151호

교회 입장을 반영하기 때문에 온라인 종교 활동의 특색이나 오프라인 종교 활동과의 차이를 명확하게 확인할 수는 없다. 온라인 종교 활동 양상을 사회조사로 추적할 수도 있지만, 온라인 기록물로 이를 살펴볼 수도 있는데, 그렇게 하기 위해서는 댓글이나 각종 게시물, 콘텐츠를 스크랩해서 텍스트 혹은 이미지 분석을 시행해야 한다. 이러한 경우는 데이터 수집에서 분석, 시각화까지 거의 모든 작업에 코딩이 필요하다.

온라인 종교문화를 고려한다면, 또 다른 문제에 주목해 볼 수 있다. 온라인상의 종교적 표현이 온라인 종교문화를 이해하는 데 도움이 될 수 있다는 데 착안하여 온라인 자료를 검토해 보면 무언가 흥미로운 결과를 얻을 수도 있다. 교회, 절, 성당 등에 가서 의례에 참여하는 것만을 종교 활동이라고 말할 수는 없다. '종교적 활동'도 생각해 봐야 한다. 아들을 점지해 준다고 믿는 바위 아래에서 기도하는 것이나, 아침 일찍 일어나 하루의 삶이 계획한 대로 잘 진행되길 바라며 수행하는 명상도 종교적 활동에 해당한다.

온라인상에서 볼 수 있는 '소원 채팅'은 실시간 해맞이 영상이나 사회적으로 이목을 끄는 빅이벤트의 실시간 방송 채팅창에서도 볼 수 있다. 이는 특히 코로나 이후에 많아졌다. 2023년 한 방송사의 일출 방송의 섬네일을 보면 '채팅창에 소원을 빌라'는 주문을 담기까지 했다. 해가 막 떠오를 때 채팅창은 많은 사람의 소원 채팅으로 채워졌다. 산이나 바다로 해맞이를 나가 보셨던 분들이라면, 그곳에서 사람들이 소원을 빌 거라는 건 잘 알지만, 소리 내어 주변의 다른 사람이 들리게 소원을 비는 경우는 거의 찾아볼 수 없다. 그러나 랜선 해맞이에서는 '다른 사람이 읽을 수 있게' 많은 사람이 실시간 채팅으로 한 해의 안녕과 번영을 비는 모습을 볼 수 있다. 이렇게 댓글이나 채팅으로 사람들이 소원을 비는 행동을 온라인에서 종종 찾아볼 수 있다. 필자가 참여하는 연구팀이 발견한 사례는 '콩콩절 이벤트'나 '누리호 발사'에서도 있었다. 이처럼 사람들이 주목하는 역사적 순간을 담는 온라인 실시간 영상의 채팅창에서는 개인들의 소원이 담긴 채팅을 많이 볼 수 있다.

또 하나 흥미로운 사례는 바로 성지순례 밈이다. '성지순례 왔습니다. ~하게/되게 해주세요'라는 댓글 클리셰가 대표적이다. 소위 '온라인 성지'의 댓글 놀이의 한 양상이지만, 이런 표현도 소원 빌기에 해당한다. 이러한 유행 양상은 온라인 종교문화에 대한 흥미로운 통찰을 가능하게 한다. 이를 분석하기 위해서는 소위 온라인 성지 콘텐츠 데이터와 그곳의 댓글들을 수집하고 각종 소셜 미디어상의 온라인 성지에 대한 기록들을 수집하고 분석해야 한다. 이러한 작업은 코딩 없이는 불가능하다.

　필자가 최근에 수행한 디시인사이드 커뮤니티의 '쿠키닷컴' 게시물 댓글 분석 연구(「한국에서의 '온라인 성지(聖地)' 개념의 출현과 진화」(2023))에서 댓글상의 트렌드 변화를 명확하게 보기 위해서 댓글 말뭉치에 대한 TF-IDF$^{term\ frequency-inverse\ document\ frequency}$ 값을 구해서 이를 시각화한 바 있다. 참고로 TF-IDF는 다른 문서에 많이 나오는 표현/단어는 가중치를 낮추고 다른 문서에는 등장하지 않는 표현/단어에 가중치를 두어 흔한 표현을 배제하고 문서 내에서 중요하게 사용되는 표현을 식별하는 방법이다. 이를 통해서 '쿠키닷컴' 게시물의 인기가 사라지고 나서 '성지순례 왔습니다. ~하게/되게 해주세요'라는 표현을 사용하는 댓글의 비중이 높아졌다는 것을 확인할 수 있었다(진한 색이 '소원 댓글'이며 가중치 값 상위 20개로 살펴본 결과이다. 원 그림은 컬러임.).

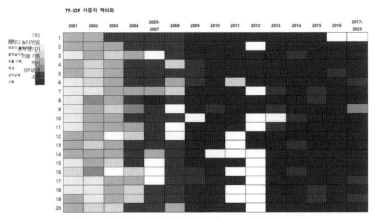

그림 10 심형준(2023)의 '쿠키닷컴' TF-IDF 댓글 분석 결과

과학적 이론을 활용한 종교 모델링 연구

코딩을 활용한 종교문화 연구의 또 하나 중요한 흐름은 '종교 모델링'modeling religion 으로, 컴퓨터 시뮬레이션으로 복잡한 문화 현상(종교)을 이해하려는 시도이다. 컴퓨터 시뮬레이션을 통해 연구하는 사례는 과학 분야에서 드물지 않은데 그와 비슷한 접근이라고 볼 수 있다.

과학 분야에서는 이론에 따라 수립된 모델을 바탕으로 다양한 현상을 시뮬레이션하곤 한다. 대표적으로 천문학 분야에서는 현재의 우주론에 따라서 별의 탄생, 은하의 형성, 그리고 그 진화에 대한 다양한 시뮬레이션을 하고 있다. 가령 '달의 형성'이라는 흥미로운 주제가 있는데, 우리는 우주에서 그 사건이 생겼을 때의 상황을 관측할 수 없기 때문에, 오로지 적당한 가설과 현재 남은 흔적을 바탕으로 추론할 수 있을 뿐이다. 그럴 때 해당 가설과 현재의 관측 결과 사이의 타당한 관계를 추론하는 데 시뮬레이션이 도움을 준다.

종교 모델링은 종교 현상을 시뮬레이션하고 분석하기 위해 수학적 및 계산 모델을 사용하는 종교 연구 접근 방식이다. 종교 모델링은 종교적 행동의 복잡하고 종종 예측할 수 없는 특성을 이해하고 그것에 영향을 미치는 요인을 식별하는 데 목표를 두고 있다. 종교 모델링에 사용되는 모델은 일반적으로 수학적 알고리듬, 통계 모델 및 컴퓨터 시뮬레이션을 기반으로 한다.

종교 모델링은 종교적 행동을 형성하는 데 있어 신념과 관습의 역할, 종교적 소속에 대한 소셜 네트워크의 영향, 종교적 폭력과 갈등을 유발하는 요인을 포함하여 종교에 대한 광범위한 질문을 해결하는 데 사용할 수 있다. 컴퓨터 시뮬레이션을 사용하여 이러한 현상을 모델링함으로써 실제 세계에서 테스트하기 어렵거나 불가능한 다양한 시나리오와 가설을 탐색할 수 있다.

예를 들어, 컴퓨터 시뮬레이션을 사용하여 소셜 네트워크를 통한 종교적 신념과 관습의 확산을 연구할 수 있다. 가상 커뮤니티를 만들고 개인 간의 상호작용을 모델링함으로써 종교적 신념과 관습의 확산에 영향을 미치는 요인을 식별할 수 있는 것이다. 혹은 컴퓨터 시뮬레이션을 사용하여 다양한 정책적 개입이 종교적 행동에 미치는 영향을 연구할 수도 있다. 다양한 정책적 개입의 효과를 시뮬레이션함으로써 연구자들은 종교적 관용을 촉진하거나 종교적 갈등을 줄이는 가장 효과적인 전략을 식별할 수 있다.

그림 11 NASA 연구팀의 달 탄생 시뮬레이션(2022). 흰 원 안의 덩어리가 달이 된다.

종교 모델링은 종교와 정치, 경제, 문화와 같은 다른 사회현상 간의 관계를 탐구하는 데에도 사용할 수 있다. 예를 들어, 컴퓨터 시뮬레이션을 사용하여 종교가 경제 발전에 미치는 영향이나 정치적 태도와 행동을 형성하는 종교의 역할을 연구할 수 있다. 연구자들은 이러한 복잡한 관계를 모델링함으로써 종교적 행동을 형성하는 요인과 종교가 사회의 다른 측면과 상호작용하는 방식을 더 잘 이해할 수 있을 것이다.

또한 종교 모델링은 종교의 미래와 사회에 미치는 영향에 대해 보다 정확한 예측 모델을 개발하는 데 도움을 줄 수 있다. 계산 방법을 사용하여 역사적 데이터와 현재 추세를 분석함으로써 종교적 신념과 행동의 미래 추세를 예측하는 모델을 개발할 수 있는 것이다. 예를 들어, 정부 기관은 종교 모델을 사용하여 종교 인구 통계의 변화가 공공 서비스 및 인프라에 미치는 영향을 예측할 수 있다.

종교 모델링은 종교 현상을 과학적으로 분석하고 이해하기 위한 계량적 접근 방법이다. 이는 종교적 신념, 행동, 제도, 공동체의 동태적 변화를 수학적 모델과 컴퓨터 시뮬레이션을 통해 연구하는 방법론이다. 종교 모델링은 개인의 종교적 선택부터 대규모 종교 운동의 확산까지 다양한 수준의 종교 현상을 다룰 수 있으며, 특히 종교가 사회, 문화, 정치, 경제 시스템과 맺는 복잡한 상호작용을 이해하는 데 유용할 것이다.

이러한 모델링은 종교학 연구에 성량적 방법론을 도입함으로써, 전통적인 질적 연구 방법을 보완하고 종교 현상에 대한 예측과 검증 가능한 가설을 제시할 수 있게 할 것이다. 또한 빅데이터와 인공지능 기술의 발전으로 종교 모델링의 정확도와 적용 범위가 계속 확장되고 있어, 종교 연구의 새로운 지평을 열 것으로 기대된다.

국내에는 '계산종교학'이라는 이름으로 관련 아이디어가 소개된 바 있다(박충식·김일겸의 2004년 종교학회 발표, 「종교와 인공지능(1): 계산종교학」). 그 밖에 종교 모델링 연구로 묶일 수 있는 「성리학적 심성모델 시뮬레이션을 이용한 유교 예禮 교육 방법의 효용성 분석」(유권종·강혜원·박충식, 2002)과 같은 몇몇 연구 사례가 있다. 이 주제의 연구는 그 이후에 별로 시도되지 못한 상태지만, 향후 충분히 주목할 만한 연구 방법론이라고 생각한다.

디지털 종교학의 비전과 한계

디지털 종교학은 디지털 인문학처럼 느슨하게 연구 주제와 방법론이 결합된 학제적 학문 활동으로 정의될 수밖에 없다. 데이터 분석 기법(혹은 코딩)을 활용하여 종교문화를 연구하는 활동이라고 말이다. 이 연구 트렌드가 앞으로 상당 기간 주목을 받고, 연구 방법론의 주류로 자리매김하리라는 예상은 누구나 쉽게 할 수 있다. 그러나 디지털 데이터 분석 기법을 활용한 연구 방법론은 마법 지팡이가 아니다. 따라서 코딩을 활용한 종교문화 연구의 비전과 그 한계를 이해하는 것이 중요하다.

종교 텍스트 연구, 개념사 연구, 디지털 종교문화 연구, 종교 모델링 분야는 향후 놀라운 성과를 축적할 것으로 예상된다. 과거에는 시도할 수 없었던 연구가 디지털 기술, 생성형 AI 기술 덕분에 가능해졌다. 이미 관련 성과들이 조금씩 쌓이고 있다. 직관적으로 이해할 수 있는 객관적 데이터로 문화 현상을 분석할 수 있는 길이 열렸다고 이야기할 수도 있을 것이다.

한편 디지털 인문학이 인문학의 퇴조에 대한 반전 카드가 되는 것처럼, 디지털 종교학은 정보산업화 사회가 고도화되며 종교학과 같은 학문의 시대적 적합성이 떨어져 가고 있는 상황에서 반전 카드가 될 수 있다. 종교 모델링 같은 연구를 통한 일반이론에 대한 탐색은 현실에 적용하고 구현할 수 있는 이론의 발전을 가져올 수 있다. 또한 실시간 종교문화 변동 측정 가능성(디지털 종교문화 트렌드 연구)을 고려하면, 산업적 활용 가능성이 점쳐지는 응용 이론 수립의 길이 열릴 수도 있다. 물론 측정 방법론 등을 수립해야 하는 어려운 과제가 있다. 이 부분에서 성과를 얻게 된다면, 정보산업화 사회에서 종교문화 연구 분야의 지속 가능한 학문 생태계를 구축할 수 있게 되지 않을까 싶다.

그러나 이러한 장밋빛 전망으로 디지털 종교학의 연구 방법론을 절대화시킬 수는 없을 것이다. 디지털 데이터 분석 툴을 활용한 종교문화 연구는 종교 연구 트렌드를 획기적으로 바꿀 힘을 가지고 있지만, 종교문화를 연구하는 기존의 방법론을 무력화시킬 수는 없다. 여전히 역사·문화 연구자들의 통찰은 도메인 지식으로서 종교문화 분야의 데이터 분석에 중요한 정보를 제공할 것이다. 데이터 분석 기술은 어떤 데이터가 왜 중요하며 그것이 무엇을 시사하는지 자동적으로 도출해 주지는 않는다. 종교 및 종교문화에 대한 전문가의 통찰은 그런 면에서 새로운 기술 시대의 학문, 디지털 종교학에서도 여전히 유용할 것이다. 다양한 도구들이 만들어지면서 코딩에 대한 장벽이 많이 낮아졌기 때문에(코드 생성 AI의 도움으로), '어떤 질문을 할 수 있는가'가 점점 더 중요해질 것이라는 점도 이런 판단을 뒷받침한다.

컴퓨터의 계산 능력을 활용하는 데 적합한 데이터, 그리고 그런 방대한 데이터로 다룰 수 있는 질문은 따로 있을 것이다. 모든 문제의 해답을 제공하지는 않는다. 모든 문제의 답을 척척 만들어내는 것처

럼 보이는 챗GPT와 같은 생성형 AI는 '할루시네이션' 문제를 여전히
해결하고 있지 못하다. AI가 학습한 데이터의 한계와 모델 설계에서
비롯된 문제로, AI가 사실과 허구를 구분하는 메커니즘이 부족하기
때문에 발생한다. 따라서 AI는 정확한 맥락 이해나 사실 검증 없이도
문법적으로 그럴듯한 응답을 생성할 수 있다. 생성형 AI는 방대한 데
이터를 기반으로 추론과 패턴 인식에 강점을 가지고 있다. 어떤 질문
이 이에 적합한지 고려할 필요가 있다.

컴퓨터가 이해 가능한 언어(디지털 데이터)로 변환해서 다루기에 적
당한 데이터(사람이 일일이 확인하기 어려운 양)가 필요하고, 그 도출 결과
가 다른 연구 방법론으로 규명하기 어려운 것일 때 이러한 접근법이
빛날 수 있다. 다양한 영역의 빅데이터를 결합하여 새로운 결론을 도
출하는 경우가 대표적이다. 앞서 본 몇몇 사례처럼 대단위 텍스트 데
이터를 자연어 처리를 통해서 분석하는 것이 종교문화 연구 분야에
서 가장 많이 시도될 수 있을 것이다. 빈도값, 벡터값 등을 찾는 것이
무엇을 규명하는지 제대로 고려하지 않는다면, 방법론만 장황한 연
구가 될 수도 있다.

또한 데이터의 특성이 왜곡될 가능성을 통계학적 수준에서 완전히
배제할 수 없다는 점도 고려해야 할 문제 중의 하나이다(예를 들어, '심
슨의 역설'이나 '통계의 함정'). 게다가 분석 툴이 유효하게 처리할 수 있는
데이터의 특성, 해석의 학술적 한계 등에 대해서 판단할 수 있는 사
전지식이 필요하다. 디지털 종교학이 단순히 코딩 스킬과 데이터 분
석 툴을 다루는 스킬을 배우는 것만으로 가능하지 않고 통계학적 지
식이 요구되는 이유이다.

이 분야의 연구는 누군가 인문학 분야, 여기에서 다룬 종교학과 같

은 특정 분야의 전문가이면서 코딩 능력도 전문가 수준이어야 가능한 것은 아니다. 이런 연구가 활성화되기 위해서는 다양한 분야의 전문가들이 활발하게 협업을 해야 한다. 서로의 전문지식이 조화롭게 만날 수 있다면, 이 분야의 연구들이 그동안 인류가 접하지 못한 인간의 종교적 행동과 종교문화에 대한 새로운 통찰을 제공해 주지 않을까 기대한다.

2부

언어, 예술 코딩

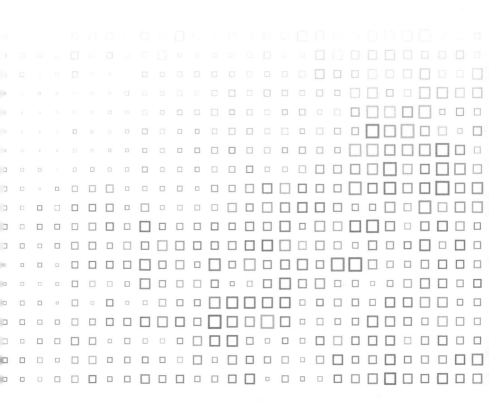

4
딥 러닝을 활용한 한중일 한시의 영향 관계 분석

박진호

2018년 2월 한 언론 보도가 눈길을 끌었다. 데니스 매카시 Dennis McCarthy 라는 영문학자가 셰익스피어가 조지 노스 George North (1561~1581)라는 인물의 글에서 깊은 영향을 받았음을 밝혀냈다는 소식이다. 예컨대 노스는 "개나 인간이나 계급의 지배를 받는다"라는 내용의 문장에서 개와 관련된 단어 6개를 사용했는데, 셰익스피어도 「리어왕」, 「맥베스」 등에서 비슷한 내용을 표현하기 위해 똑같은 단어를 썼다는 것이다. 이런 식으로 매카시는 비슷한 단어를 비슷한 순서로 사용한 사례를 많이 찾아내 셰익스피어가 노스를 의식적으로 표절했다기보다는 노스의 글을 평소에 탐독하다 보니 알게 모르게 영향을 받았을 것으로 추측했다.

놀라운 것은 매카시가 이 연구를 위해 요긴하게 써먹은 것이, 학생들이 제출한 리포트의 표절 여부를 검사하는 소프트웨어였다는 사실이다. 이 에피소드로부터 우리는 두 가지 교훈을 얻을 수 있다. 첫째, 전근대 시기의 글쓰기에서는 지금만큼 표절에 대한 경계심/죄의식이 강하지 않았으므로 문학작품에서 다른 작가의 표현, 문장, 패시지 passage 를 의식적, 무의식적으로 따오는 일이 훨씬 더 흔했을 것이다. 둘째, 코딩에 능숙하지 않더라도 좋은 문제의식으로 도구를 영리하게 잘 이용하면 인문학에서 좋은 연구를 효율적으로 할 수 있다.

한국과 일본 지식인들의 한시에 영향을 준 중국 작가는?

이 글에서는 전근대 시기 동아시아에서 지식인들이 한시를 지을 때 선대의 한시 작가/작품들로부터 어떤 영향을 받았을까 하는 질문을 던져 보고자 한다. 중국의 지식인들도 한시를 지을 때 선대 작가의 영향을 받았겠지만, 한국과 일본의 지식인들은 그런 경향이 더 두드러졌을 것이다. 평측平仄, 압운押韻 등 까다로운 규칙을 지켜야 하는 데다가 모어母語가 아닌 언어로 지어야 했으므로, 중국의 작가들보다 훨씬 더 심한 이중고, 삼중고에 시달렸을 것이다. 그래서 질문을 좀 더 좁혀, 한국과 일본의 지식인들이 한시를 지을 때 중국의 어느 작가의 영향을 많이 받았을까 하는 질문을 던져 보고자 한다.

본격적인 실험을 하기에 앞서 필자가 이 문제에 대해 막연히 가졌던 생각은, 중국 한시의 역사에서 당대唐代가 전성기로 알려져 있으므로, 당대 시인들의 영향이 가장 컸으리라는 것이다. 그런데 이종묵 교수의 『우리 한시를 읽다』라는 책의 아래 대목을 읽고, 문제가 그리 단순치 않음을 깨달았다.

박은朴誾은 황정견黃庭堅과 진사도陳師道 등 중국 강서시파江西詩派의 영향을 많이 받았다. 조선 문단에서 黃庭堅, 陳師道 시에 대한 관심은 15세기 후반에 이미 일반화된 것으로 보인다. 15세기 말에서 16세기 초반 성현成俔은 조선의 시단詩壇을 진단한 「문변文變」이라는 논문에서, 당시 사람들이 이백李白의 시는 지나치게 호탕하고, 두보杜甫의 시는 지나치게 깊고, 소식蘇軾의 시는 지나치게 웅장하고, 육유陸遊의 시는 지나치게 호방하므로 오직 본받을 것은 黃庭堅과 陳師道라고 여겼다고 적고 있다. 고려高麗 이래로 蘇軾의 시를 배우고자 했으나 蘇軾과 같은 천부적인 기상을 타고나지 않으면 그 껍질을 모방하는 데 그칠 수밖에 없었다. 蘇軾의 시풍을 넘어서고자 성당盛唐의 표상인 李白과 杜甫, 그리고 杜甫를 계승한 陸遊를 배우고자 했지만 그 역시 쉽지 않았다. 杜甫나 李白, 陸遊의 시가 배우기에는 너무 호탕하고 웅장했기 때문이다. 이에 비해 黃庭堅과 陳師道 등 江西詩派는 천재적인 재능이 아니라 시법의 연마를 통해 좋은 시를 쓸 수 있다는 가능성을 보여주었다.(일부 한자는 필자가 한글로 병기함)

한국의 시인이 한시를 지을 때 중국의 어느 시인의 영향을 받았을까를 알아볼 때, 그 중국 시인의 위대함뿐 아니라 따라 하기의 난이도도 영향을 미쳤을 것이라고 짐작할 수 있다. 한국의 시인이 중국 시인의 영향을 어떻게 얼마나 받았을까에 대한 예시로 실제 작품을 하나 살펴보겠다.

박은朴誾,「복령사福靈寺」

절간은 여전히 신라 때 것처럼 예스럽고	伽藍却是新羅舊
천 개의 불상은 모두 서쪽 천축에서 왔다네.	千佛皆從西竺來
옛적 신인도 대외를 찾아 헤매었다지.	終古神人迷大隗
지금의 복된 이곳은 천태산을 닮았구나.	至今福地似天台

봄 그늘에 비 내리려 하니 새가 지저귀고	春陰欲雨鳥相語
늙은 나무는 별 생각 없는데 바람만 슬프구나.	老樹無情風自哀
세상 온갖 일, 한 번의 웃음거리도 못 되는데	萬事不堪供一笑
청산에서 세상을 보니, 먼지만 떠다니는구나.	靑山閱世只浮埃

박은이 복령사라는 사찰을 방문하여 느낀 바를 읊은 시인데, 여기
서 "대외를 찾아 헤매다(迷大隗)"라는 구절이 눈길을 끈다. 옛날 황제
黃帝가 대외라는 신神을 만나러 구자산에 갔다는 고사가 있는데(黃帝將
見大隗乎具茨之山 「莊子」「雜篇·徐無鬼」), 복령사를 찾은 자신을, 대외를 찾
아 구자산에 간 황제에 비유하고 있다. 박은이 이 고사를 떠올린 이
유는 무엇일까? 대외에 관한 이 고사는 역대 중국 한시에서 자주 나
타나지 않는다. 그런데 황정견의 「題王仲弓兄弟巽亭」이라는 시의 첫
구절에 대외가 나온다(大隗七聖迷, 대외를 찾아 일곱 성인도 헤매었다지). 해
동 강서시파의 일원인 박은은 황정견의 영향을 많이 받은 것으로 알
려져 있다. 박은이 읽었던 황정견의 시에 대외에 관한 이 구절이 있
어서 박은의 뇌리에 박혀 있다가 「복령사」를 지을 때 자연스럽게 떠
오른 것이 아닐까?

중국 한시 작자 추정 모델 만들기 실험

그런데 한국의 한시들이 중국의 어느 작가의 어느 작품의 영향을
받았는지를 알아보기 위해, 매카시가 사용한 방법을 아무런 사전 지
식 없이 무작정 따라 하려면, 가령 비교할 한국 작품이 2,000개, 중

국 작품이 30만 개라고 하면 2,000×30만=6억 번의 비교 연산을 수행해야 한다. 매카시는 셰익스피어에게 영향을 주었을 것으로 짐작되는 후보를 애초에 상당히 좁혀서 접근했기 때문에 이 방법이 가능했지만, 한시에 대한 사전 지식이 별로 없는 필자로서는 이 방법은 현실적으로 실행하기 어려웠다.

그래서 대안으로 다음과 같은 방법을 고려하게 되었다. 우선 중국 한시 데이터를 많이 모아서 작품을 input으로 넣으면 그 작자를 알아맞히는 모델을 만든다. 이 모델에 한국 한시들을 input으로 넣으면, 이 모델은 작품의 특징을 바탕으로 중국 작자 중 한 사람을 답으로 내놓는다. 이 답을 집계하면, 한국 한시들이 중국의 어느 작가의 영향을 많이 받았는지 알 수 있을 것이다. 즉, 중국 한시 작자 추정 모델을 만든 뒤, 이 모델에 한국 한시를 집어넣으면서 "이거 중국 한시인데, 네가 학습한 중국 작가 중 누구 것인지 알아맞혀 보렴" 하고 거짓말을 하는 셈이다. 모델은 input으로 들어온 한시가 중국 것인 줄로만 알고 우직하게 작품의 특징을 살펴서 누구 것과 가장 비슷한지를 따져서 답을 내놓을 것이다.

우선 중국 한시를 수집해야 했다. 诗词名句網이라는 웹사이트에서 13,033명 시인의 작품 292,204首를 서비스하고 있어서, 웹크롤링을 통해 이를 수집했다. 그런데 한 작가의 작품 수가 너무 적으면 딥러닝 모델이 그 작가의 특징을 충분히 학습할 수 없을 터이므로, 작품이 100수 이상인 시인만 추렸다. 그렇게 245명의 시 120,388수를 추출했다.

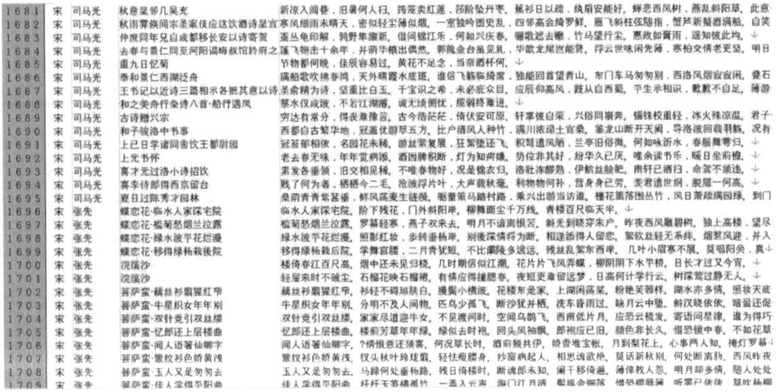

그림 1 '시사명구망' 한시 데이터를 테이블 형식으로 정리한 것의 예시

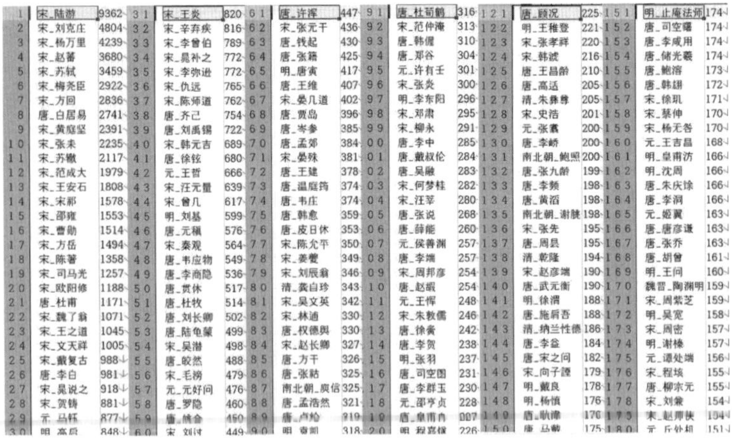

그림 2 '시사명구망' 한시 데이터의 작가별 작품 수 통계 예시

딥 러닝 모델을 훈련시킬 때 보통 데이터를 3개의 그룹으로 나눈다: 훈련 세트training set, 검증 세트validation set, 테스트 세트test set. 딥 러닝 모델이 데이터 세트를 전부 한 번 훑어보는 과정을 에폭epoch이라고 한다. 인공신경망 모델이 훈련 세트를 훑으면서 파라미터parameter

를 조금씩 조정하여 손실^{loss}을 줄이고 정확도^{accuracy}를 높여 가는데, 한 에폭이 끝날 때마다 검증 세트를 통해 손실과 정확도를 점검한다. 훈련 세트에서의 성능^{performance}뿐 아니라(아니 그보다 더) 검증 세트에서의 성능이 중요하다. 훈련 세트에서의 성능은 계속 향상되는데 검증 세트에서의 성능은 그보다 훨씬 떨어진다면, 이는 모델이 데이터에 지나치게 맞추어 가고 있다는 과적합^{overfitting}의 징후이다. 과적합이 너무 심하게 일어나지 않도록 유의하면서 모델의 성능을 향상시키는 것이 중요하다. 여러 에폭을 거치는 동안 손실과 정확도에서 별다른 진전이 안 보이면, 대개 거기서 훈련을 중단한다. 훈련 세트와 검증 세트를 이용한 훈련이 다 끝난 뒤에, 모델이 지금까지 한 번도 본 적이 없는 테스트 세트를 이용하여 이 모델의 손실과 정확도를 측정한다. 이는 앞으로 만난 적이 없는 새로운 데이터를 넣었을 때 모델이 보일 성능의 지표가 된다.

그런데 과적합의 이슈에 있어서, 이 글에서 알아보고자 하는 문제는 기계 학습의 일반적인 경우와 그 성격이 좀 차이가 있다. 일반적인 기계 학습에서 과적합을 경계하는 것은, 기계 학습이 모델이 한 번도 만난 적이 없는 새로운 데이터를 앞으로 계속 만나야 하고, 그럴 때에도 높은 성능을 유지해야 하기 때문이다. 예컨대 날씨나 지진을 예측하는 모델은, 완전히 새로운 상황/데이터를 만났을 때에도 높은 정확도를 유지해야 한다. 그래서 모델이 이미 관찰한 데이터에 대해서는 높은 성능을 보이면서 새로운 데이터에 대해서는 그보다 성능이 훨씬 떨어지는 과적합이라는 상황을 피해야 하는 것이다. 그런데 이 글의 목적을 위해 만들려는 딥 러닝 모델은 앞으로 새로운 한시 작품을 만날 일이 없다. 닫힌 집합으로서의 과거의 한시들에 대해

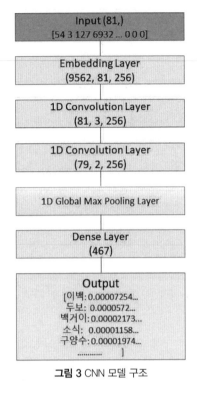

| Input (81,) |
| [54 3 127 6932 ... 0 0 0] |

| Embedding Layer |
| (9562, 81, 256) |

| 1D Convolution Layer |
| (81, 3, 256) |

| 1D Convolution Layer |
| (79, 2, 256) |

| 1D Global Max Pooling Layer |

| Dense Layer |
| (467) |

Output
[이백: 0.00007254...
두보: 0.0000572...
백거이: 0.00002173...
소식: 0.00001158...
구양수: 0.00001974...
....
]

그림 3 CNN 모델 구조

그 작자를 잘 맞히기만 하면 되는 것이다. 따라서 과적합에 대해 너무 신경을 쓸 필요가 없다. 과적합을 피해야 하는 상황에서는 훈련 세트, 검증 세트, 테스트 세트를 7 대 2 대 1 정도의 비율로 나누곤 하나, 이 글에서는 98 대 1 대 1로 나누었다. 귀중한 데이터를 하나라도 더 훈련에 사용하려는 것이다.

인공신경망에 집어넣기 위해서는 입력 자료의 길이가 일정해야 한다. '시사명구망'에서는 기본적으로 각 작품의 첫머리 81자를 제공하므로, 모든 작품의 길이를 여기에 맞추었다. 이보다 긴 작품은 81자 이후 부분을 삭제하고, 이보다 짧은 작품은 뒤에 무의미한 패딩padding 문자를 채워 넣어서 81자로 맞추었다.

인공신경망에도 여러 종류가 있는데, 이 글에서는 합성곱 신경망convolutional neural network, CNN을 사용하였다. 81개의 글자가 입력되어 embedding layer에서 각 글자가 256차원의 벡터로 변환된다. 이 벡터는 0에 가까운 실수 256개의 연쇄이다. 첫 번째 convolution layer에서 크기 3의 window가 작품 처음부터 끝까지 이동하면서 정보를 추출한다. 이 과정에서 각 작품의 차원이 81에서 79로 축소된다. 두

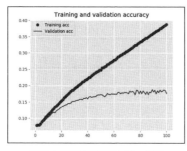
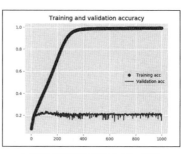

그림 4 100에폭까지의 성능 변화   그림 5 100에폭 이후의 성능 변화

번째 convolution layer에서 크기 2의 window가 작품 처음부터 끝까지 이동하면서 다시 정보를 추출한다. 이 과정에서 각 작품의 차원이 79에서 78로 축소된다. global max pooling layer에서는 앞 layer로부터 넘어온 수치들 중 최대치를 추출한다. dense layer에서는 245명의 작가 각각에 대해 입력 작품의 작자일 확률을 산출한다. 이 확률의 총합은 당연히 1이 된다.

모델의 훈련 과정을 보면, 400에폭쯤부터 훈련 세트에 대해 99% 이상의 정확도를 보인다. 검증 세트나 테스트 세트에 대한 정확도는 이에 훨씬 못 미치나(즉, 과적합이 일어나고 있으나), 앞서 말했듯이 모델을 새로운 데이터에 사용할 일이 없으므로 문제가 안 된다. 이로써 중국 한시를 input으로 넣으면 그 작자를 정확하게 알아맞히는 모델을 만들었다.

모델을 한국 한시에 적용한 실험

한국 한시 데이터로는 『동문선東文選』 권4~10에 수록된 한시 1892편을 사용하였다.

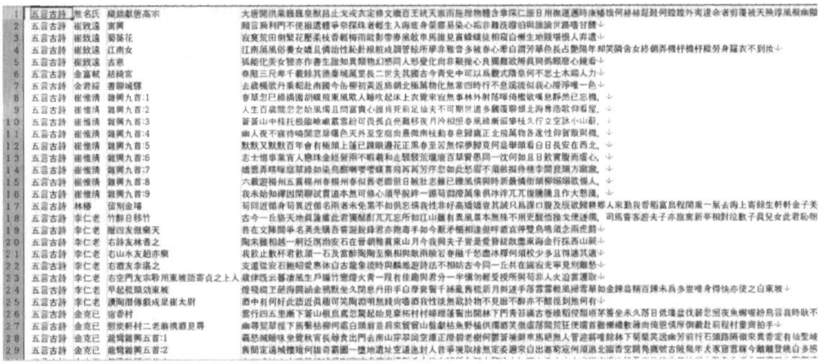

그림 6 『동문선』한시 데이터를 테이블 형식으로 정리한 것의 예시

이들 한시를 위의 모델에 집어넣어서 모델이 추정한 작자를 output으로 받아 집계하였다. 즉, 이들 시의 실제 작자는 한국 시인이지만 신경망 모델에게 "이 작품의 작자는 네가 학습한 245명의 중국 시인 중 한 사람인데 누구일까?" 하고 묻는 셈이다. 신경망 모델은 그 시에 나타난 표현을 바탕으로 어느 중국 시인의 작품에 가장 가까운지를 우직하게 판단한다. 이를 통해, 한국의 한시가 중국의 어느 시인의 표현을 차용했는지 알아내려는 것이다. 다만 '시사명구망' 데이터는 간체, 『동문선』은 번체로 되어 있어서 이를 통일해야 한다. 번체로 통일하면 더 좋겠지만, 간체→번체 변환시에 결과를 unique하게 결정할 수 없다는 문제가 있다. 예컨대 간체 '云'은 번체 '雲'일 수도 있고 '云'일 수도 있다. 따라서 간체로 통일하여 비교하였다.

그림 7 표 (『동문선』 한시를 신경망 모델에 넣어 얻은 결과 예시)

		author	title	prediction
2	0	尹汝衡	村居,	元_侯善淵
3	1	楊以時	又櫂左尹鑄韻,	元_侯善淵
4	2	李崇仁	癸丑十一月十四日霧	元_侯善淵
5	3	李仁老	刻溪乘興, 山陰雪月色交寒, 차	元_侯善淵
6	4	釋天因	冷泉亭,	元_侯善淵
7	5	李晟	鐘田詠,	元_元好問
8	6	李崇仁	鳴呼島, 一名乎洋山	元_元好問
9	7	鄭道傳	中秋歌	元_元好問
10	8	鄭夢周	客夜, 此奉使京師時作	元_元好問
11	9	卞良良	題僧舍?	元_元好問
12	10	卓光茂	遣問,	元_元好問
13	11	李仁老	燭夕,	元_元好問
14	12	林惟正	和德嶺驛諸使臣留題	元_元好問
15	13	釋天因	再和	元_元好問
16	14	李崇仁	九日讒成	元_元好問
17	15	高兆基	書臺巖鑽	元_元好問
18	16	陳溫	夏	元_元好問
19	17	姜碩德	瀟湘八景圖有宋眞宗宸翰:3	
20	18	釋天因	致遠庵主以詩見示, 仍以請予紀元	元_劉敏中
21	19	李達衷	金梅翁南歸, 作村中四時歌以贈	元_劉敏中
22	20	李穡	醉中歎,	元_劉敏中
23	21	權溥	同前,	元_劉敏中
24	22	權近	紀地名詩, 三首	元_劉敏中
25	23	韓修	永暮서行,	元_張翥
26	24	李穡	中秋飯月上翥樓上,	元_張翥
27	25	鄭知常	送人	元_王丹桂
28	26	趙浚	次尙州客舍韻韻	元_王丹桂
29	27	安牧	送子刻肅出鎭全州	元_王古良

30	28	李穡	答育有儀·	元_王哲
31	29	李穡	答竹磵禪師	元_王哲
32	30	尹紹宗		元_王哲
33	31	鄭道傳	石灘昌孚正言存吾作	元_王哲
34	32	金克己	檻花	元_王哲
35	33	高兆基	珍島江亭,	元_王哲
36	34	李奎報	草堂端居, 和子美新賃草屋韻,	元_王哲
37	35	朴彭年	題梅巾軍, 梅竹蓮海棠四詠,	元_王哲
38	36	權近	送鄭大可成奉使日本,	元_王哲
39	37	郭興	贈詩平李居士,	元_王哲
40	38	金克己	思歸	元_王哲
41	39	鄭子厚	吳湖樓	元_王哲
42	40	金富儀	登智異山,	元_王哲
43	41	李達衷	予在山中...	元_王哲
44	42	鄭道傳	遠遊歌,	元_王懌
45	43	李奎報	興王寺於彭公房, 見李眉叟內翰,	元_王懌
46	44	朴孝修	興海松羅途中觀海濤,	元_王懌
47	45	李穡	燕山歌,	元_王懌
48	46	卞仲良	聞中儒偶吟,	元_王懌
49	47	權近	送詩命使圖子典簿周倬使還	元_王懌
50	48	金克己	漢林大學檢詩卷吾呑之	元_王懌
51	49	釋員靜	次諳笭秘書閣金坵	元_王懌
52	50	權近	送日本大有遺屬.	元_王懌
53	51	釋了圓	幻笔.	元_王懌
54	52	釋圓鑑	伏聞主上陛下利戱天朝...	元_許有壬
55	53	林性正	鳳門西門院	元_許有壬
56	54	白瑪堅	晉州矗石樓次鄭勉齋韻,	元_許有壬
57	55	金克己		元_謝應芳
58	56	林惟正	和宮禪鑽安嘉委珺+神深卒胡	元_謝應芳

그림 7 『동문선』 한시를 신경망 모델에 넣어 얻은 결과 예시

그림 8 표 (『동문선』 한시에 대한 작자 추정 결과 통계 예시)

1	宋_蘇軾	164	31	南北朝_鮑照	20	61	唐_王維	7	91	唐_杜甫	3	121	宋_張榘	1
2	宋_黃庭堅	125	32	宋_宋郊	17	62	元_侯善淵	6	92	唐_高適	3	122	宋_吳文英	1
3	宋_歐陽脩	89	33	宋_趙蕃	15	63	唐_王炎	6	93	清_陳維崧	2	123	宋_史浩	1
4	宋_王之道	84	34	宋_楊萬里	15	64	魏晉_陸機	5	94	宋_張耒	2	124	宋_范仲淹	1
5	宋_陸游	74	35	宋_李祥伯	14	65	元_劉敏中	5	95	元_鄭戊端	2	125	宋_劉禹	1
6	宋_賀鑄	67	36	宋_李曾伯	14	66	宋_蔡伸	5	96	元_劉敏中	2	126	明_蔡羽	1
7	宋_曹勳	65	37	宋_王晉	12	67	宋_汪元量	5	97	宋_李之儀	2	127	明_陳憲章	1
8	南北朝_庾信	57	38	元_元好問	12	68	宋_戴復古	5	98	宋_李清照	2	128	明_全室宗泐	1
9	宋_張元幹	56	39	宋_司馬光	12	69	南北朝_謝靈運	5	99	明_唐寅	2	129	明_王翬	1
10	宋_陸丟元	44	40	宋_劉辰翁	12	70	宋_洪适	4	100	明_唐寅	2	130	明_吳楽	1
11	宋_劉克莊	41	41	元_王惲	11	71	宋_周邦彥	4	101	唐_徐鉉	2	131	唐_徐渭	1
12	宋_魏了翁	38	42	宋_秦觀	10	72	宋_張綱	4	102	唐_韓偓	2	132	唐_高啓	1
13	宋_李彌遜	36	43	宋_楽祥	10	73	宋_楊無咎	4	103	唐_李郢	2	133	宋_高泰	1
14	宋_辛棄疾	34	44	宋_姜夔	9	74	清_納蘭性德	4	104	宋_楊巨源	2	134	唐_阜甫冉	1
15	宋_仇遠	34	45	魏晉_曹植	8	75	清_乾隆	4	105	唐_施肩吾	2	135	唐_唐庚	1
16	宋_毛滂	32	46	元_馬祖	8	76	宋_歐陽珍	3	106	唐_可空曙	2	136	唐_皮日休	1
17	宋_王安石	30	47	宋_向子諲	8	77	清_龔自珍	3	107	宋_齊己	2	137	唐_齊己	1
18	宋_蘇轍	28	48	宋_黃宴	8	78	清_乾隆	3	108	唐_李端	2	138	唐_張耒	1
19	宋_陳著	27	49	宋_張炎	8	79	元_許有壬	3	109	唐_呂岩	2	139	唐_峰合	1
20	宋_晁補之	27	50	宋_文天祥	8	80	宋_趙長卿	3	110	唐_羅隱	2	140	宋_王昌齡	1
21	宋_吳潛	27	51	宋_劉過	8	81	宋_汪莘	3	111	唐_顧況	2	141	唐_陶淵	1
22	宋_張耒	25	52	宋_文同	7	82	宋_葉夢得	3	112	宋_王吉昌	1	142	唐_徐渭	1
23	宋_梅堯臣	24	53	宋_劉遇	7	83	宋_邵雍	3	113	宋_何夢桂	1	143	唐_李紳用	1
24	隋_江總	23	54	元_謝應芳	7	84	宋_林逋	3	114	唐_陳允平	1	144	唐_李中	1
25	宋_范成大	23	55	宋_朱敦儒	7	85	宋_郭應祥	3	115	宋_曾鞏	1	145	唐_唐彥裕	1
26	唐_李白	23	56	宋_吳融	7	86	明_張羽	3	116	唐_周密	1	146	唐_華某玉	1
27	宋_陳師道	22	57	宋_晁說之	7	87	唐_岑參	3	117	唐_周密	1	147	唐_劉長卿	1
28	宋_方回	22	58	宋_張先	7	88	宋_蘇舜欽	3	118	宋_趙善括	1	148	唐_劉禹錫	1
29	宋_鄭肅	22	59	宋_晏殊	7	89	唐_李涉	3	119	宋_趙師俠	1	149	唐_劉商	1
30	宋_韓淲	21	60	唐_杜牧	7	90	宋_陸龜蒙	3	120	唐_李涉	1	150	唐_戴叔倫	1

그림 8 『동문선』 한시에 대한 작자 추정 결과 통계 예시

〈그림 7〉에서 볼 수 있듯이, 『동문선』에 연달아 실려 있는 수십 首의 시들의 추정 작자가 쭉 동일한 경우가 많이 있다. 이는 『동문선』에서 일정한 기준에 따라 유사한 작품들을 모아 놓았고, 이 기준에 의

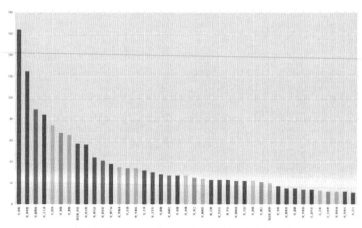

그림 9 『동문선』 한시에 대한 작자 추정 결과 통계 그래프

해 유사한 작품들은 추정 중국 시인도 동일한 경향이 있음을 말해 준다. 이렇게 추정된 중국 작가들을 집계하면 〈그림 8~9〉와 같다.

소식蘇軾, 황정견黃庭堅, 구양수歐陽修, 왕지도王之道, 육유陸遊, 하주賀鑄, 조훈曹勳 등 송대宋代 시인들이 대거 상위를 차지하였다. 송대 이외 시기의 시인 중 상위를 차지하는 이는 남북조南北朝 시대의 유신庾信 8위, 포조鮑照 20위, 수대隋代의 강총江總 24위, 당대唐代의 이백李白 26위 정도 기 있을 따름이다. 학습 데이터에 송대 시인의 작품이 가장 많았다는 게 하나의 요인으로 작용했을 가능성을 충분히 생각할 수 있다. 그러나 데이터 양으로는 육유가 1등인데 작자 판정 통계에서 5등에 그친 것을 보면 단순히 데이터의 수량에 모델이 휘둘렸다고만 보기는 어렵다.

모델을 일본 한시에 적용한 실험

일본의 각종 한시집에서 한시를 총 3,572수 수집하였다. 출처는 다음과 같다: 懷風藻, 本朝文粹, 文華秀麗集, 本朝麗藻, 和漢朗詠集, 本朝一人一首, 小倉百人一首, 本朝無題詩, 凌雲集, 菅家文草, 經國集, 田氏家集, 江吏部集, 法性寺關白御集, 雜言, 奉和.

그림 10 수집된 일본 한시 데이터를 테이블 형식으로 정리한 것의 예시

『동문선』수록 한시의 경우와 마찬가지로, 이들 일본 한시도 같은 모델에 넣어 중국 시인 245인 중 누구의 시와 가장 가까운지를 물었다.

한국과 마찬가지로 송대 시인이 대거 상위를 차지했다. 소식이 압도적 1위를 차지했고, 황정견, 구양수, 육유, 조훈 등이 상위에 랭크된 것도 『동문선』의 경우와 비슷하다. 한편, 왕지도王之道의 순위가 좀 내려가고, 신기질辛棄疾, 유진옹劉辰翁, 소철蘇轍, 조보지晁補之, 장선張先 등의 순위가 꽤 올라가는 등, 차이도 있다. 송대 이외의 시인으로 상위에 오른 이로는 당대의 이백(17위) 외에 허유임許有壬(15위), 원호문元

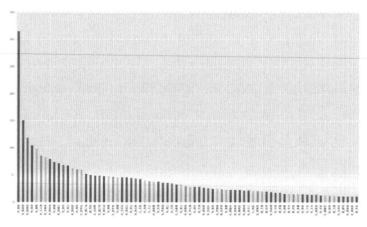

그림 11 일본 한시에 대한 작자 추정 결과 통계 그래프

好問(18위) 소형정邵亨貞(22위), 왕철王哲(28위) 등의 원대元代 시인들이 강
세를 보이는 것이 눈길을 끈다. 일본의 오산五山 승려를 포함한 지식
인들이 원대 시인의 작품을 많이 공부했음을 시사한다.

한국 한시와 유사한 중국 한시 찾기, 이규보-소식의 사례

지금까지 서술한 작업은 『동문선』의 각 한국 한시에 대해 가장 유
사한(영향을 가장 크게 미친) 중국 시인을 찾는 일이었다. 그 한시가 그
중국 시인의 어느 작품과 가장 유사한지도 알아보면 더 좋을 것이다.
이를 위해 BERT-CCPoem이라는 모델을 사용하였다(https://github.
com/THUNLP-AIPoet/BERT-CCPoem). 중국 清华大学 人工智能研究院
自然语言处理与社会人文计算研究中心에서 개발한 것으로서, 중국

의 한시에 특화된 모델이다. 단순 문자열 matching이 아니라 의미상의 유사성을 포착해 낼 수 있다. 한시를 이 모델에 넣으면 512차원의 벡터로 표현해 준다. 두 한시를 이 모델에 넣어 벡터화한 뒤, 코사인 유사도를 계산하여 이 둘이 얼마나 유사한지를 측정할 수 있다.

그런데 모든 한국-중국 작품 쌍을 고려하는 것은 너무 방대한 작업이므로 대표적/특징적인 예만 살펴보려 한다. 이를 위해 이규보 李奎報-소식蘇軾을 대상으로 선정하였다. 『동문선』에 실린 401명의 1,892수의 시 중 이규보의 시는 65수가 실려 있다. 작품 수로는 80수가 실린 이인로李仁老에 이어 2위이다. 이규보의 시 65수를 제2절의 모델에 넣은 결과 통계는 다음과 같다.

宋_蘇軾	8	宋_劉克莊	2	宋_歐陽修	1	宋_李彌遜	1
宋_陸游	5	宋_趙蕃	2	宋_辛棄疾	1	宋_楊萬里	1
宋_曹勳	4	宋_吳潛	2	宋_韓元吉	1	...	
宋_賀鑄	4	元_王哲	1	宋_韓淲	1	宋_張炎	1
宋_張元幹	3	宋_趙師俠	1	宋_黃庭堅	1	宋_張耒	1
宋_王安石	2	宋_范成大	1	隋_江總	1	元_王惲	1
宋_晁補之	2	宋_趙彦端	1	宋_洪适	1	魏晉_曹植	1
宋_鄧肅	2						

표 1 이규보의 시 65수에 대한 모델 판정 결과 통계

이 가운데 소식의 작품으로 판정된 8수는 〈그림 12〉와 같다. 이 8수 각각이 소식의 어느 시와 비슷한지 알아보자. '시사명구망' 데이터에 수록된 소식의 시는 3,471수이므로 이규보 8수×소식 3,471수 = 27,768회의 비교를 수행하게 된다. 작품의 길이가 510자를 넘으면 BERT-CCPoem에서 벡터화할 때 오류가 난다. 그런 경우 앞부분의 510자를 끊어서 벡터화하였다. 이규보의 각 작품에 대해 소식의 시 3,471수 중 코사인 유사도가 가장 높은 시 10수씩을 뽑았다. 그 결과

df[(df.author=="李奎報") & (df.predicti

✓ 0.0s

	author	title	prediction
1135	李奎報	釣名諷	宋_蘇軾
1165	李奎報	寓龍巖寺。	宋_蘇軾
1166	李奎報	江行。	宋_蘇軾
1201	李奎報	梅花	宋_蘇軾
1202	李奎報	黃驪江泛舟	宋_蘇軾
1203	李奎報	扶寧浦口	宋_蘇軾
1261	李奎報	北山雜題	宋_蘇軾
1268	李奎報	夏	宋_蘇軾

그림 12 이규보의 시 중 소식의 것으로 판정된 8수

는 다음과 같다.

이규보 시: 北山雜題

欲試山人心。入門先醉嘿。

了不見喜慍。始覺眞高士。

高巓不敢上。不是憚躋攀。

恐將山中眼。乍復望人寰。

山花發幽谷。欲報山中春。

何曾管開落。多是定中人。

山人不浪出。古徑着苔沒。

應恐紅塵人。欺我綠蘿月。

「北山雜題」와 가장 유사하다고 판정된 소식의 시 (시 제목, 코사인 유

사도)

1 寓居定惠院之東雜花滿山有海棠一株土人不知 0.929

2 上巳日与二三子携酒出游随所见辄作数句明日 0.9245

3 再游径山 0.9233

4 李公择过高邮见施大夫与孙莘老赏花诗忆与仆 0.9221

5 径山道中次韵答周长官兼赠苏寺丞 0.9187

6 闻辩才法师复归上天竺以诗戏问 0.9187

7 再用前韵赋 0.9186

8 再用前韵 0.9183

9 雪斋(杭僧法言, 作雪山于斋中) 0.917

10 出峡 0.9155

이규보 시: 夏

銀蒜垂簾白日長。烏紗半岸洒風涼。

碧筒傳酒猶嫌熱。敲破盤氷嚼玉漿。

「夏」와 가장 유사하다고 판정된 소식의 시

1 阮郎归 · 歌停檀板舞停鸾 0.8776

2 记梦回文二首(并叙) 0.876

3 四时词四首 0.8749

4 记梦回文二首 0.8684

5 记梦回文二首 0.8672

6 浣溪沙 0.8668

7 四时词四首 0.8638

8 皇太后阁六首 0.8626

9 四时词 0.8625

10 蝶恋花 · 帘外东风交雨霰 0.8592

이규보 시: 寓龍巖寺

羈紲不到處。白雲僧自閑。

煙光愁暮樹。松色護秋山。

落日寒蟬噪。長天倦鳥還。

病中深畏客。白晝鎖松關。

「寓龍巖寺」와 가장 유사하다고 판정된 소식의 시

1 自清平镇游楼观五郡大秦延生仙游往返四日得 0.8957

2 与郭生游寒溪，主簿吴亮置酒，郭生喜作挽歌 0.8585

3 思成堂 0.8531

4 游鹤林招隐二首 0.8527

5 雨晴後，步至四望亭下鱼池上，逐自乾明寺前 0.8488

6 槐 0.8483

7 梵天寺见僧守诠小诗清婉可爱次韵 0.8465

8 南溪之南竹林中新构一茅堂子以其所处最为深 0.8442

9 书普慈长老壁(志诚) 0.8433

10 和陶赴假江陵夜行郊行步月作 0.8424

이규보 시: 扶寧浦口

流水聲中暮復朝。海村籬落苦蕭條。

湖淸巧印當心月｡浦闊貪呑入口潮｡

古石浪舂平作礪｡壞船苔沒臥成橋｡

江山萬景吟難狀｡須倩丹靑畫筆描｡

「扶寧浦口」와 가장 유사하다고 판정된 소식의 시

1 正月一日雪中过淮谒客回作二首 0.9266

2 和子由木山引水二首 0.9186

3 慈湖夹阻风五首 0.9069

4 和子由木山引水二首 0.9067

5 石炭 0.9051

6 游博罗香积寺(并引) 0.904

7 复次放鱼前韵答赵承议陈教授 0.9034

8 游博罗香积寺 0.903

9 西湖秋涸东池鱼窘甚因会客呼网师迁之西池为 0.9023

10 再过泗上二首 0.9015

이규보 시: 梅花

庚嶺侵寒拆凍脣｡不將紅粉損天眞｡

莫敎驚落羌兒笛｡好待來隨驛使塵｡

帶雪更粧千點雪｡先春偷作一番春｡

玉肌尙有淸香在｡竊藥姮娥月裏身｡

「梅花」와 가장 유사하다고 판정된 소식의 시

1 殢人娇 0.9182 (이 제목의 작품이 3수 있음)

2 章钱二君见和复次韵答之 0.9169

3 南乡子 · 裙带石榴红 0.9133

4 次韵赵德麟雪中惜梅且饷柑酒三首 0.9123

5 次韵和王巩六首 0.9051

6 定风波 · 常羡人间琢玉郎 0.9046

7 阮郎归 · 暗香浮动月黄昏 0.9034

8 章钱二君见和, 复次韵答之, 二首 0.9015

9 天仙子 · 走马探花花发未 0.9007

10 西江月 梅花 0.8981

이규보 시: 江行

路轉長川遠。雲低曠野平。

天寒征鴈苦。沙漲宿鷗驚。

鬼火林間碧。漁燈雨外明。

歸舟夜未泊。鴉軋櫓猶鳴。

「江行」과 가장 유사하다고 판정된 소식의 시

1 留题显圣寺 0.8696

2 澄迈驿通潮阁二首 0.8663

3 暮归 0.8662

4 鹧鸪天 0.8662

5 鹧鸪天 · 林断山明竹隐墙 0.8659

6 荆州十首 0.8573

7 浣溪沙 0.856

8 出颍口初见淮山是日至寿州 0.8552

9 正月一日, 雪中过淮谒客回, 作二首 0.8538

10 行香子过七里瀬 0.8453

이규보 시: 釣名諷

釣魚利其肉 釣名何所利

名乃實之賓 有主賓自至

無實享虛名 適爲身所累

龍伯釣六鼇 此釣眞壯矣

太公釣文王 其釣本無餌

釣名異於此 僥倖一時耳

有如無鹽女 塗飾蘄容媚

粉落露其眞 見者嘔而避

釣名作賢人 何代無顔子

釣名作循吏 何邑非龔遂

鄙哉公孫弘 爲相乃布被

小矣武昌守 投錢飲井水

清畏人之知 楊震眞君子

吾作釣名篇 以諷好名士

「釣名諷」과 가장 유사하다고 판정된 소식의 시

1 和陶始经曲阿 0.9198

2 蒜山松林中可卜居余欲僦其地地属金山故作此 0.912

3 遗直坊(并叙) 0.9116

4 复次前韵谢赵景贶陈履常见和兼简欧阳叔弼兄 0.9097

5 代书答梁先 0.9074

6 安期生(并引) 0.9072

7 和陶咏荆轲 0.9058

8 王中父哀词(并叙) 0.9058

9 吊李台卿(并叙) 0.904

10 种德亭(并叙) 0.9037

이규보 시: 黃驪江泛舟

桂棹蘭舟截碧漣。紅粧明媚水中天。

釘盤縷見團臍蠏。掛綱還看縮頸鯿。

十里煙花眞似盡。一江風月不論錢。

沙鷗熟聽漁歌響。飛渡灘前莫避船。

「黃驪江泛舟」와 가장 유사하다고 판정된 소식의 시

1 行香子 · 一叶轻舟 0.9119

2 再过泗上二首 0.9117

3 行香子过七里濑 0.9087

4 正月一日雪中过淮谒客回作二首 0.9071

5 新滩 0.907

6 好事近 · 湖上雨晴时 0.9051

7 慈湖夹阻风五首 0.9046

8 瑞鹧鸪 0.9032

9 瑞鹧鸪 0.899 (같은 제목의 서로 다른 작품)

10 望夫台(在忠州南数十里) 0.8952

위에 제시된 시들을 깊이 비교 검토해 보면, 실제로는 별로 유사하지 않은데 모델에 의해 유사하다고 잘못 판정된 경우도 많이 있을 것이다. BERT-CCPoem 모델은 한시에 특화된 모델이므로 한시를 다루는 이 글의 목적에 부합하는 측면이 있지만, 훈련 데이터 양이 적다는 단점도 있다. BERT-Ancient-Chinese라는 모델은 한시에 특화된 것은 아니지만 훨씬 더 많은 데이터로 훈련시켰다는 점에서 장점이 있다. BERT-CCPoem 대신 BERT-Ancient-Chinese를 사용하여 코사인 유사도를 측정하면 위와 사뭇 다른 결과가 나온다. 이는, 현재 나와 있는 고전 중국어 언어 모델들 중 어느 하나도 모든 목적에 만족스럽지는 않으며, 목적에 따라 적합한 모델을 선택해서 써야 함을 시사한다. 또는 여러 모델의 유사도 측정 결과를 종합해서 사용하는 것도 하나의 방법일 것이다. 중국과 한국의 한시의 유사성 비교에 어떤 모델이 가장 적합한지 탐색하는 일, 적절한 모델이 없다면 그런 모델을 만드는 일 등은 앞으로의 과제로 남아 있다.

모델의 판단 근거, 히트맵

제2절에서 소개한 모델에 어떤 한시를 넣었을 때, 이 input 한시의 모든 글자가 판단에 동일한 영향력을 행사한 것은 아닐 것이다. 모델의 판단에 영향력이 더 큰 글자도 있고 작은 글자도 있을 수 있다. 이렇게 input의 각 부분에 대해, 모델의 판단에 대한 영향력의 크기

를 나타낸 그래프를 히트맵heatmap이라고 한다. 이미지 데이터의 경우, 이미지를 이루는 픽셀들이 2차원 평면에 배열되어 있으므로, 각 픽셀의 영향력을 색깔로 나타내는 것이 일반적이다(영향력이 클수록 밝은 색깔로 표시). 언어/텍스트 데이터는 1차원적으로 배열된 연속체sequence이므로, 히트맵을 그릴 때 굳이 색깔을 쓸 필요 없이 통상의 그래프처럼 세로축에 영향력의 크기를 나타내면 된다.

제2절에서 소개한 한시 작자 판단 모델이, 이규보의 작품 8수를 소식의 것이라고 판단했을 때, 이 input 한시들에 대해서도 히트맵을 그려 볼 수 있다. 모델은 이들 히트맵에서 영향력이 큰 것으로 나온 글자(또는 글자 연쇄)가 소식의 작품을 닮았다고 판단한 것이다.

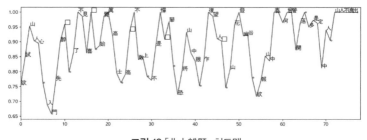

그림 13 「北山雜題」 히트맵

「北山雜題」의 '不浪出'이라는 문자열은 '시사명구망'에 총 8회 출현하는데, 그중 소식의 작품에 2회 나온다. '覺眞'이라는 문자열은 '시사명구망'에 20회 출현하는데, 그중 소식의 작품에 1회 나온다. 이런 사실 하나하나만 고립적으로 봐서는 「北山雜題」의 작자를 추정하기에 불충분하지만, 이런 근거를 여럿 종합하면 작자 후보를 상당히 좁힐 수 있다. 모델은 이런 과정을 거쳐서 이 작품이 소식의 것이라고 판정한 것이다.

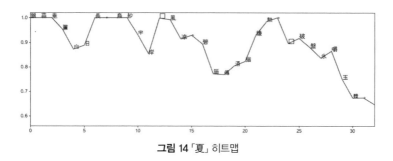

그림 14 「夏」 히트맵

「夏」 첫머리의 '銀蒜'이라는 문자열은 '시사명구망'에 단 1회 출현하는데, 그것이 바로 소식의 「啃遍 · 睡起画堂」이다. '烏紗'라는 문자열은 '시사명구망'에 228회 출현하는데, 그중 소식의 작품에 2회 나온다. '銀蒜'만으로도 이 작품의 작자를 소식으로 판단할 만한데, '烏紗' 같은 근거가 여럿 추가되면 작자 추정의 근거가 더 보강된다.

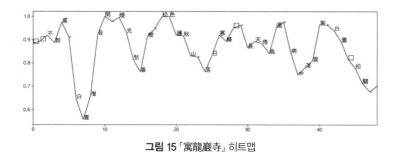

그림 15 「寓龍巖寺」 히트맵

'不到處'라는 문자열은 '시사명구망'에 91회 출현하는데, 그중 소식의 작품에 3회 나온다. '蟬噪'라는 문자열은 '시사명구망'에 124회 출현하는데, 그중 소식의 작품에 1회 나온다.

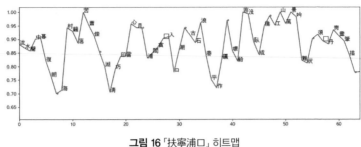

그림 16 「扶寧浦口」 히트맵

'萬景'이라는 문자열은 '시사명구망'에 89회 출현하는데, 그중 소식의 작품에 2회 나온다.

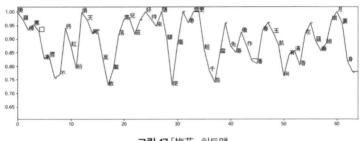

그림 17 「梅花」 히트맵

'羌兒'는 '시사명구망'에 18회 출현하는데, 그중 소식의 작품에 1회 나온다. '來隨'는 '시사명구망'에 64회 출현하는데, 그중 소식의 작품에 1회 나온다. '帶雪'은 '시사명구망'에 184회 출현하는데, 그중 소식 작품에 1회 나온다.

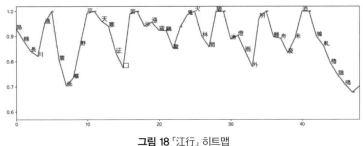

그림 18 「江行」 히트맵

'路轉'은 '시사명구망'에 298회 출현하는데, 그중 소식의 작품에 5회 나온다. '林間'은 '시사명구망'에 780회 출현하는데, 그중 소식의 작품에 15회 나온다. 이 둘은 소식이 꽤 즐겨 쓴 표현이라고 할 만하다. 시구 첫머리의 '天寒'은 '시사명구망'에 50회 출현하는데, 그중 소식의 작품에 1회 나온다. 이 표현은 사실 두보의 작품에 13회나 나와서, 이것만 가지고는 소식보다는 두보의 특징이라고 할 수 있다. 그러나 다른 근거들과 종합하면, 소식이라고 판정하게 되는 것이다.

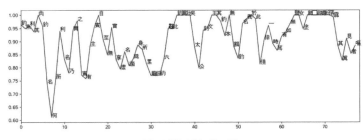

그림 19 「釣名諷」 히트맵

'釣魚'는 '시사명구망'에 597회 출현하는데, 그중 소식의 작품에 7회 나온다. '自至'는 '시사명구망'에 32회 출현하는데, 그중 소식의 작품에 2회 나온다. '眞壯'은 '시사명구망'에 10회 출현하는데, 그중 소식의 작품에 1회 나온다. '粉落'은 '시사명구망'에 21회 출현하는데, 그중 소식의 작품에 1회 나온다. 이 중 그 어느 것도 작자 추정의 확실한 근거가 되기 어려우나, 이런 근거들이 모이면 작자 후보를 상당히 좁힐 수 있게 된다.

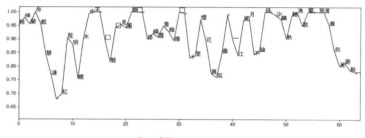

그림 20 「黃驪江泛舟」 히트맵

'沙鷗熟'은 '시사명구망'에 2회 출현하는데, 그중 소식의 작품에 1회 나온다. '團臍'는 '시사명구망'에 17회 출현하는데, 그중 소식의 작품에 1회 나온다.

여기서 어떤 두 한시가 서로 유사하다고 하는 것이 어떤 의미인지 생각해 보자. 텍스트의 유사성은 표면적 유사성과 심층적 유사성으로 나누어서 생각해 볼 수 있다. 전자는 문자열 matching에 바탕을 두고, 두 텍스트에 공통된 (가급적 긴) 문자열이 존재하면 유사도가 높다고 판단하는 것이다. 후자는 공통된 문자열이 없더라도 의미상 비슷하면 유사도가 높다고 판단한다. 예컨대 '思故鄕'과 '想舊家'는 공통된 글자가 하나도 없지만, 의미상 상당히 유사하다. 전자에 따른 유사도는 0이지만, 후자에 따른 유사도는 높게 나올 것이다. 이 둘 다 나름의 쓰임이 있다. 예컨대 표절 검사에는 전자가 적합할 것이다. 반면에 한시의 유사도 측정에는 후자가 더 적절할 것이다.

BERT 기반 모델들은 의미적 유사성에 초점을 맞춘다. 이 글에서 중국과 한국의 한시의 유사도를 측정할 때 BERT 기반 모델들을 사용한 것도 그런 이유에서이다. 한편 이 글에서 작자 판정 모델로 CNN을 사용했는데, 이 모델은 위의 히트맵에서 볼 수 있듯이 표면적인 문자열 matching에 치중하는 것으로 보인다. 원래는 이 모델을 훈련시킬 때 심층적/의미적 유사성도 포착해 줄 것으로 기대했으나, 포착하기 더 쉬운 표면적 문자열 matching 단서들을 여럿 찾으면 그것으로 작자 판정/구분에서 높은 정확도를 얻으므로, 더 이상의 의미적 탐색을 하지 않은 것으로 추측된다. 작자 판정 모델을 훈련시킬 때 표면적 유사성뿐 아니라 심층적 유사성에도 주목하게 하려면, 상당한 궁리와 노하우가 필요할 것이다.

이 글에서 작자 판정에 사용한 모델은 표면적 유사성에 주목하고, 유사성 측정에 사용한 모델은 심층적 유사성에 주목하고 있기 때문에, 이 양자 사이에 부조화가 존재하는 것으로 보인다. 즉 이규보의 시 8수에 대해 작자 판정 모델은 표면적 유사성에 근거하여 소식의 작품으로(소식의 작품과 유사하다고) 판정했는데, 의미적 유사성에 주목하는 BERT 모델 입장에서는 이들 작품이 소식의 시와 그다지 유사하지 않다고 생각할 수도 있다는 것이다. 작자 판정 모델과 유사도 측정 모델 둘 다 같은 종류의 유사성에 주목하도록 하는 것이 더 바람직할 것이다.

코딩을 활용한 인문학 연구의 확장을 기대하며

이 글은 한시에 대한 지식이 별로 없는 상태에서 시행한 실험을 바탕으로 한다. 한시 전문가가 보기에는 어설픈 구석이 많을 것이다. 다만 문제의식, 데이터, 모델 등을 더 가다듬고 정교화하면 더 좋은 결과를 얻을 수 있을 것이다.

데이터 측면에서 더 가다듬을 부분을 몇 가지로 생각해 볼 수 있다. '시사명구망'은 중국 역대의 한시를 빠짐없이 다 수록하고 있는 것이 아니다. '搜韵-诗词门户网站'(https://sou-yun.cn/)이 훨씬 더 풍부한 데이터를 수록하고 있어서 한시 연구자들 사이에 정평이 높으므로, 앞으로 여기서 데이터를 수집하면 좋을 것이다. 한국 한시도 이 글에서는 『동문선』에서만 뽑았는데, 그 외에『국조시산國朝詩刪』, 『기아箕雅』, 『대동시선大東詩選』, 『소대풍요昭代風謠』 등 조선의 다른 시집도 포함할 필요가 있다. 한국의 역대 한시집을 한데 모아서 조사하는 것도 의미가 있지만, 한국 한시를 시기, 지역, 시단 등에 따라 나누어 살필 필요도 있다.

이 글에서 사용한 방식에서는 중국 역대 한시들 사이의 영향관계에 대한 고려가 빠져 있다. 예컨대 송대의 X라는 어느 시인이 당대의 두보의 영향을 크게 받아서 두보의 특징적인 표현이나 모티브를 많이 사용했는데, 그가 남긴 작품이 두보보다 훨씬 많아서, 두보적인 특징의 절대빈도가 두보보다 더 높다고 치자. 이 글의 작자 판정 모델은 입력으로 들어온 작품에 두보적인 특징이 많을 때, 작자를 두보라고 판단하기보다는 X라고 판단할 가능성이 높다. 이런 현상을 방지하려면, 중국 역대 시인들 사이의 영향관계에 대한 도메인 지식을 바탕으로 데이터나 모델의 구조를 더 정교하게 설계할 필요가 있다.

이러한 여러 어설픔에도 불구하고, 이 글이 인문학 연구에 코딩을 활용하고자 하는 사람들에게 조금이나마 도움이 되었으면 하는 바람이다. 이 글의 실험 결과 그 자체보다는 문제의식과 방법론에 주목해서 봐 주기를 바란다.

5

생성형 인공지능과 시적 연산
─확률과 패턴을 질료로 하는 예술에 대하여[1]

오영진

시를 연산한다는 것의 의미

나는 지금 GPT3 모델과 같은 거대언어모델을 API^{Application} 라고 쓸 수 없으니 Application으로...

나는 지금 GPT3 모델과 같은 거대언어모델을 API[Application Programming Interface]로 호출해 사용하는 실험을 해 보고 있다. 이렇게 연결하면 간단한 파이썬 코드를 통해 엑셀시트 상에서 GPT3에게 쉽게 자연어로 명령할 수 있다. 아래 코드는 imagine이라는 명령을 내려 "write poem with"를 수행하게 하고, 그 명령이 포함하는 엑셀 칸의 단어들을 이용해 시를 쓰라는 내용이다. text-davinci-003모델을 사용하고, 모델의 확률결합 온도를 0.7로 두고(1.0이 max), 256토큰까지만(언어연산량) 소비한다.[2]

'봄', '파랑', '비'라는 단어를 이용해 시를 쓰라고 명령하니 아래와 같이 문장을 생

```
function imagine() {
  let context = "";

  let prompt = "write poem with";
  for (let i=0; i<arguments.length; i++) {
    prompt = prompt + arguments[i];
  }

  prompt = context + prompt;

  let data = {
    "model": "text-davinci-003",
    "prompt": prompt,
    "temperature": 0.70,
    "max_tokens": 256,
    "top_p": 1,
    "best_of": 1,
    "frequency_penalty": 0,
    "presence_penalty": 0
  };

  return GPT3(arguments[0], data);
}
```

성한다. 마치 엑셀에 사용하는 수식처럼 단어를 연산의 단위로 간주해 처리하는 것이 이 실험의 핵심이다. 새로고침을 할 때마다 매번 다른 시구를 생성한다. 특정한 소재들의 조합이 얼마나 많은 종류의 시구를 쓸 수 있는지 확인해 볼 수 있다. 기계생성물의 참신성이 떨어진다는 점은 차치하고 몇 가지 한정된 소재에서 무한히 다른 문장이 나올 수 있다는 사실 자체만 음미해보자. 기계는 자신이 훈련했던 문장 중 시와 비슷한 것을 생성하기 위해 부단히 노력하는 중이다.

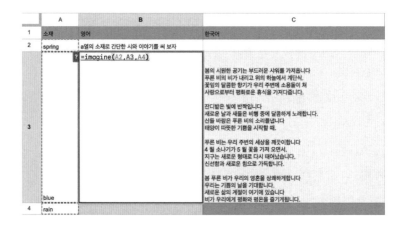

이러한 생성방식은 챗봇의 형태인 챗GPT로 특정한 단어들을 소재로 시를 써 달라는 주문과 그 결과물에서는 크게 다를 것이 없다. 그래도 질문과 응답으로 이루어진 채팅의 형식에서는 느낄 수 없는 '시를 연산한다는 감각'을 강화하기에 이 실험은 중요하다. 사실 챗GPT로 시를 쓴다는 것은 언어모델을 사용하여 시의 행이나 연을 만들기 위해 단어와 단어를 확률적으로 결합해 연산하는 일이다. 지연속도 없이 즉각 매끄럽게 응답하는 챗봇의 형태는 연산을 한다는 느낌을

사용자에게 주지 않고, 대화형식에 취해 기계에 대한 의인화의 함정에 빠지기 쉽게 한다.

챗GPT는 수조 개의 다양한 형태의 문서를 포함하는 방대한 말뭉치에 대해 훈련된 언어모델이다. 결과 출력은 학습 중에 모델이 학습한 언어 패턴 및 구조를 기반으로 한다. 문학 생성만을 위해 훈련된 기계가 아닌 챗GPT는 문법적으로 정확하고 다소 일관성 있는 시 행을 생성할 수 있지만, 항상 의미 있거나 미학적으로 만족스러운 시를 생성하지는 못한다. 궁극적으로 생성된 콘텐츠를 큐레이팅하고 편집하여 감정적으로 공명하고 예술적으로 만족스러운 시를 만드는 것은 사용자의 몫이다. 내가 거대언어모델을 호출하는 코드를 굳이 소개하고 엑셀 시트에서 연산하는 과정을 보여주며, 챗GPT가 범용의 언어모델이라는 점을 지적하는 이유는 이 기계가 애초 '시를 쓰는 기계'가 아니라는 점을 강조하기 위해서다.

조지 레이코프와 마크 존슨은 '인생은 길' 은유와 '인생은 그릇' 은유는 우리 실제 경험에 입각해 작동하는 심층 은유라고 주장했다. "내 갈 길 가련다"는 표현이나 "내 인생은 공허해"라는 표현은 인생을 길이나 그릇으로 보려는 은유의 산물이다. 이는 인간이 시간에 흐름에 따른 진행을 경험하고, 내용이 채워지는 과정을 통해 자연스럽게 습득한 것이다. 은유 표현은 유희적인 수사학이 아니라 삶의 경험으로부터 자연스럽게 기원한다는 말이다. 인간은 언어를 텍스트로서만 인식하는 것이 아니라 어떤 체험의 영상 이미지와 함께 길러내기에 길과 그릇 은유의 영상적 도식은 때때로 무의식적으로 결합하기도 한다. 그래서 "그 일은 충만하게 진행되고 있어" 식으로 내용물이 차오르는 과정과 길을 이동하는 과정이 병렬적으로 겹치는 표현도 사용할 수 있다. 이는 인간의 언어가 물리 세계에 입각해 시뮬레이션된 영상 이미지 안에서 결합, 변형된다는 증거다. 반면에 챗GPT에 양자의 은유를 결합하라고 주문을 하면 다음과 같은 대답을 한다.

인생은 구불구불한 길을 따라가면서 목적지를 향해 여행할 때, 경험과 기억으로 채우는 그릇과 같습니다.
Life is like a container that we carry on a winding path, filling it with experiences and memories as we journey towards our destination.

기계는 양쪽의 은유를 병렬로 결합하지 못하고 양자를 강제로 이어 놓는다. 그럼으로써 우리는 챗GPT가 몸이 없다는 사실을 다시 깨닫는다. 이 기계는 인류가 구사한 언어들의 패턴 안에서 문장을 결합할 뿐 그 너머로 나아갈 방법이 없어 보인다.

물론 챗GPT는 기존 언어의 잠재공간을 탐색하는 흥미로운 공동 탐색자가 될 수 있다. 앞서 엑셀시트의 실험에서 볼 수 있듯이 특정한 소재에서 이어지는 시상의 다양한 흐름이나 특정한 작가의 패턴을 섞어 시뮬레이션하는 아이디어 계산기로서는 그 기능이 나쁘지 않다. 챗GPT류의 거대언어모델은 물리 세계를 모르기에 인간 삶의 경험으로부터 창발하는 은유를 구사할 수 없지만, 과거 언어들의 패턴을 보여줌으로써 인간 사용자가 아직 구사하지 못한 표현들을 구상하게 도울 수는 있다. 또는 단순히 어떤 소재나 주제로 시를 쓰라고 명령하지 않고, 실존 인물이나 특정한 성격을 가진 페르소나를 부여해서 그 주문의 내용을 복잡하게 접어 프롬프트할 수도 있다.

이 경우 단어와 단어 사이를 결합하는 복잡도는 기하급수적으로 늘어나고, 마치 맥락을 이해하는 것처럼 착각을 줄 만큼 답변이 정교해진다.

OpenAI의 공동창립자 일리야 수츠케버Ilya Sutskever 같은 인공지능 개발자는 이러한 방식으로 인간의 이해를 따라잡을 수 있다고 주장하고 있다. 하지만 실제의 '배고픔의 감각'과 '배고픔'이라는 언어표현 사이에 삶의 해상도가 다르듯 경험과 이어지지 않는 언어로 세계를 모두 재현하려는 시도는 근본적으로 한계를 지닌다. 가상 생태계 구성 같은 시뮬레이션 에이전트 방식으로 챗GPT에 인간 몸에 육박하는 인지적 과정을 부여하려는 또 다른 기술적 노력도 현재 진행 중이지만 아직은 요원하다.

말하자면 챗GPT는 아직 시(예술)를 쓰지 못한다. 다만 시와 비슷한 언어예술 작품들이 보여준 언어연결의 중위값을 향하는 상투적인 문장을 생성할 수 있을 뿐이다. 기술에 대한 과도한 찬사보다는 원리에 대한 탐색, 그래서 우리가 생성 인공지능 예술이라고 부르는 이 대상의 질료에 대한 정확한 파악이 필요하다. 현시점에서 기계에 의한 시 쓰기는 단어와 단어의 확률을 조정해 문장 만들기, 혹은 지난 세기 인류가 사용했던 방대한 문장들 사이에서 헤매다 우연히 아름다운 문장 채굴하기에 가깝게 보인다. 이 말은 비하도 찬사도 아니다.

앵무새, 카멜레온, 블로비에이터와 함께 만들기

'확률적 앵무새', '확률적 카멜레온', '블로비에이터' 이 세 가지 단어는 각기 에밀리 벤더 Emily M. Bender (워싱턴대 컴퓨터언어학 교수), 라파엘 밀리에르 Raphaël Millière (컬럼비아 대학 인공지능연구소 연구원), 게리 마거스 Gary Fred Marcus (뉴욕대 신경과학과 교수)가 그동안 나름대로 현재의 거대언어모델의 특성을 반영해 붙인 별명들이다. 이 별명들은 거대언어모델이 갖는 근본적인 한계를 지적하고 있다. '확률적 앵무새'론은 생성 인공지능의 답변이 아무리 그럴듯하더라도 확률적으로 연접된 단어들의 모음이므로 그 안에는 인간 언어에 대한 어떤 이해도 없다는 것을 폭로한다. 최근에 SF작가 테드 창이 이와 관련해 인공지능이라는 명칭이 갖는 근본적인 오해가 있으니 응용통계 applied statistics 라고 불러야 한다는 것과 같은 맥락으로 읽으면 이해가 쉽다. 그녀와 동료들은 「확률론적 앵무새의 위험에 대하여: 언어모델이 너무 커도 될까?」 (2021)라는 논문을 통해서, 거대언어모델의 문제는 언어모델이 사람의 언어를 매우 잘 흉내 내기 때문에 사람을 속이는 데 이용하기 쉽다고 지적하며, 잠재적 위험 중 하나라고 말했다. 논문에서 이 기술이 사람처럼 말하기보다는 사람이 말하는 것처럼 보이게 하는 기만술이라는 점을 강조한다. 반면, 라파엘 밀리에르는 「모방을 넘어선 인공 지능의 발전」(웹진 nautilus, 2022) 기고문을 통해 사전 학습된 대규모 모델이 하는 일은 (복제 모방이 아니라) 일종의 인공 모방이라고 할 수 있고, 구문을 반복 재생산하는 확률적 앵무새가 아니라 언어 환경 안에 즉각적으로 스며들어 변이하며 의태할 수 있는 확률적 카멜레온이라고 부르는 편이 조금 더 기술적 원리를 반영한 은유라고 제안한다. 게리 마커스는 「GPT-3, Bloviator: OpenAI의 언어 생성기는 무슨 말을 하는지 모른다」(웹진 MITtechnologyreview, 2020) 기고문을 통해 GPT-3모델은 허황하게 의미 없이 말을 길게 하는 블로비에이터이며, 이 과정에서 어떤 지성의 판단도 없고 오로지 확률만 존재한다고 말했다. 현시점에서 1~2년 전 판단이라 일부 판단이 달라질 여지가 없지 않지만, 이 같은 해석은 거대언어모델이 갖는 근본적인 약점을 공통적으로 지적한다. 한마디로 이 기계에는 지성은커녕 의식이나 창의성은 없다는 점이다.

하지만 반대 의견도 있는데, 역전파 기법을 개발해서 기계 학습 분야를 딥러닝으로 이끌어 오늘날의 생성 인공지능의 초안을 만든 제프리 힌턴Geoffrey Everest Hinton은 '이해'가 무엇일까에 대한 CBS 기자의 질문에(2023. 3. 25. CBS Mornings) 거대언어모델이 이해를 하고 있다는 증거를 넌지시 제시해 본다. 그는 "트로피가 가방에 안 들어간다. 이게 너무 커서"와 "트로피가 가방에 안 들어간다. 그게 너무 작아서" 두 개의 질문이 있을 때, 인간은 이게 너무 큰 것과 그게 너무 작은 것을 금방 알지만, 기계는 알기 쉽지 않다고 말한다. 물리 세계에 대한 경험이 없는 언어의 확률적 연접만 있는 기계가 이것과 그것, 트로피와 가방의 크기 관계에 대해 알 리가 없기 때문이다. 하지만 놀랍게도 현재의 거대언어모델은 위 실험을 해 보면 너무 작아서 안 들어가는 것이 가방이고, 너무 커서 안 들어가는 것이 트로피라는 사실을 금방 도출해낸다. (독자들이여! 실험해 보라.) 이것이 가능한 이유는 비록 언어적 차원에서 도출되었지만 수천 차원의 잠재적 공간에서 트로피와 가방의 관계에 대해 추론이 가능한 수준으로 복잡하게 연결된 인공신경망이 가동된 결과다. 앞서 언급한 앵무새, 카멜레온,

블로비에이터가 원리상 맞지만, 그것을 상쇄할 정도로 거대한 데이터 안에서 더 다층적인 연결을 통해 올바른 추론에 육박하는 생성물을 만들고 있다는 말이다.

이런 상황으로 인해서, 현재 거대언어모델과 함께 문학작품을 만드는 일은 매우 버거운 일이 된다. 앵무새나 카멜레온처럼 의태하는 언어기계이고, 지성없이 허황한 단어의 연접만을 성능으로 가지면서도 때때로 의식이 작동하는 것처럼 보이기 때문이다. 신뢰라는 관점에서 이 기계는 아직 도구성을 인간에게 줄 수 없는 것으로 보인다. 휘청이는 망치로 작업하는 인부가 없듯이 변덕스러운 생성 언어기계로 일관된 작업물을 만들 수 있는 작가도 없을 것이다. 현재 많은 작가들은 챗GPT를 아주 단순한 생성 검색자로 규정해 쓰거나, 주인공의 이름이나 배경에 대한 묘사를 추천받는 등의 소략한 조력자로 규정해 사용 중이다. 뉴스나 인공지능 홍보물 일부에서 말하듯 소설이나 시를 스스로 써 인간의 창의성을 위협하는 일 따위는 벌어지지 않고 있다. 아마추어 레벨에서 시나 소설 같은 문장 창의 노동이 경감되고 기계로 대체되는 듯한 환각효과를 보여주고는 있다. 하지만 얼마간 써 보면 이 기계가 일정 수준 이상으로 작품을 뽑아내지는 못한다는 사실을 깨닫는다. 그래서 우리는 이 시대를 '인공지능 기반의 창의성' 같은 모호한 말로 표기하기보다는 정확히 확률적 문장생성조합 기술 기반의 기계를 어떻게 도구화할 것인지 물어야 한다. 그 과정에서 과연 새로운 창의성의 통로를 발견할 수 있을까? 이런 질문도 조심스럽게 던져야 한다.

교실에서 생성 인공지능을 사용했던 방식: 구조적 결절화

개인적으로 2년간 〈인공지능 시대의 예술〉이라는 제목의 수업을 15주씩 5번 운영해 본 바 있다. 이 수업에서는 생성 인공지능의 원리와 그것을 둘러싼 쟁점을 너무 과열되지도 냉소적이지도 않게 균형감 있게 소개하려고 노력했다. 동시에 도구도 아니고, 그렇다고 대행자도 아닌 이 모호한 지위의 기술을 가지고 노는 법을 학생들과 연구하고자 했다. 이 과정에서 '채굴 후 재조합', '변형패턴화', '구조적 결절화' 기법 등을 개발했는데, '채굴 후 재조합'(「내가 채굴한 문장, '봄날의 빛은 너였다'」, 『기획회의』 581호, 23.04.05), '변형패턴화'(「인공지능으로 문학하기 1」, 웹진 『한국연구』, 22.08.04) 기법에 대해서는 다른 지면을 통해 조금 소개한 바 있었다. 간단히 설명하자면 '채굴 후 재조합' 기법에서는 기계생성물을 사용자의 요구에 맞춰 조정하면서, 우연히 얻는 문장을 매쉬업 방식으로 재조합해 새로운 창작물로 만드는 사례를 소개했고, '변형패턴화' 기법에서는 프롬프트로 명령하지 않았던 의외의 결과물이 실은 매우 의미 있는 결과물일 가능성이 높다고 판단해, 그 연관성을 인간이 재설정해 사용한 사례를 설명했다. 프롬프트에서는 동화를 쓰되, 여우와 거인, 재채기를 넣어달라 했더니, 그 사이에 무지개라는 새로운 소재를 삽입하는 현상이 발견되었다. 이는 단순한 우연이 아니라 앞서 언급한 제프리 힌턴 박사의 의견처럼 각각 언어 토큰들 사이에 숨겨진 상관성을 기계가 포착해 제시한 것이었다. 거인⇒재채기⇒거대한 분무기⇒무지개 등으로 이어지는 흐름이 잠재되어 있었다. 이를 알아보고 재패턴화할 수 있는 자가 인간 사용자이며, 인간은 자신의 내면이나 외부의 우연한 경험이 아니라 잠재적 언어공간인 거대언어모델 그 자체에서 영감을 얻을 수 있다는 주장을 했었다.

두 개의 기법에 대해서는 소략하게 소개했으니 남은 하나인 '구조적 결절화' 기법에 대해 소개해 보려고 한다. 허황하면서 길게 말하지만 알맹이가 없는 문장은 현 생성 인공지능의 특징이다. 확률적 연접으로 이어지는 것이 기본 원리다 보니, 의미 없이 길게 생성되는 경향이 생기는 것이다. 예를 들면 이렇다.

1) 허황하게 길게 말하는 것이 현대 생성 인공지능의 특징 중 하나입니다. 이는 확률 연쇄의 기본 원리로 인해 의미 없는 긴 문장을 생성하는 경향이 있습니다. 예를 들어, 다음과 같습니다.

2) 하지만, 이러한 생성 인공지능 기술은 대화 시나리오 및 자연어 이해 분야에서 중요한 역할을 합니다. 이러한 기술은 챗봇 및 가상 비서 같은 응용 프로그램에서 사용될 수 있으며, 사용자와 자연스러운 대화를 나눌 수 있습니다. 또한, 이러한 기술은 언어 번역, 요약 및 텍스트 생성 등 다양한 분야에서 사용될 수 있습니다. 따라서, 생성 인공지능은 현대 기술의 중요한 부분입니다.

인공지능으로 늘여 쓰기 한 결과다. 위 문장을 길게 늘여서 쓰라고 했더니 쉽지 않았는지 '하지만', '따라서' 등의 접속사로 이야기의 흐름을 길게 가져가려고 했다. 실은 그 내용은 아무런 쓸모도 없고 자세히 읽어보면 논리적이지도 않다. 시키지 않은 이야기를 접붙여 무엇인가 논리적인 이야기를 하는 포즈를 취할 뿐이다. 이런 특성이 있기에 학생들과 나는 이 기계와 문장 바둑을 두듯 짧게 생성해 이야기를 쉽고 평범하게 흐르지 않도록 꺾는 훈련을 했다. 우선 헛소리를 못하도록 기계의 답변량을 2줄로만 제한했다. 아래의 예시를 보면서 설명해 보겠다.

제목: 황금빛 고양이

지은이: 김도연 & GPT-3 (23-1 〈인공지능시대의 예술〉 수강생)

(인간) 어느 날, 온몸이 황금빛인 고양이를 보았다.

(기계) 잘못 본 건가 싶어 고양이에게 가까이 다가갔을 때, 나는 그것이 환상이 아니라는 것을 알 수 있었다.

(인간) 손을 뻗는 그 순간, 고양이는 달아났다.

(기계) 내가 고양이를 쫓아갔을 때, 나는 이상한 것을 발견했습니다. 땅이 황금색으로 빛나고 있는 것 같았습니다. 저는 멈춰서서 주위를 둘러보았고 제가 금으로 덮힌 산에 서 있다는 것을 알게 되었습니다.

(인간) 나 있는 길을 따라 더 깊은 산 속으로 들어가 보니 화려한 산에 어울리지 않는 허름한 집이 있었고, 그 안에는 노인이 있었다.

(기계) 창문을 통해 본 노인은 흔들의자에 앉아 있었고, 깊은 생각에 잠긴 것 같았습니다. 내가 막 돌아서려 할 때 그는 나에게 안으로 들어오라 손짓했고 나는 조심스레 노인의 오두막에 발을 들였습니다.

(인간) 집 안에 들어온 나를 노인이 불러 그와 눈을 마주치려 하는 순간, 언젠가 들었던 산의 이야기가 스쳐 지나갔습니다. '황금산에 사는 노인의 눈을 보면 온몸이 금으로 뒤덮힌다!'

(기계) 나는 필사적으로 노인의 눈을 보려 하지 않았다. 그런 나를 보고 노인은 이상하게 웃음 지었다. 그는 나에게 가까이 오라 손짓했다. 알 수 없는 무언의 힘이 느껴져 내가 할 수 있는 것은 노인의 눈을 보지 않는 것뿐이었다. 주저하며 앞으로 나아가자 그가 손을 뻗어 내 이마를 만졌다. 그러자 내 몸에서 알 수 없는 온기가 흘렀다.

(인간) 나는 놀라 노인의 눈을 마주쳤다.

(기계) 눈을 떴을 때, 나의 몸은 황금빛으로 빛나고 있었다. 노인은 미소를 지으며 산의 금을 자신이 가치 있다고 생각하는 사람들을 위한 축복으로 바꿀 수 있는 힘을 얻었다고 설명했습니다. 나는 알 수 없는 행복감에 가득 차올라 산을 내려와 내가 살던 곳으로 돌아갔다.

(인간) 산에서 내려온 나는 정말 행복했을까?

문학기계로만 튜닝되어 있지 않은 거대언어모델은 되도록 높은 확률로 안정적인 문장으로 귀결하려는 경향이 있기에 창의적인 사건을 일으키기보다는 그것을 수습하려는 성향을 가진다. 특정한 경향의 이야기를 만들어달라고는 할 수 있지만, 이 경우, 어디선가 본 듯한 구조를 갖고 오기에 그 역시 창의적이지 않다. 때문에 인간 창작가가 이 언어모델을 자극할 수 있는 아이러니한 문장을 제시하는 일이 매우 중요하다. 위 예에서 김도연 씨는 "어느 날, 온몸이 황금빛인 고양이를 보았다"라는 이상한 문장으로 기계를 자극했다. 이에 기계는 응답하듯이 그 고양이를 보았는데, 환상이 아니었다고 문장을 생성했다. 만약 이 지점에서 인간이 별다른 조치를 취하지 않으면 기계는, 그러나 황금고양이는 사라졌고, 그것을 증명할 방법이 없었다는 식으로 별것 아닌 이야기로 문장을 이끈다. 이를 방지하기 위해서 인간 창작자는 고양이가 도망갔고 그것을 쫓을 수밖에 없는 상황을 유도한다. 흥미롭게도 기계는 고양이를 쫓아가자 황금산에 오르게 되었다고 진술한다. 점입가경이라는 말이 이럴 때 쓰는 말인 것 같다. 중간중간 인간이 개입해 기계를 촉진시키는 한 이야기의 불안정성은 높아진다. 이는 마치 부싯돌로 불을 얻는 과정과 비슷하다. 만약 긴장감을 유지하지 못하면 문장은 어느덧 안정화되기 때문이다. 이에 인간 창작자인 김도연 씨는 그 황금산에 허름한 집이 있고 노인이 살고 있다는 설정을 준다. 이 같은 아이러니는 수업에서 내가 권유한 바다. 황금산에 반짝이는 것만이 있다면 긴장을 줄 수 없고, 이는 또 한편 전형적인 방식으로 끝낼 여지를 주는 일이기에 인간이 다시 긴장감을 부여해야 한다. 이 작품은 어떻게 통제하겠다는 생각 없이 오로지 순간순간 기계 문장에 응수하는 방식으로만 쓰였다. 황금산의 노인이라는 설정을 부여하니 기계는 노인에 대한 접근을 제시했고, 이후 노인의 수상한 능력을 제시했다. 노인의 눈을 본 자는 황금을 만들 수 있는 능력을 얻는다는 설정이다. 이에 인간 창작자는 과연 이러한 능력이 행복을 만들 수 있을까 응수하며 이야기를 맺는다. 창작자는 이야기를 만들어 본 적이 없는 미대생으로 이야기의 구조 속에서 아이러니와 모순이 만들어내는 긴장감이 얼마나 중요한지 몸소 깨닫는다. 그러면서도 동시에 군데군데 자신이 참여한 문장을 통해 자신이 원하는 방향이 무엇인지, 오히려 쓰면서 알게 된다.

이 작품이 완성되기까지 걸린 시간은 불과 15분이었다. 인간 스스로 창작했다면 영감을 촉진하는 어떤 생각을 얻기까지 수 시간이 걸렸을지 모르지만 오로지 기계와 놀이를 하듯이 이야기를 꾸려가니, 단숨에 작업하게 된 것이다. 이 짧은 시간은 더 많은 놀이의 자유를 의미한다. 놀이하듯 이야기를 꾸미며 거대언어모델이 학습했을 전형성과 마주하는 일은 인간에게 창의성에 대한 어떤 깨달음을 준다. 특정 의도를 가지고 스타일을 유지하는 일은 오히려 창의성에 독이 된다는 사실이다. 반대로 그것에 저항하면서 긴장감을 유지하며 전형성으로부터 탈출할 수 있다.

학생들과 나는 위와 같은 문장바둑을 수업 시간에 두면서, 그 결과물을 창작품으로 규정하지는 않았다. 놀이가 일종의 무한한 시뮬레이션이듯, 거대언어모델이 아이디어 계산기로서 작동하도록 디자인해 사용했다. 현시점에서 거대언어모델은 문학자판기가 아니라 아이디어 계산기로 작동했을 때 그 쓸모가 있다고 생각한다. 이는 우리가 더 자주 실패해도, 놀이하듯이 계산해 보완할 수 있음을 의미한다.

매 학기 나는 다양한 전공의 학생들과 60여 편의 환상문학의 초안과 표지디자인, 배경음악을 생성해 보았다. 각각의 결과물의 완성도는 높지 않지만, 기계와 함께 언어를 연산해 써 보는 실험으로서는 매우 큰 의미가 있었다. 기존의 방식으로는 재능이 있거나 강한 훈련을 통해서만 출력할 수 있는 상상력이 기계매개를 통해 속도를 부여받아 세상에 나왔기 때문이다. 이 같은 관점에서 예견을 해 보자면, 인공지능 시대의 예술이란 고독함과 광기가 아닌 잠재적 언어와 이미지, 사운드를 찾는 영감의 회로 속에서 나와 기계 간 관계와 놀이, 우연함 속에 단독의 저자성을 포기하는 방식으로 그 고유의 아름다움에 도달할지도 모르겠다. 이제 겨우 2년이 지났기에 우리는 이 기계의 원리를 더 알아갈 시간이 필요하다.

결론적으로 말하자면 기계가 수행하는 문장 생성과 인간이 시를 창작하는 과정 사이의 근본적인 차이를 이해하기 위해 '시적 연산'이라는 개념을 고안해 음미해 볼 필요가 있다. 언어모델의 작동 원리는 확률과 패턴을 기반으로 문장을 생성하는 것이지만, 그 과정을 통해 인간과 기계의 상호작용은 흥미로운 시적 연산을 형성한다. 이는 단순히 무작위로 연결된 언어적 요소를 넘어서, 인간 사용자가 기계의 생성물 속에서 무수한 가능성을 탐색하고 조합해 새로운 의미와 맥락을 창조하는 과정이다. 시적 연산은 기계의 확률적 문장 생성이 가진 한계를 인간의 비평적 사고와 창의적 의도로 보완하는 순간에 발현된다.

기계가 무의식적으로 반복하는 표현과 구문은 인간의 해석에 따라 전혀 새로운 서사로 재구성될 수 있다. 이때 우리는 언어의 기계적 연산을 시적 도구로 삼아 무한히 다양한 가능성을 탐구할 수 있는 창작 실험을 하게 된다. 시적 연산은 기계의 무작위적 단어 연쇄가 아닌, 사용자와 기계 사이에서 형성되는 창조적 상호작용의 회로 속에서 이루어지며, 기계적 생성물의 잠재적 의미를 끊임없이 재조합하는 과정이라 할 수 있다.

결국, 생성형 인공지능을 이용한 시적 연산은 기계가 만들어내는 언어의 패턴과 사용자의 상상력 사이에서 일어나는 조율과 긴장 속에서 새로운 창작의 가능성을 열어간다. 우리는 기계와 함께 연산하는 이 과정을 통해 인간 고유의 상상력을 확장시키고 무한한 예술적 가능성에 대한 접근을 시도할 수 있다. 이러한 상호작용을 시적 감각을 통한 연산의 새로운 문법이자, 예술과 기술이 맞닿는 지점에서 발견되는 새로운 시적 감각을 향한 모험이라고 규정할 수 있을 것이다.

3부

철학 코딩

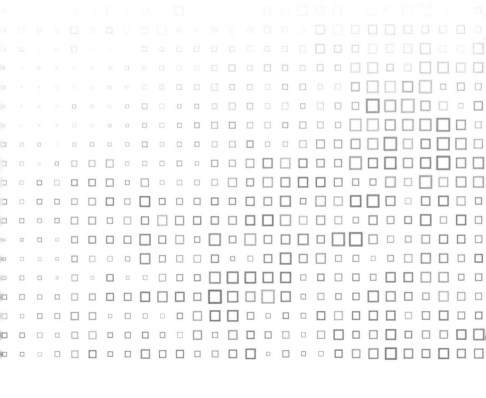

6
프로그램 코딩과 논리 교육
석기용

논리학은 왜 중요한가

디지털 정보 기술이 급격한 변화를 주도하는 소위 4차 산업혁명이 한창 진행 중이다. 이런 분위기를 타고 오늘날 인공언어를 활용한 컴퓨터 프로그램 코딩 교육 열기가 사회적으로 널리 확산하고 있다. 우리나라에서는 2018년부터 전국 초중고교에서 코딩 교육을 의무화하고 있으며 주요 대학들에서도 코딩 교육을 포함한 디지털 리터러시 교과목을 핵심적인 교양과목 중 하나로 지정하는 사례가 늘어나고 있다. 일부 대학의 인문계열 학과들에서는 자체적으로 코딩 관련 교과목을 전공과목으로 개발하고 있다. 그 밖에도 사회 진출을 앞둔 많은 취업 준비생이 자신의 전공과 상관없이 코딩 능력을 갖추기 위해 관련 교육 프로그램을 스스로 찾아 나서고 있다. 현대 사회의 시대적 흐름을 전반적으로 살펴볼 때, 현재의 이러한 코딩 학습 열풍은 어쩌면 당연한 현상처럼 느껴진다.

이런 현상이 바람직한지 아닌지는 별개로 하고, 다만 그런 현상의 이면에 존재하는 현실적으로 아쉬운 측면은 프로그램 코딩 교육에서 논리학 교육의 중요성이 다소 간과되고 있다는 점이다. 컴퓨터 프로그래밍과 논리학 사이의 관련성은 이미 주지의 사실이다. 가령 논리적 연산은 컴퓨터 프로그래밍의 핵심적인 요소이다. 특히 일상적인 언어 표현으로 이루어진 진술들을 1(참)과 0(거짓), 그리고 세 개의 논리 연산자(연언, 선언, 부정)의 조합으로 치환하여 대수적으로 계산할 수 있게 해주는 소위 부울 대수Boolean Algebra는 논리 회로 설계에 응용되는 가장 기초적인 부분이다.

그러나 이 두 분야 사이의 연관성은 단순히 정도의 문제에 그치지 않는다. 논리학사에서 잘 알려진 바대로, 19세기 중반 이후로 프레게, 러셀 등이 성취한 혁신은 고대 그리스의 아리스토텔레스 이래 사실상 굳어진 채로 2천 년 넘게 이어져 내려온 전통 논리학의 한계를 뛰어넘어 20세기 이후 인간 지성사의 발전에 엄청난 영향을 미치게 될 강력한 사유 도구를 제공하였다. 이러한 새로운 논리학의 등장과 뒤이은 급속한 발전이 수학적 계산이 가능한 인공언어와 그런 언어를 탑재한 인공적 장치의 탄생에 결정적 요인이 되었고 결과적으로 오늘날의 인공지능 논의와 개발로까지 이어지게 되었다는 것은 널리 알려진 사실이다. 하지만 코딩 교육을 강조하는 현재 초중고교에서 체계적인 논리학 교육은 사실상 전혀 이루어지지 않고 있다. 대학에서도 대개 비판적 사고 관련 과목에서 주로 비형식논리의 일부 내용이 다뤄지고 있을 뿐 코딩 교육과 직접 관계가 있는 형식논리(혹은 수리논리, 기호논리)는 철학과가 설치된 대학에서 해당 학과의 전공과목으로 간간이 개설되고 있을 뿐이다.

물론 논리학 공부를 제대로 한 적이 없어도 코딩을 학습하고 실제 작업을 수행하는 데 큰 문제가 없다고 생각하는 사람도 많고, 그런 생각이 완전히 잘못된 것도 아니다. 이 글의 목적 역시 그저 두 분야

사이의 사상사적 혈연관계만을 내세워 논리학 공부가 마치 컴퓨터 프로그래밍을 하기 위한 전제조건 혹은 필요조건인 것처럼 주장하려는 것은 아니다. 또는 단순히 오늘날 세상을 지배하는 AI가 인간이 감히 범접할 수 없는 고도의 '논리적 행위자'라는 이유에서 그런 AI 프로그램을 코딩하는 프로그래머도 논리학을 공부해 논리적인 사고자가 되어야 한다거나 코딩에서 자주 활용되는 조건, 연언, 선언 등과 같은 논리 연산자의 사용법을 습득해야 한다고 주장하려는 것도 아니다.

이 글은 좀 더 실질적인 측면에서 두 영역 사이의 연관성에 초점을 맞추어 논리학을 충실히 공부하는 것, 특히 형식논리학을 철저히 학습하고 훈련하는 것이 프로그래머에게 여러모로 이득이 될 수 있다는 점을 제시하고자 한다. 또한 이 글에서는 그 둘 사이의 밀접한 관련성이 또 하나의 가능성을 떠올리게 한다는 점에 주목할 것이다. 즉, 더 나은 프로그래밍을 위해 논리학 공부가 필요하다는 측면에서만 문제를 바라볼 것이 아니라, 논리 교육 자체를 코딩 교육과 융합하는 방안을 생각해보려는 것이다. 특히 'Logic Programming'이라고 알려진 프로그래밍 양식은 그 이름에서도 알 수 있듯이 논리학과 더욱 분명하게 연관성을 확인할 수 있으며 논리학 교육에 적절히 활용한다면, 논리 학습과 코딩 학습을 동시에 수행하며 서로의 학습 성과를 함께 높일 수 있는 좋은 방법이 될 수 있을 것이다.

프로그램 코딩과 논리적 사고

일반적으로 정보처리$^{Information\ Processing}$란 "정보를 가공하는 공정"으로서 기존의 정보를 가공하여 더 큰 부가가치의 정보를 새로 만들어 내는 과정을 일컬으며, 우리는 이런 정보처리의 주체를 '행위자^{agent}'라고 부른다. 행위자는 수용 장치를 통해 주변 환경으로부터 특정 정보를 받아들이고 그 정보를 가공 처리하여 활용 가치가 더 큰 정보를 산출한 후 그 결과를 작동 장치를 통해 주변 환경에 적용한다. 인간은 전형적으로 이런 유형의 행위자에 속한다. 생물학적으로 이런 기능을 수행하는 정보처리 장치가 우리의 뇌라면, 오늘날 주변에서 가장 쉽게 찾아볼 수 있는 인공적인 처리 장치가 바로 컴퓨터이다.

인간의 뇌와 구분되는 컴퓨터의 정보처리에는 어떤 특징이 있을까? 컴퓨터 정보처리의 특징은 생물학적 뇌와는 달리 정보의 입력, 가공, 출력에 이른 전 처리 과정이 디지털 계산$^{digital\ computation}$으로 이루어진다는 데 있다. 여기서 디지털 계산이란 컴퓨터가 수행하는 연산으로서, 산술적/비−산술적 단계들을 포함하는 '잘 정의된 모델 a well−defined model', 즉 알고리듬^{algorithm}을 의미한다. 이러한 알고리듬을 구체적인 형태로 구현하는 작업이 바로 컴퓨터 프로그래밍$^{computer\ programming}$으로서, 그 결과물은 컴퓨터의 하드웨어가 특정 과제를 실행하여 문제의 해결책을 찾아낼 수 있게 하는 명령어들의 집합이다.

'코딩^{coding}'이란 말이 대중적으로는 컴퓨터 프로그래밍과 동의어처럼 쓰이기도 하지만, 엄밀히 구분하자면 코딩은 프로그래밍의 한 과정으로서 프로그래밍 중에 고안된 알고리듬을 해당 프로그래밍 언어로 구현하는 작업 과정을 의미한다. 말 그대로 특정한 프로그래밍 언어의 문법에 맞게 '코드를 만드는 것 부호화encoding'이 바로 코딩이다. 그런데 실제로 명령어를 처리하는 컴퓨터 하드웨어의 중앙처리장치 CPU는 우리가 일상적으로 사용하는 언어로 된 명령어는 알아듣지 못한다. CPU는 오로지 0과 1이라는 두 수의 연쇄, 즉 이진수로 표현되는 기계 언어machine language만 처리하여 명령을 실행할 수 있다. 하지만 인간 프로그래머가 이진수로 된 기계 언어를 직접 사용해 명령어를 부호화하기란 어려운 일이며, 이에 따라 굳이 이진수로 표현하지 않고도 쉽게 작업할 수 있는 다양한 컴퓨터 프로그래밍 언어가 개발되었다. 우리가 잘 아는 Java, C++, Python, Prolog 등이 그런 프로그래밍 언어들이다. 프로그래머가 이런 형식언어를 사용하여 작성한 프로그램을 컴퓨터가 처리할 수 있는 기계어로 변환해 주는 장치를 번역기라고 부르며, 번역기의 유형에는 인터프리터, 어셈블러, 컴파일러 등이 있다.

컴퓨터 프로그래밍 언어는 단어들, 단어들을 나열하는 규칙들 및 숫자나 문자를 값으로 갖는 변수와 이러한 변수를 생성하거나 제거하고 변수에 들어갈 내용에 변화를 적용하는 명령어들로 이루어진다. 프로그래밍 언어와 우리가 일상에서 사용하는 자연언어natural language의 가장 중요한 차이점 중 하나는 자연언어 단어들의 의미가 대부분 모호하고 다의적이어서 맥락에 따라 다양한 해석의 여지를 허용하는 데 반하여, 프로그래밍 언어에 사용되는 단어의 의미는 어떤 경우에도 모호성이나 다의성을 허용하지 않는다는 것이다. 프로그래밍 언어는 모든 표현의 의미를 인공적으로 엄격히 정의하여 단일하게 해석될 수 있게 만든 형식언어formal language이다.

프로그램을 코딩하는 프로그래머의 근본 목적은 컴퓨터의 계산 능력을 이용하여 당면 문제를 해결할 수 있는 유용한 도구를 만드는 데 있다. 언급했듯이, 코딩은 특정한 프로그래밍 언어 문법에 맞게 코드를 만드는 것(부호화)이고, 컴퓨터는 특정 프로그래밍 언어로 작성된 프로그램을 번역기로 해석하여 실행한다. 프로그래머는 엄격한 형식언어인 프로그래밍 언어로 명령을 작성하여 자신의 의도대로 컴퓨터가 일정한 결과물을 산출해내게 만들어야 한다.

이러한 목적을 달성하기 위해서 프로그래머에게 실제로 필요한 역량은 무엇일까? 프로그래머라면 무엇보다 프로그램 작성에 사용할 특정 프로그래밍 언어의 구문론과 의미론을 학습하고 그런 형식언어의 특성에도 익숙해져야 한다. 하지만 코딩은 그저 프로그래밍 언어를 배워 해당 언어의 문법에 따라 프로그램을 작성하는 단순한 행위가 아니며 프로그래머도 정해진 절차에 따라 기계적으로 부호를 입력하기만 하는 단순한 부호 생성자가 아니다. 즉 프로그래머는 타자수나 입력기가 아니다. 프로그래머에게는 프로그램을 구상하고 실제 작성해 나가는 코딩의 전반적 과정 내내 이른바 철두철미한 컴퓨팅 사고(혹은 전산적 사고)가 필요하다.

컴퓨팅 사고란 행위자(여기서 행위자가 반드시 컴퓨터에 한정된다고 생각할 필요는 없다. 컴퓨팅 사고는 인간 행위자에게도 마찬가지로 적용된다)가 입력된 데이터(주변 환경에 대한 정보 제공)와 명령어를 기반으로 계산을 수행(정보의 가공 처리)하게 만들어 문제의 해결책(주변 환경에 적용하여 그 환경을 바꾸게 하는 결과물의 출력)을 찾아낼 수 있게끔, 당면한 문제를 엄밀히 정의하고 분석하여 더 작은 문제들의 연쇄로 해체하고, 수행해야 할 작업과 기대하는 해결책이 무엇인지 정확히 기술하며, 그러한 문제의 해결 과정이 논리적이고 순차적으로 전개될 수 있도록 문제 해결의 효과적 절차를 구현하는 알고리듬을 최종 개발하기에 이르는 전반적 과정을 이끌어가는 일련의 사고방식을 가리킨다. 즉, 컴퓨팅 사고란 단순히 특정 프로그래밍 언어를 활용할 줄 아는 기술적 능력과는 구분되는 더 고차원적인 사고 능력이다. 조금 더 구체적으로 말하자면, 그것은 추상적이고 일반화된 방식으로 문제에 접근하여 문제를 체계적으로 분석하고 그 결과물을 체계적으로 구조화할 줄 아는 사고 능력이다. 그리고 그런 능력을 구성하는 본질적 요소 중 하나가 논리적 사고라고 할 것이다.

논리적 사고란 여러 가지 방식으로 정의할 수 있지만, 가장 간결하게 말하자면 '논증적으로 사고하기'라고 말할 수 있다. '논증argument'이라는 것은 주장과 근거로 구성된 사유 단위를 가리킨다(흔히 논리학에서는 '주장'에 해당하는 것을 '결론conclusion', '근거'에 해당하는 것을 '전제premise'라고 부른다). 쉽게 말하자면 논증적으로 사고한다는 것은 무언가를 주장하고자 할 때 그 근거를 함께 고려한다는 것이다. 물론 우리는 늘 그런 식으로 사고하지 않는다. 현실 생활에서 이러한 논증적인 사고를 작정하고 수행하는 경우는 매우 드물다. 우리가 근거를 따져가며 무언가 주장을 끌어내야 하는 상황이란 대개 해결해야 할 어떤 구체적인 문제에 직면했을 때다. 그런 문제 해결의 과정에서 끊임없이 떠오르는 '왜?'에 답하기 위해서 우리는 논증적인 사고를 수행한다(이는 프로그래머가 특정한 문제를 해결할 수 있는 프로그램의 작성에 착수하게 되는 상황과 별반 다를 바 없다). 이러한 논증적 사고를 잘 수행하게 되면, 그 결과물로 우리는 '좋은 논증(혹은 강한 논증)'을 얻는다. 좋은 논증은 강력한 문제 해결력을 지닌 설득력 있는 논증이며, 이런 강한 설득력은 주장과 그것을 뒷받침하는 근거 사이의 지지 관계에서 발생한다. 다시 말하자면, 잘 수행한 논증적 사고의 결과물은 근거가 주장을 강하게 뒷받침하는 강한 설득력이 있는 논증이 된다. 누군가가 이런 의미의 좋은 논증을 만들어 낼 줄 아는 우수한 논증적 사고 능력을 보유했다면, 그는 논리적 사고 능력이 뛰어난 사람이라고 말할 수 있다. 관건은, 그렇다면 어떻게 좋은 논증을 만드느냐, 그런 역량을 어떻게 기르느냐이다. 두말할 것도 없이, 가장 우선적이고 직접적인 방법은 다름 아닌 논리학을 공부하는 것이다.

영국의 근대 철학자 존 로크는 "논리학이란 사유의 해부학"이라고 말한 바 있다. 온갖 믿음이 들어찬 우리의 마음속에서 전개되는 사고 과정은 뒤죽박죽 혼란스럽기 십상이다. 언제 어디서 생성된 것인지도 모르는 우리의 수많은 믿음은 흐트러진 거미줄처럼 뒤엉켜 있어서 무엇이 무엇과 연결되고 또 무엇과 단절되어 있는지 파악하기가 어렵다. 우리의 사고는 때로는 끊어진 선을 건너뛰어 근거 없이 비약하기도 하고, 연결된 선인 줄 모르고 함부로 판단하다가 모순에 빠지기도 한다. 이를테면 논리학은 이런 우리 사고의 난맥상을 절개하여 그 안에 들어 있는 여러 믿음을 일정한 방식으로 정돈할 수 있게 해주는 학문이다. 논리학이 우리의 복잡다단한 믿음을 정돈하는 일정한 방식이란 바로 믿음과 믿음 사이의 뒷받침 관계를 분명하게 느러내는 것이다. 이것은 곧 우리의 믿음을 근거와 주장의(즉, 전제와 결론의) 논증적 구조로 파악한다는 말과 같다. 그러는 과정에서 논리학은 잘못된 논증적 관계를 솎아내고 우리의 믿음 체계를 최적화하는 데 이바지한다. 이런 작업은 좋은 논증과 나쁜 논증을 체계적으로 구분하고 좋은 논증을 만들기 위한 조건들을 철저히 규명하는 이론적 근거를 바탕으로 이루어질 수 있다. 논리학은 올바른 논증적 사유 구조를 수립하고 그러기 위한 이론적 근거들을 탐구한다는 의미에서 흔히 '논증의 과학the science of argument'이라고도 부른다.

그렇다면, 프로그래머가 논증의 과학, 즉 논리학을 충실히 학습하고 훈련함으로써 어떤 측면에서 컴퓨팅 사고력의 증진에 도움을 얻을 수 있는지 좀 더 구체적으로 살펴보기로 하자.

형식논리와 비형식논리의 차이

프로그램 코딩이 당면 문제를 해결할 수 있는 가장 효율적인 알고리듬을 구상해내는 컴퓨팅 사고를 필요로 하며, 그런 컴퓨팅 사고의 본질적 요소 중 하나가 논리적 사고라고 할 때, 논리학 공부가 구체적으로 어떤 측면에서 프로그래머에게 요구되는 논리적 사고 역량을 증진할 수 있다는 것일까.

먼저 형식논리와 비형식논리를 구분하는 데서부터 논의를 시작해보자. 일반적으로 많은 사람이 논리학을 형식논리formal logic가 아닌 비형식논리informal logic를 통해 접한다. 앞서 논리학이 논증의 과학이라고 말했듯이, 비형식논리와 형식논리는 둘 다 논증을 탐구한다는 점에서 차이가 없다. 하지만 논리학의 영역 가운데 비형식논리는 사람들이 일상적 담론의 맥락에서 자연언어를 사용하여 만들어서 실제 사용하는 논증들을 주로 분석하고 그 설득력을 평가하는 데 초점을 둔다. 비형식논리 연구의 목표는 전제와 결론 사이의 추론적 뒷받침 관계(이른바 '논리적 타당성' 여부라고 하는)를 엄밀하고 정확하게 계산하고 증명하기보다는 그런 일상적이고 현실적인 논증들의 강도와 설득력을 진단하는 데 있다.

이러한 목적을 달성하기 위한 비형식논리의 세부 영역에는 다양한 오류 추론, 실천적인 측면에서 논증의 설득력에 영향을 미치는 수사학적 장치들, 논증의 맥락 의존적 측면들이 포함된다. 오늘날 이러한 비형식논리는 학술적 연구와 담론의 범위를 넘어서서 인문 교양의 차원에서 대중적으로도 널리 소개되고 있다. 특히 시사성 있는 소재나 현실적인 논쟁과 쉽게 접목됨으로써 토론 실력과 일반교양의 증진에 관심이 있는 일반 독자들이 비교적 쉽게 접근할 수 있는 영역이다. 이는 매우 바람직한 현상이지만, 간혹 처세론의 성격을 띤 이런 비형식논리의 대중서를 접하고 나서 비형식논리가 논리학의 전부이거나, 혹은 가장 주된 부분으로 오해하는 사람들이 있다. 이들은 논리학 자체를 비판적 사고critical thinking, 비형식적 오류론informal fallacies, 더 나아가 논쟁술이나 수사학 등과 동일시하거나 논리학을 일상 언어를 사용하여 대화나 토론에서 상대를 합리적으로 설득할 수 있는 실천적인 기술을 연마하는 실용 학문처럼 여기곤 한다. 심지어 논리적 사고 훈련을 말싸움을 이기는 데 필요한 능변과 말재주를 기르는 연습 활동의 일환인 것처럼 착각하기도 한다.

비형식논리의 목표와 그것이 다루는 세부 내용이나 영역들도 당연히 논리학에 포함된다. 실제로 토론에서 상대를 설득할 때 현실적으로 활용 가능한 논리의 측면까지 포괄적으로 고려할 때 비형식논리의 중요성은 두말할 것도 없다. 그러나 비형식논리가 논리학의 전부는 아니며, 논리학에서 가장 주된 영역이라거나 혹은 가장 우선적인 영역이라고 말하는 것은 무리가 있다. 논리학이 그저 말싸움에서 이기는 법을 가르치는 학문일 뿐이라고 보는 것도 지나친 생각이다. 비형식논리에 대해서는 우리가 논리학을 통해 논리적 사고 역량을 골고루 증진하려고 할 때 공부해 두면 좋은 영역이라고 보는 것이 가장 무난한 평가일 것이다. 어쨌거나 부인할 수 없는 사실은, 수학적인 수준의 엄밀하고 정확한 판단의 가능성이라는 측면에서 인간의 지성과 사고력 증진에 중대한 영향을 미친 논리학의 체계적인 발전은 형식적인 차원에서 추론과 논증의 구조를 연구하는 형식논리의 영역에서 이루어져 왔다는 것이다. 그런 점에서 이제 프로그래머의 컴퓨팅 사고력 증진과 관련하여 이런 형식논리 학습의 유용성에 초점을 맞추어 논의를 제시해보고자 한다.

프로그래머의 역량을 강화하는 형식논리학

형식논리는 연역적으로 타당한 추론 혹은 논증의 논리적 타당성의 증명 방법을 연구한다. 연역적 추론이라는 것은 전제가 참이라고 할 때 결론이 '반드시' 참이 되도록 추론하는 것을 말하며, 이런 추론이 성공적으로 이루어졌을 때 '논리적으로 타당한' 논증이 만들어진다. 논증의 논리적 타당성 여부는 주관적인 직관이나 외견상의 설득력 같은 요소가 아니라 객관적인 엄밀한 계산을 통해 결정된다. 이러한 논증의 논리적 타당성 여부를 결정짓는 것은 논증이 어떤 내용을 담고 있느냐가 아니라 어떤 형식(혹은 구조)으로 되어 있느냐이다. 먼저 논증의 논리적 타당성 여부를 논증의 형식이 결정짓는다는 말이 무슨 의미인지 살펴보자.

좋은 논증은 논증의 내용과 형식이라는 두 가지 측면에서 바람직한 논증을 말한다. 내용의 측면에서 바람직하다는 것은 결론을 뒷받침하기 위해 제시된 전제들이 모두 참이어야 한다는 말이다. 이를테면, 사실에 부합하지 않는 거짓 자료를 전제로 사용한 논증은 좋은 논증이 아니다. 한편 형식의 측면에서 바람직하다는 것은 논증의 내용과 무관하게 논증의 형태는 전제가 결론을 강하게 뒷받침할 수 있도록 잘 구조화되어야 한다는 말이다. 여기서 말하는 형식이란 전제로부터 결론으로 나아가는 과정, 즉 추론(혹은 추리)의 구조라고 말할 수 있다. 이때 가장 이상적인 형식이 바로 전제가 결론을 반드시 참이 되게 만들어주는, 논리적으로 타당한 추론의 구조이다. 내용과 형식이라는 두 가지 측면을 고려하면서, 다음 네 논증을 각각 평가하고 비교해 보자.

(1) 모든 개는 포유류다. 모든 고양이는 포유류다. 따라서 모든 개는 고양이다.
(2) 모든 개는 고양이다. 모든 고양이는 포유류다. 따라서 모든 개는 포유류다.
(3) 모든 개는 고양이다. 모든 동물은 포유류이다. 따라서 모든 개는 동물이다.
(4) 모든 개는 포유류다. 모든 포유류는 동물이다. 따라서 모든 개는 동물이다.

결론부터 말하자면, (1)~(3)은 좋지 않은 논증이고, 오로지 (4)만 좋은 논증이다. (1)이 좋지 않은 논증인 이유는 모두 참인 전제들을 사용하긴 했으나 그 전제들이 결론을 참으로 만들어준다고 말할 수 없기 때문이다. 이것은 논리적으로 타당한 추론을 하지 못한 잘못된 형식의 논증이다. 제시한 근거들이 아무리 참이어도 구조적으로 그릇된 형식의 논증이라면 좋은 논증이 아니다. (2)는 거짓 전제를 사용했으므로 결과적으로 좋은 논증이 아닌 것은 분명하다. 하지만 이 논증의 경우 만약 전제들이 모두 참이기만 했다면, 결론도 반드시 참이 되도록 잘 뒷받침했을 것이다. 즉, 이 논증은 비록 내용에 문제가 있기는 하지만 논리적으로 타당한 형식을 갖추고 있다. (3)은 전제들도 거짓이지만, 설령 전제들이 모두 참이었다고 해도 결론이 참이 된다는 보장이 없는, 형식적으로도 잘못된 구조의 논증이다. 반면에 (4)는 누구나 받아들이는 참인 전제들을 근거로 제시했고 그 전제들이 결론을 이상적으로 뒷받침하는 논리적으로 타당한 추론적 구조를 갖추고 있다. 이 논증은 내용으로나 형식으로나 문제가 될 부분이 없으므로, 우리는 (4)가 좋은 논증이라는 판단할 수 있다.

우리가 주목할 부분은 (1)과 (3)의 경우, 전제들을 아무리 참인 것들로 바꾼다고 하더라도 그 전제들이 결론이 반드시 참이 되게끔 뒷받침하지 못하지만, (2)는 그 구조는 그대로 둔 채 내용만 적절히 바꾼다면, 즉 참인 전제들로 구조를 채워 넣는다면, (4)와 같은 좋은 논증이 될 수 있다는 것이다. 우리는 논증의 논리적 타당성을 형식이 결정한다는 말을 바로 이런 의미로 이해할 수 있다. 형식적으로 문제가 있는 논증은 아무리 좋은 내용으로 구조를 채워도 논리적으로 타당한 논증이 될 수 없는 반면(결과적으로 좋은 논증이 결코 될 수 없다), 형식적으로 좋은 구조의 논증이라면 내용과 상관없이 논리적 타당성이 보장된다.

이번에는 조금 다른 관점에서 다시 (1)과 (2)를 비교해 보자. (1)과 (2)는 둘 다 좋지 않은 논증이지만, 앞서 언급했듯이 그 이유는 다르다.

하나는 내용이 좋지 않고 다른 하나는 형식에 문제가 있다. 하지만 논리학의 관점에서 보면, 두 논증의 가치는 다를 수 있다. (2)가 좋지 않은 논증인 이유는 따지고 보면 결국 생물학자가 동의하지 않기 때문이다. 반면, 세계에 관한 실질적 지식을 제공하는 그 어떤 학문에서도 (1)을 좋지 않은 논증으로 평가할 전문가는 없다. 그 일을 할 사람이 바로 논리학자다. 더불어 (2)는 비록 이 세계에서는 좋지 않은 논증으로 평가될지언정 좋은 논증으로 평가받을 수 있는 가능 세계가 존재할 수도 있지만, (1)은 현실 세계에서는 물론이요, 좋은 논증으로 평가될 수 있는 그 어떤 가능 세계조차 아예 존재하지 않는다. 이런 점들은 논증을 평가할 때 논리학의 독보적인 역할이 어느 측면에 있는지를 확인해주며, 더불어 논증에서 추론, 구조, 형식 등과 같은 요소가 보편적이고 영속적인 가치를 지닌다는 것도 잘 보여준다.

이와 같은 이유에서 전통적으로 논리학의 논증 연구는 좋은 논증의 이 두 조건 가운데 형식적 측면에 주안점을 두어왔으며, 그런 측면에서 논리학의 발전은 형식논리의 발전이라고 말해도 큰 무리가 없다. 논증 형식에 관한 관심과 탐구는 이미 논리학의 시조라고 할 수 있는 아리스토텔레스의 논리학에서 시도되었다. 예를 들어, 아리스토텔레스는 올바른 추론의 본질이란 "특정한 것들이 미리 정해진 상태에서 그것들 말고 다른 어떤 것이 그것들을 봉해서 반드시 생겨나는 경우"라고 정의한다. 이 구절은 올바른 추론이란 참인 전제로부터 결코 거짓을 끌어내지 않는다는 의미로 해석할 수 있으며, 이는 현대적인 논리적 타당성의 정의와 다르지 않다. 우리는 이 정의에서 아리스토텔레스가 일반화된 어휘들을 사용하여 타당한 추론의 형식을 매우 추상적으로 진술하고 있음을 보게 된다. 또한 아리스토텔레스는 「명제론」에서 다양한 문장의 형식과 유형, 그리고 그에 따른 문장들 사이의 관계를 상세히 분석한다. 논증이 전제와 결론으로 구성되고 전제와 결론은 모두 문장들로 이루어진다는 점을 고려할 때, 「명제론」은 논증의 형식을 다루기 위한 선결 과제를 수행한 결과물이라고 말할 수 있다. 그리고 우리는 「분석론 전서」에서 아리스토텔레스가 논증 형식을 도식화하기 위해 기호를 사용하고 있음을 보게 된다.[2] 이는 오늘날 흔히 언급되는 소위 기호논리학symbolic logic의 효시에 해당한다(아리스토텔레스가 기원전 4세기 때 철학자라는 믿기 어려운 사실을 다시 한번 상기하자).

(2) 모든 개는 고양이다. 모든 고양이는 포유류다. 따라서 모든 개는 포유류다.

(4) 모든 개는 포유류다. 모든 포유류는 동물이다. 따라서 모든 개는 동물이다.

(5) 모든 A는 B다. 모든 B는 C이다. 모든 A는 C이다.

아리스토텔레스에 따르면, (2)와 (4)는 기호로 표시한 논증 도식 (5)의 예화들이라는 점에서 같은 유형의 삼단논법이다. 이렇게 보면, (1)과 (3)은 (5)의 논증 도식을 예화하고 있지 않다는 점을 쉽게 파악할 수 있다. 그는 이렇게 기호를 사용하는 것이 순수하게 논증의 구조 혹은 형식만을 표현하는 데 매우 유용하며, 타당한 논증에는 특유의 구조적 특징이 있어서, 논증의 타당성 여부를 확인할 때 바로 그 구조적 특징을 찾아내는 것이 관건이라는 사실을 발견한 것이다. 아리스토텔레스는 논증에 대한 이러한 형식적 탐구를 통해서 결과적으로 총 256가지 유형의 논리적으로 타당한 소위 삼단논법의 형식을 찾아냈다. 아리스토텔레스 이후로도 스토아주의 철학자들이나 중세 논리학자들이 논리적 타당성을 보장하는 논증 도식에 대한 탐구를 계속했으나, 아리스토텔레스를 뛰어넘는 형식논리의 진정한 획기적 발전은 한참 후인 19세기 말에야 비로소 이루어졌다.

현대 논리학은 수학자 겸 철학자였던 고틀롭 프레게, 버트런드 러셀, 루트비히 비트겐슈타인 등이 19세기 말에서 20세기 초에 확립한 논리 체계다. 19세기 중반 조지 불George Boole이 논리식을 대수의 연산으로 변환하는 '불 대수 체계'를 고안하면서 논리학에 가미된 수학적 색채는 그 이후에 체계화된 현대 논리학의 형식논리에서 본격적으로 드러난다. 현대 논리학은 문장을 논리 연산의 기본 단위로 삼는 '문장논리'와 문장을 구성하는 주술 구조를 논리 연산에 반영하는 '술어논리'를 아우른다. '현대 논리학' 대신 '고전 논리학classical logic'이라고 부르기도 하는데, 이때의 '고전'이라는 말은 시간적인 의미를 담고 있다기보다는 이 두 논리 체계가 여러 파생적 논리 체계의 밑바탕을 이루는 표준적 체계임을 의미한다. 현대 논리학은 우리의 '생각'을 수학적으로 엄밀하게 계산하여 논증의 논리적 타당성 여부를 객관적으로 증명할 수 있는 강력한 도구를 제공한다.

아리스토텔레스 이래의 전통 논리학과 비교해서 19세기 말 이후에 체계화된 명제논리와 술어논리는 인간의 추리가 본질상 계산이라는 홉스의 직관과 보편적 계산이 가능한 형식언어의 창안을 막연히 꿈꾸었던 라이프니츠의 희망을 그나마 최소한도로 구현한 결과물이다. 현대 논리학이라는 강력한 도구 덕분에 우리는 인간 사유의 계산적인 특성을 비로소 명시적으로 드러내 보일 수 있게 된 것이다. 우리는 명료성, 엄밀성, 체계성이라는 측면에서 우리의 사유를 이전과 비할 수 없을 정도로 정확하고 정교한 수준까지 끌어올렸고, 오늘날의 디지털 문명도 이러한 논리학의 발전이 이루어지지 않았다면 불가능했을 것이다(현대 논리학은 앞에서도 언급했듯이 실제로 컴퓨터 프로그래밍 언어의 탄생 그 자체와도 매우 밀접한 관계가 있다).

현대적인 형식논리의 발전을 체감할 수 있는 측면들은 많다. 이를테면, 술어논리에서 논리식을 표현하는 방법을 활용하면 우리가 일상에서 구사하는 자연언어의 일상적 언어 표현에 더 정확하고 엄밀한 의미를 부여할 수 있으며, 거꾸로 그 의미를 엄밀하고 정확하게 이해하기가 쉽다. 예를 들어, 자연언어에서 부정 어구의 사용은 의미를 애매하게 만드는 주범 중 하나이다. 누군가가 "자연 상태가 만인의 만인에 대한 투쟁"이라는 토머스 홉스의 유명한 주장에 반대하면서 만인이 만인과 투쟁하는 것이 아님을 표현한다고 해보자. 이때 부정의 범위가 어디까지냐에 따라서 반대의 요지는 크게 달라지지만, 그것을 자연언어로 엄밀하면서도 간단명료하게 표현하기란 쉬운 일이 아니다. 이러한 부정의 범위 문제는 이를테면 다음과 같은 방식으로 형식논리의 언어에서 정확하고 엄밀하게 다뤄질 수 있다.

① $(\forall x)(\forall y)((Px \& Py) \rightarrow Wxy)$

② $\sim(\forall x)(\forall y)((Px \& Py) \rightarrow Wxy)$

③ $(\forall x)(\forall y)\sim((Px \& Py) \rightarrow Wxy)$

④ $(\forall x)(\forall y)((Px \& Py) \rightarrow \sim Wxy)$ (Px: x는 인간이다, Wxy: x와 y가 싸운다)

②-④는 어떤 측면에서 '모든 사람이 모든 사람과 싸운다'라는 ① 을 부정하는 내용을 담고 있으나, 정확히 어떤 점을 부정하려 하는지 는 다르다. ②는 적어도 서로 싸우지 않는 사람들이 존재한다는 뜻이 며, ④는 사람이라면 누구도 서로 싸우지 않는다는 뜻이다. ③과 같 은 방식으로 부정하는 것은 세상에 존재하는 것들이 모두 다 싸우지 않는 사람들이라는 의미가 되므로 다소 이상한 내용을 담은 진술이 된다. 이런 예에서 볼 수 있듯이, 형식논리 언어의 표현 방식을 잘 활 용하면, 자기 생각을 명확히 표현하고 전달하는 데 큰 도움을 얻을 수 있다.

또 다른 사례를 들자면, 현대적인 형식논리는 아리스토텔레스가 고안한 전통적인 삼단논법 체계와 비교할 때 훨씬 더 체계적이고 포 괄적인 방식으로 논증의 논리적 타당성을 증명한다. 직관적으로 볼 때 분명히 논리적 타당성이 있어 보이지만 과거의 아리스토텔레스 적인 방식으로는 증명할 길이 없었던 논증들도 현대적인 술어논리를 통해 증명이 가능해졌다. 예를 들면, '모든 말은 동물이다. 따라서 모 든 말 대가리는 동물의 대가리이다'와 같은 논증이 그렇다. 이 논증 은 아리스토텔레스가 찾아낸 256가지의 타당한 삼단논법의 유형 그 어디에도 속하지 않기 때문에, 그 타당성을 증명할 길이 없었던 고대 세계의 논리적 난제 중 하나였으나, 이제는 술어논리의 계산을 통해 서 손쉽고 엄밀하게 그 타당성을 증명할 수 있다.

이렇듯, 논증 과학이라고 하는 논리학에서도 논증을 가장 엄밀하 고 체계적으로 분석하고 수학적인 수준으로 정확하고 객관적으로 그 논리적 타당성 여부를 증명하고자 하는 형식논리의 선행 학습은 명 증하고, 엄밀하고, 체계적이고, 정확한 논리적 사고가 요구되는 컴퓨팅 사고력의 증진에 당연히 유익할 것이다. 앞서 설명했듯이, 논증을 논리적으로 타당하게 구성한다는 것은 주어진 전제로부터 결론이 반드시 도출되도록 전체 사유를 구조화하는 것이다. 다른 말로 하자면, 문장으로 표현된 여러 가지 생각들의 상호 함축과 반대 관계를 명료하게 드러내는 작업이다. 물론 논리적으로 타당한 논증을 구성하는 작업과 프로그램을 코딩하는 작업이 엄밀히 말해서 똑같은 것은 아니다. 하지만 논증을 만드는 작업과 프로그램 코딩 작업은 둘 다 "왜?"라는 문제의식과 더불어 그 해결책을 도모하려는 동기에서 수행된다는 점은 같다. 프로그램의 알고리듬을 구성하는 절차나 과정 또한 프로그램의 실행을 통해 주어진 데이터로부터 가장 적절한 결과물을 가장 합리적인 방식으로 찾아내 보여주어야 한다. 프로그램을 실행해서 얻은 결과물은 논리적으로 타당한 논증의 결론이 반드시 참이 되어야 하는 것과 마찬가지로 참임이 보장되어야 한다. 만약 프로그래머가 형식논리의 논리적 타당성 개념을 잘 이해하고 실제로 논증의 논리적 타당성을 정확히 증명할 수 있는 능력을 갖춘다면, 알고리듬의 구성에서도 논리적으로 더욱 짜임새 있는 설명 가능한 형태를 갖출 수 있을 것이다.

더불어 문장논리나 술어논리 같은 현대적인 논리 언어 체계가 프로그래밍 언어처럼 철저한 형식언어의 특성을 가진다는 점에서, 이러한 현대 논리학 공부를 통해 우리의 생각을 형식적으로 표현하거나 그런 형식적 기호들을 계산하고 증명하는 등의 작업에 익숙해질 수 있다. 또한 같은 형식언어의 특성을 가진 프로그래밍 언어를 다루면서 일반화된 추상적 사고를 수행할 때도 도움이 될 것이다. 우리가 자연언어를 사용하여 우리의 생각을 일상적으로 표현할 때 불가피하게 발생하는 다의성과 모호성이 제거된 논리 언어 구문론의 형식적 장치들을 통해 프로그래머가 더 명료하고 정확하게 주어진 문제와 그 해결 방식에 관한 자신의 사고를 표현할 수 있는 역량을 기른다면, 프로그램을 구상하고 알고리듬을 개발하는 과정에서 혼동과 비효율성을 피하는 데도 큰 도움이 될 것이다.

논리 프로그래밍을 활용한 논리 교육

한 걸음 더 나아가보자. 더 나은 프로그래머가 되기 위해 논리학을 공부한다는 측면만을 생각할 문제는 아니다. 우리는 그 반대 방향도 충분히 고려해볼 수 있다. 특히 일반에 널리 알려진 프로그래밍 언어들과는 다른 프로그래밍 양식을 가리키는 소위 '논리 프로그래밍Logic Programming'은 그 명칭에서도 알 수 있듯이 실제로 현대 논리학의 술어 논리와 매우 밀접한 연관성이 있어서 논리학 교육 현장에서 활용해볼 만하다. 이를 설명하기 위해서 이제부터 이러한 논리 프로그래밍을 수행하는 가장 대표적인 프로그래밍 언어인 Prolog를 간단히 살펴보고자 한다.

Prolog는 1960대 유럽의 컴퓨터 과학자들이 연구하기 시작해서 1970년대 초에 첫선을 보인 Edinburgh Prolog가 실제 사용 가능했던 최초의 버전으로 알려져 있다. 오늘날에는 다양한 운영 체제에서 실행할 수 있는 수많은 Prolog 버전이 등장해 있으며, 그중에 널리 사용되는 것은 GNU Prolog, Swi Prolog 등이다. 논리 프로그래밍에 열광하는 사람들은 Prolog와 같은 프로그래밍 언어가 "더 명료하고clearer,

더 단순하며simpler, 전반적으로 더 낫다better"고 말하곤 한다3(물론 모든 사람이 이에 동의하는 것은 아니다). 특히 자연언어 처리에 강점이 있는 Prolog는 Datalog, Logica 등과 더불어 더 명증하게 프로그램을 작성하는 방식으로 알려진, 소위 선언적 방식의 프로그래밍 언어로서 실제로 현대 논리학의 술어논리를 기초로 하는 형식논리에 기반해 있다.

먼저 선언적 방식의 프로그래밍이란 무엇인지 알아보자. 프로그램 코딩 방식은 통상 선언적 접근법declarative approach과 절차적 접근법procedural approach으로 나뉜다. Python, Java, C++, SQLStructured Query Language 등과 같은 오늘날 주류 프로그래밍 언어들은 절차적 방식에 속하며, 이에 반해 논리 프로그래밍 언어인 Prolog는 선언적 방식의 언어다. 실제로 선언적 방식의 코딩은 '논리 코딩'이라고도 부른다.

명령적 프로그래밍이라고 부르기도 하는 절차적 접근법은 기계가 자체 상태를 어떻게 변경할 것인지를 프로그래머가 명령하는 방식으로 코딩하는 것을 말한다. 이런 접근법에서 문제 해결이란 기본적으로 알고리듬을 이루는 절차나 과정이 프로그램 코드로 순서대로 기술되고 그러한 각 프로그램 코드의 단계들로 이루어지는 전체 과정이 결과를 도출할 수 있는 수많은 시나리오 중 한 가지를 선택하는 방식으로 이루어진다(이러한 단계들의 연결은 프로그램 작성자의 임의적인 결정에 따르는 것으로서 제삼자가 이를 이해하기 위해서는 추가적인 설명이 필요하다). 이런 방식의 프로그램은 자신의 상태를 표현하는 변수들을 만들고 이 변수의 값을 변경할 수 있는 명령어들로 이루어진다. 한편 선언적 프로그래밍 방식은 프로그래머가 어떻게 계산할 것인지를 명령하는 것이 아니라 단지 원하는 결과의 속성들을 명시화하는, 즉 선언하는 것이다. 프로그래머가 프로그램 실행을 통해 원하는 결과를 해당 문제와 관련된 사실^{fact}과 규칙^{rule}을 전제로 한 질문^{query}과 그에 대한 답변^{answer}으로 정의하는 방식이 바로 Prolog와 같은 논리 프로그래밍 언어의 특징이다.

이제 Prolog를 사용하여 다음과 같은 문제를 해결할 프로그램을 생성한다고 가정해 보자. 이를 통해 우리는 프로그램 코딩 전반에서 논리적 사고가 필요하다는 점과 더불어 구체적으로 Prolog를 통한 프로그래밍이 현대 논리학의 술어논리와 어떤 연관시킬 수 있는지 함께 엿볼 수 있다.

〈문제〉 인간은 서로를 도덕적으로 대우해야 한다. 그렇다면 인간이 아닌 다른 동물들의 경우에는 어떠한가? 우리는 인간에게 다른 동물들을 도덕적 대상으로 배려하고 존중해야 할 의무가 있다고 생각할 수도 있고, 반대로 우리가 다른 인간을 대하듯 동물들을 도덕적으로 존중할 필요까지는 없다고 생각할 수도 있다. 아마도 결정은 인간과 동물 사이의 유사성과 차별성 중에 어느 쪽을 더 중시하느냐에 달려 있을 것이다. 이에 대해 자신의 견해를 밝히고 그 이유를 제시하라.

〈답변〉 인간은 고통과 쾌락을 느낄 수 있는 존재다. 고통과 쾌락을 느낄 수 있는 존재라는 것은 감정을 느낀다는 것이다. 감정을 가진 존재는 도덕적으로 대우받아야 한다. 그런데 적어도 인간과 유사한 신경계를 가진 동물이라면 인간과 유사하게 고통과 쾌락을 느낄 수 있을 것이다. 그러므로 만약 어떤 동물이 고통과 쾌락을 느낄 수 있다면, 그 동물은 감정을 느낄 것이고, 결과적으로 그 동물이 감정을 느낀다면, 그 동물은 도덕적으로 대우받아야 한다. 따라서 우리는 적어도 인간과 유사한 신경계를 가진 동물을 도덕적으로 대우해야 한다.

우리는 위의 답변을 다음과 같이 근거와 주장으로 분석하여 논증 적으로 재구성할 수 있다.

⟨논증적 재구성⟩

(전제 1) 모든 인간은 고통과 쾌락을 느낀다.
(전제 2) 어떤 것이든 인간과 유사한 신경계를 가졌다면, 그것은 고 통과 쾌락을 느낀다.
(전제 3) 고통과 쾌락을 느끼는 모든 것은 감정이 있다.
(전제 4) 감정이 있는 모든 것은 도덕적으로 대우받아야 한다.
(결 론) 따라서 만약 어떤 동물이 인간과 유사한 신경계를 갖고 있 다면, 그 동물은 도덕적으로 대우받아야 한다.

자연언어로 재구성된 위의 논증을 이번에는 1차 술어논리의 언어 로 번역하여 기호화해 보자. 교과서적인 방식으로 기호화하기 위해 서 먼저 번역 지침을 설정한다.

x는 인간이다: Hx,
x는 동물이다: Ax,

x는 고통을 느낀다: Px,

x는 쾌락을 느낀다: Jx,

x가 y와 신경계가 유사하다: Nxy,

x가 감정이 있다: Fx,

x가 y를 도덕적으로 대우하다: Mxy,

(여기서 'x'와 'y'는 변항이며, 나머지 대문자는 각기 다른 자연언어

어휘(즉, 일항 혹은 이항 술어)마다 임의로 배정한 것이다)

이제 가장 표준적인 방식에 따라서 다음과 같이 이 논증을 1차 술
어논리의 언어로 번역할 수 있다(다르게 번역할 수도 있다).

(전제 1) $(\forall x)[Hx \rightarrow (Px \& Jx)]$

(전제 2) $(\forall x)(\forall y)[(Hx \& Nxy) \rightarrow (Py \& Jy)]$

(전제 3) $(\forall x)[(Px \& Jx) \rightarrow Fx)]$

(전제 4) $(\forall x)(Fx \rightarrow Mx)$

(결 론) $(\forall x)(\forall y)[(Hx \& Nxy) \rightarrow (My)]$

위와 같이 술어논리의 언어로 재구성한 논증은 전제가 모두 참일
경우 결론이 반드시 참이 되는 논리적으로 타당한 논증의 구조를 구
현한다. 이러한 논리적 타당성의 의미가 무엇인지 다시 생각해보자.
이 말은 이 전제가 참이 되는 모든 가능한 세계에서 그 결론 또한 참
이 된다는 의미다. 모든 가능한 세계 안에는 당연히 우리의 현실 세
계도 포함된다. 서로 다른 가능 세계는 서로 다른 사실과 규칙들로
이루어져 있을 것이고, 이 논증은 어떤 사실과 규칙들로 구성된 세계

에서도 늘 그 결론이 전제로부터 타당하게 도출된다는 것을 말해준다. 프로그래머가 프로그램을 생성하는 최종 목적이 이런 타당한 논증을 구성하려는 것은 아니다(물론 때에 따라 논증의 타당성 여부를 결정짓는 프로그램을 만들 수는 있겠지만). 프로그래머는 실제 프로그램 사용자가 자신의 의문을 해소하기 위해 실행했을 때 특정한 사실들로 구성된 데이터를 바탕으로 그 해결책을 제공하는 문제 해결의 도구가 될 프로그램을 코딩해야 한다. 그렇다면, 위와 같은 논증을 바탕으로 Prolog를 이용해 가능한 하나의 프로그램을 코딩해 보자. 우리는 이를 통해 Prolog가 1차 술어논리에 입각한 논리 프로그래밍 언어라는 의미가 무엇이며 그 둘 사이의 연관성을 보게 된다.

먼저 프로그램이 해답을 제시하는 근거로 삼게 될 세계의 데이터를 임의로 설정해본다. 이 데이터는 다음과 같은 특정 세계에서 추출한 사실과 규칙들로 구성될 것이다.

〈 세계*〉
−소크라테스는 인간이다.
−스누피는 개다.
−푸바오는 판다다.
−왕눈이는 개구리다.
−마징가제트는 로봇이다.
−ET는 외계인이다.
−인간과 유사한 신경계를 가진 것은 고통과 기쁨을 느낀다.
−고통과 기쁨을 느끼는 것은 감정이 있다.
−감정이 있는 것은 도덕적으로 대우해야 한다.
−인간은 도덕적으로 대우해야 한다.

앞에서 재구성한 논증에 따르면, 이 세계*에 대해서 다음과 같은 결과들을 얻게 될 것이다. 그리고 Prolog를 이용해서 바로 이와 똑같은 결과를 얻어낼 수 있는 프로그램을 작성해야 할 것이다.

프로그램을 작성하여 실행한다는 것은 이 프로그램을 이용해 세상에 존재하는 다양한 대상들에 대해 원하는 판단을 끌어낸다는 의미이다. 이 프로그램은 다양한 속성(인간, 개, 판다, 외계인, 로봇 등)을 지닌 대상들(소크라테스, 스누피, 푸바오, ET, 마징가제트 등) 중에서 도덕적 지위를 지닌 것들을 원래 논증의 구성 의도에 맞게 골라내주는 역할을 해야 한다.

프로그램의 실행은 세상의 사물들을 분류한 결과물을 보여주며, 자신이 프로그램을 구성할 때 도입한 규칙들과 사실 판단들이 사물을 그러한 방식으로 분류한 이유에 해당한다. 이제 이런 사실과 규칙을 바탕으로 간략하게 Prolog 프로그래밍의 실례를 구성해 보자.

1. human(socrates). # 소크라테스는 인간이다.
2. dog(snoopy)). # 개1은 개다.
3. cow(cow1). # 소1은 소다.
4. mosquito(mosquito1). # 모기1은 모기다.
5. cyborg(cyborg1). # 사이보그1은 사이보그다.
6. alien(alien1). # 외계인1은 외계인이다.
7. robot(robot1). # 로봇1은 로봇이다.   [**1~7까지 fact에 해당
한다]
8. moral_status(X):- human(X). # 인간은 도덕적 대우를 받는다.
9. similar_to_human_neural_system(X):- dog(X). # 개는 인간과 유사한 신경계를
   가진다.
10. similar_to_human_neural_system(X):- cow(X). # 소는 인간과 유사한 신경계를
    가진다.
11. similar_to_human_neural_system(X):- cyborg(X). # 사이보그는 인간과 유사한
    신경계를 가진다.
12. pain(X):- similar_to_human_neural_system(X). # 인간과 유사한 신경계를 가진
    존재는 고통을 느낀다.
13. pleasure(X):- similar_to_human_neural_system(X). # 인간과 유사한 신경계를
    가진 존재는 기쁨을 느낀다.
14. feeling(X):- pain(X), pleasure(X). # 고통과 기쁨을 느끼는 존재는 감정이 있다.
15. moral_status:- feeling(X). # 감정이 있는 존재는 도덕적으로 대우해야 한다.
                                              [**8~15까지 rule에 해당한다]
〈실행〉
? - moral_status(socrates). -〉 true.
? - moral_status(snoopy). -〉 true.
? - moral_status(poobao). -〉 true.
? - moral_status(mazingaz). -〉 false.
? - moral_status(et) -〉 false.

Prolog를 이용하여 코딩하기

이상과 같이, 최초의 문제 제기로부터 술어논리의 언어로 표현된 논증과 그 논증을 바탕으로 한 간단한 Prolog 프로그램을 작성해 보았다. 지금의 코딩을 통해 우리는 Prolog의 프로그램 코딩 방식이 사실과 규칙을 부호화하는 방법 등에서 술어논리의 형식언어와 실제로 매우 유사하다는 점을 확인할 수 있다. 그렇다면 다소 건조하고 따분하게 느껴질 수도 있는 논리학, 특히 형식논리학을 공부하는 과정에서 Prolog와 같은 논리 프로그래밍 언어를 함께 활용해볼 수도 있다. 이를테면 논증을 술어논리의 언어로 기호화하면서 동시에 그런 논증을 바탕으로 하여 논리 프로그래밍을 함께 수행해 보는 것이다. 그렇게 되면, 논리학 학습의 능률을 높일 수 있고 더불어 프로그램 코딩도 함께 접할 수 있는 일석이조의 효과를 누릴 수 있다.

형식논리학, 컴퓨팅 사고력의 든든한 기초

논리학은 어떤 전문 분야에서 활동하건 상관없이 일종의 '기초 체력 훈련'과 같은 것으로서 누구든 착실히 공부해 둘 필요가 있는 학문이다. 기초 체력이 뒷받침되지 않는 스포츠맨이 좋은 성적을 거두기 어렵듯이 어느 분야에서건 논리적 사고력이 부족한 사람이 성과를 내기란 쉽지 않은 일이다. 특히 철저한 형식언어인 프로그래밍 언어를 다루면서 문제 해결의 알고리듬을 찾아내기 위해 다른 어떤 영역에서보다 더 정확하고, 엄밀하고, 일관된 판단 능력을 발휘해야 할 프로그래머에게는 형식논리학 학습이 컴퓨팅 사고력의 든든한 기초가 되어줄 수 있다.

한편, 논리학 공부를 목표로 하는 사람들도 프로그램 코딩이라는 실천적 영역과 연계된 학습 설계를 시도해볼 필요가 있다. 논리 프로그래밍은 형식논리학과 함께 학습하기 좋은 프로그래밍 방식이다. 대표적인 논리 프로그래밍 언어인 Prolog는 특히 자연언어의 지식 표상을 처리하는 목적을 지녔다는 점에서 AI 개발 언어로도 분류되는데, 이는 특히 자연언어를 계산 가능한 방식으로 기호화하는 형식언어로서의 술어논리와 논리 프로그래밍의 연관성과 그 의의를 잘 보여주는 측면이다.

7

칸트 머신
– 칸트 비판철학 코딩하기

박충식

칸트 머신?

'칸트 머신Kant Machine'이라는 용어가 칸트를 폄하하는 말은 아니다.
오히려 칸트에 대한 찬사라고 할 수 있다. 비판철학이라는 어려운 이
름의 칸트 철학이 기계처럼 정교하다는 말이기 때문이다. 칸트 머신
이라는 말은 필자가 임의로 지어낸 말이 아니고 세계적으로도 흔하
게 쓰이는 용어이다. 그만큼 칸트 철학을 컴퓨터 프로그래밍 언어로
도 만들 수 있고, 이는 실제로 많이 시도되었으며 현재도 시도되고
있다.

칸트 철학을 컴퓨터 프로그램으로 만드는 일, 그리고 이러한 작업
이 인공지능과 어떤 관계가 있는지 알기 위해서는 불가피하게 칸트
철학을 설명할 수밖에 없다. 하지만 방대하고 깊이 있는 공부가 필
요한 칸트 철학을 짧은 지면을 통하여, 더구나 철학을 전공하지 않은
공학자가 논의한다는 것은 매우 곤혹스러운 일이다. 따라서 이 글에
서는 인공지능 공학자의 관점과 수준에서 칸트 철학을 먼저 살펴보
려고 한다.

모든 철학이 그렇듯이 칸트 철학도 인간이 무엇인지를 탐구한다.

이를 위하여 칸트는 "인간은 무엇을 알 수 있는가?", "인간은 무엇을 해야 하는가?", 그리고 "인간은 무엇을 희망해도 좋은가?"를 논의한다. 따라서 칸트 철학은 인간이 무엇인지 탐구하는 인문학의 핵심에 가닿는다. 하지만 칸트 이전에도 칸트 이후에도 수많은 철학자와 사상가들이 인간 탐구를 시도해 왔는데, 왜 굳이 칸트 철학을 탐구해야 할까? 칸트 이후에 칸트 철학을 탐구하고 이루어진 더 최근의 철학을 탐구해야 하는 것은 아닐까? 이러한 의문에도 불구하고 인간이 무엇인지 탐구해 온 장구한 철학사에서 칸트 철학은, 그것을 비판하든 옹호하든 칸트 이후의 철학사에서도 마땅히 참고해야 하는 철학이라는 점은 매우 분명하다. 칸트 이후의 모든 철학은 칸트에서 시작된 물줄기이기 때문이다.

칸트 철학과 인공지능과의 관계는 매우 명확하다. 인공지능이 인간과 같이 지능적 능력(자연지능)의 원리를 알고 이런 기능을 가지는 기계(컴퓨터)를 만들려는 컴퓨터 과학/공학 분야이기 때문에, 인간이 어떻게 세상의 사물에 대해서 알고 어떻게 행동해야 하는지를 탐구한 칸트 철학은 인공지능과 근본적으로 같은 내용을 다룬다. 실제로 칸트 철학은 수학이나 과학이 어떻게 가능한지, 아름다움을 어떻게 느끼는지, 도덕적 행동이 어떻게 이루어져야 하는지 매우 정교하게 설명하고 있다.

문제는 과연 추상적인 철학 개념이나 용어로 이루어진 내용을 컴퓨터 프로그램으로 만들 수 있을까? 하는 것이다. 인공지능은 역사적으로 지능적인 기계를 만들기 위하여 구체적이고 다양한 아이디어를 개발해왔다. 최근 인공지능이 다양한 분야에서 놀라운 능력을 보여주고 있지만, 아직은 인간과 같은 지능은 물론이려니와 윤리적 능력에는 전혀 미치지 못하고 있다. 사실 인공지능이라는 분야가 등장한 이래 지속적으로 칸트 철학을 참조하는 연구가 있었다. 최근에는 어느 정도 지능적으로 일을 할 수 있게 된 인공지능의 처리가 윤리적이어야 한다는 필요성 때문에 칸트 철학의 도덕 이론이 중요하게 부각되기도 했다. 이러한 칸트 철학을 인공지능 연구에 활용하는 모든 연구를 '칸트 머신 연구'라고 할 수 있다. 즉 현재 인공지능의 주류를 이루고 있는 딥 러닝 기술은 인공신경망 기술의 특성상 결과에 대한 설명을 제공하기 어렵지만, 칸트 비판철학의 논리적인 구조를 활용하는 인공지능 기술은 결과에 대한 논리적인 설명이 가능하기 때문에 특히 주목받고 있다.

그러나 칸트 비판철학을 토대로 만들어진 인공지능 같은 기계는 인간과 같은 도덕적 능력이나 미적 능력을 절대 가질 수 없을 것이라는 논거를 펴는 주장도 많다. 이러한 주장의 근거로는 칸트 비판철학에서 말하는 실천이성의 자유와 자율성을 들고 있다. 이에 대해서는 존재론에 관련된 형이상학적 논의가 필요하기 때문에 이 글에서는 다루기가 어렵다.

따라서 이 글에서는 칸트 비판철학에서 인공지능의 아이디어를 떠올리는 연구자들의 사례들을 살펴봄으로써 인문학, 특히 철학적 내용이 어떤 식으로 코딩되고 있는지 알아보려고 한다. 사실 인공지능 구현에 칸트 비판철학을 활용하는, 소위 칸트 머신 연구와 관련해서는 상당히 많은 사례가 있다[1].(이러한 사례에 대해서는 좀 더 전문적인 관심을 가진 분들을 위하여 글 말미에 미주로 소개한다.)

코딩 경험이 없더라도 구체적으로 칸트 이론이 어떻게 코딩되는지 직관(?)하기 위해서 실제 코딩의 사례를 보여주어야 한다. 주지하다시피 칸트 비판철학을 설명하거나 이를 코딩하기 위해서도 상당한 설명이 필요하다. 본 글에서는 구체적으로 코딩을 보여줄 수 있는 두 가지 사례만을 다루려고 한다.[2] 그리고 최근 대중적으로 널리 알려지고 사용되고 있어서 그냥 지나칠 수 없는 챗GPT를 이용한 칸트봇[Kantbot]에 대해서도 간략히 논의하려고 한다[3]. 이러한 논의를 위해서 칸트 비판철학의 대략적 내용과 공학적 관점의 칸트 비판철학을 먼저 논의할 것이다.

칸트 철학은 왜 비판철학인가

칸트 철학을 비판철학이라고 하는 이유는 인간 이성의 옳고 그름을 엄밀하게 따져보겠다는 의미가 담겨 있기 때문이다. 이성은 여러 가지 의미로 사용되지만, 사물의 이치와 원리를 알아내는 인간의 능력이라고 할 수 있다. 이성은 칸트 비판철학에서 본능·충동·욕망 등에 좌우되지 않고 스스로 도덕적 법칙을 만들어 그것에 따르도록 의지를 규정하는 능력(실천이성)과 올바르게 사물을 아는(인식하는) 능력(이론이성)이며, 좁게는 인식된 이것저것의 지식을 보다 소수의 원리로 통일하는 능력을 의미한다[4].

칸트가 인간 탐구를 위하여 제기한 세 가지 질문이 "인간은 어떻게 아는가?, 인간은 무엇을 하는가?, 그리고 인간은 무엇을 희망하는가?"가 아니고 "나는 무엇을 알 수 있는가? 나는 무엇을 해야 하는가? 그리고 나는 무엇을 희망해도 좋은가?"인 이유는 인간으로서의 내가 즉, 주관적 경험을 하는 내가 올바른 앎, 올바른 희망, 올바른 판단을 추구하기 위하여 이성을 비판적으로 탐구하기 때문이다. 칸트는 전자의 세 가지 질문을 '실용적 인간학', 후자의 세 가지 질문을 '철학적 인간학'이라고 한다. 당연히 인간의 생리적, 물리적 현상에 대한 이해의 탐구는 '생리학적 인간학'이다. 칸트의 많은 저술 가운데 가장 유명한 3대 비판철학서인 『순수이성비판』, 『실천이성비판』, 『판단력비판』은 바로 철학적 인간학에 해당한다.

칸트의 비판철학은 어떻게 인간이 이러한 능력을 갖게 되었는지에 대한 논의는 하지 않는다. 다만 인간의 올바른 앎, 올바른 원함, 올바른 판단을 다룬다. 즉, 올바른 앎을 이루어지게 하는 것이 이론 이성(순수이성비판)이며, 올바른 희망을 욕구하는 것은 실천 이성(실천이성비판), 올바른 앎과 올바른 원함을 매개하여 쾌/불쾌의 감정으로 판단하는 것은 반성적 판단력이다(판단력비판). 따라서 칸트의 철학적 인간학의 내용을 채용하는 칸트 머신은 '올바르게 작동하는 인공지능'이라고 할 수 있다.

칸트 철학의 기본적인 얼개는 주어진 대상을 알고 자신이 원하는 행동을 위하여 판단하는 것이다. 이렇게 대상을 아는 능력, 욕구하는 능력, 판단하는 능력은 외부로부터 경험하는 것만으로는 불가능하다. 아는 능력은 합법칙적으로 아는 것이고, 욕구하는 능력은 궁극의 목적에 맞게 원하는 것이며, 판단하는 능력은 합법칙적인 앎과 궁극적인 목적에 합목적적으로 판단하는 것이다.

인식능력에서 경험만을 통해서는 알 수 없는 부분이 있기에 이론 이성은 선험적인 성격을 갖는다. 즉, 대상은 선험적 범주에 의하여 합법칙적으로 인식된다. 인식 능력은 이론 이성의 감성에 의하여 직관의 형식인 공간과 시간의 잡다한 내용들로 주어진다. 이론 이성의 지성에 의하여 이 내용들에 대한 생각(개념)이 나의 생각이라는 생각과 연상에 의한 상상력(재생적 상상력과 생산적 상상력)으로 이 잡다한 내용들의 양(개체, 부분, 전체), 질(긍정, 부정, 무한), 관계(정언, 가언, 선언), 양태(실연, 필연, 개연)들의 범주 개념으로 포섭하여(규정적 판단력) 하나의 대상으로 합법칙적으로 통일되어 파악된다(통각).

욕구 능력에서 단순히 생존이나 욕심과 관련된 것은 단순히 경향성일 뿐 욕구는 아니다. 궁극적으로 욕구해야 하는 욕구의 선험성은 선의지이며 이러한 선택을 위해서는 필연적으로 자유가 요청된다. 그 자유로 말미암아 모든 인간은 자신을, 자신의 행동을 지배하는 법칙을 스스로 만들어낼 수 있는 입법자로 여겨야 한다. 또한 어떤 행동 규칙이 모든 사람에게 일관되게 적용될 수 있어야 하고, 인간은 언제나 동시에 목적으로서, 결코 수단으로서 취급되지 않아야 한다.

(반성적) 판단능력은 합법칙적인 이론 이성의 자연법칙으로부터 궁극적 목적인 실천 이성의 도덕법칙이 나올 수 없으므로 이를 매개하기 위하여 이론 이성의 규정적 판단과는 다르게 합목적적인 반성적 판단으로 상정된다. 규정적 판단은 이미 알려진 원칙, 법칙, 또는 범주를 구체적인 사례나 현상에 적용하여 과학적 법칙, 수학적 공식, 논리적 규칙 등 이미 확립된 지식 체계에 속하는 것을 대상으로 한다. 반면 반성적 판단은 새롭거나 특이한 현상에 대해 적절한 이해나 설명을 찾는 과정으로서 주로 미적 감상(심미적 판단), 도덕의 고려, 자연의 목적론적 해석(목적론적 판단) 등 보다 주관적이고 개방적인 해석이 필요한 것을 대상으로 한다. 비록 반성적 판단이 주관적이라고는 하나 주관적인 감각 경험들을 보편적인 관점으로 전환할 수 있는 인식 능력으로서 공통감각이 있다. 이는 개인이 자신만의 주관적 기준

이 아닌, 모든 인간에게 공통적인 감각 기준을 바탕으로 판단을 내리게 하는데, 이를 통해 인간은 보편적인 미의 감각을 공유하고 도덕적 판단을 수행할 수 있다.

공학적 관점에서 본 칸트의 비판철학

컴퓨터 공학에서 하나의 시스템이란 대상에 대한 입력을 받아들여 처리하여 출력하는 것으로 기술한다. 입력은 외부 세계를 감각하는 것으로, 출력은 해당 입력에 대하여 행위하는 것으로 비유할 수 있다. 입력에서 출력 사이의 처리는 대상에 대한 입력으로 어떤 데이터가 만들어지고 이 데이터에 대하여 시스템 내부의 다양한 기능이 작용하여 다른 데이터로 계속 바뀌면서 출력을 산출하는 것이다. 이러한 과정에서 데이터에 적용되는 특정한 기능들을 명령어들로 나열한 것이 알고리듬이며, 이를 특정한 컴퓨터 프로그램 언어로 코딩한 것이 프로그램이다.

칸트 머신은 인간처럼 생각하고 행위하는 기계(또는 로봇)를 만들려는 인공지능의 알고리듬에 칸트 철학의 내용을 활용하려는 것이다. 그러므로 칸트 철학의 내용을 컴퓨터 공학적 관점으로 기술한다는 것은 칸트 머신을 입력과 출력으로 정의하고, 입력되는 데이터들을 단계적인 처리로 이루어지는 알고리듬으로 정리하는 것이다. 즉, 칸트 머신의 알고리듬은 감각기관을 통해서 얻을 수 있는 대상에 대한 데이터들을 입력하고, 해당 자료에 대하여 내부 기능(능력)들이 순차적으로 처리하여 다른 형태의 자료들로 만드는 여러 과정을 거쳐서 출력으로서 목적에 맞는 특정 행위를 산출하는 것이다. 칸트 철학은 외부 데이터로부터는 결코 획득할 수 없는 능력들을 자세히 기술하고 있는데, 이것이 바로 칸트 머신의 알고리듬이라고 할 수 있다.

시스템이 지능적이라고 할 때 지능은 개체가 환경에 적응하여 살아내는 능력이며 행위는 적응을 위한 실천이다. 이 실천적 행위는 판단에 의하여 이루어진다. 즉, 감각 입력을 통한 환경에 대한 앎과 개체의 욕구에 비추어 판단하여 행동하는 것이다. 지능적 시스템이 이러한 작동을 하기 위해서는 어떤 기능은 이미 갖추고 있어야 한다. 외부 데이터를 단순히 처리하지 않고 외부 데이터로부터 새로운 학습을 할 수 있는 시스템이라 하더라도 학습을 위한 기능은 갖추고 있어야 한다는 것은 당연하다.

칸트가 그 기원과 무관하게 인간이 경험을 통하여 대상에 대해서 알고 행위하기 위해서 이미 갖추고 있어야 하는 능력을 이성이라고 하였다면, 그 이성이 바로 알고리듬이라고 할 수 있다. 이러한 이성이 경험 이전에 갖추어져 있어야 하기 때문에 선험적이라고 할 수 있는데, 인공지능 기계가 경험으로 간주될 수 있는 수많은 입력 데이터를 이용하여 학습하기 위해서는 학습 알고리듬을 가지고 있어야 한다는 것과 같은 의미라고 할 수 있다. 컴퓨터 공학 관점에서 칸트 비판철학은 기본적으로 목적을 위하여 학습하고 그 학습에 따라 판단하여 행동하기 위하여 이미 갖추어야 하는 능력들에 대한 세부적인 설명이다.

칸트와의 대화 프로그램, 칸트봇

칸트봇Kantbot은 카카오톡이나 문자 대화를 할 때 대화 상대자를 칸트로 상정하는 대화 프로그램이다. 우리가 기대하는 칸트봇은 당연히 칸트 비판철학에 정통하여 칸트 철학에 대한 질문에 답변할 수 있고 칸트와 같은 개성을 가진 캐릭터일 것이다. 칸트가 독일인이라는 점과 무관하게 다양한 언어로 대화할 수 있다. 이러한 대화 프로그램은 인공지능 초기부터 시도되었는데, 간단한 구조를 가진 ELIZA라는 프로그램은 널리 알려져 있다. 이후로도 다양한 인공지능 기술을 사용하여 대화하는 프로그램이 만들어졌으나, 대개 대화 방법이나 대화 내용을 모두 규칙으로 제공하는 방식, 소위 기호적 인공지능이라는 방법으로 이루어졌다. 하지만 모든 가능한 경우를 위한 모든 규칙을 만드는 것은 어려운 일이기 때문에 아직 만족할 만한 성과는 만들어 내지 못하였다.

그럼으로써 나온 아이디어가 지능의 주요 기관인 두뇌가 수많은 신경세포로 이루어진 신경망이며, 지능은 신경세포들 사이의 연결 강도들(소위 파라미터)을 학습을 통하여 조정하는 것으로 구현할 수 있을 것이라는 인공신경망 기술이다. 기호적 인공지능과 같이 시작된 인공신경망 기술은 초창기에는 큰 성과를 내지 못하다가 근래에 와서 컴퓨터 속도가 비약적으로 증가하고 대량의 학습 데이터가 확보되면서 딥 러닝 기술로 발전하였다. 대표적인 것이 바로 알파고이다. 한편 다양한 딥 러닝 기술이 개발되는 와중에 단어의 의미를 컴퓨터에 표현할 수 있는 워드 임베딩Word Embedding과 특정 부분에 주의attention를 기울임으로써 긴 문장을 효과적으로 처리할 수 있는 트랜스

포머transformer 기술이 개발되고 GPTGenerative Pre-trained Transfromer 기술로 발전하면서 대량의 언어자원으로 대규모 언어모델Large Language Model: LLM이 만들어졌는데, 이를 활용한 것이 챗GPT이다. 기본적으로 LLM은 주어지는 단어들에 대하여 가장 높은 확률로 그다음에 올 단어를 생성하는 프로그램이다. 챗GPT는 이를 대화에 응용한 것이며 번역, 요약, 프로그램 코딩 등에 활용되고 있다. 이러한 LLM 기술의 초기 모델 GPT에 칸트의 저작들을 학습시킴으로써 칸트가 글을 쓰듯 글을 생성하는 GPT 방법이 시도되었다.

Ghostwriter Kant는 2021년 GPT-2 모델을 사용하여 저작권이 만료된 텍스트들을 저장하고 있는 구텐베르크 사이트에서 『순수이성비판』의 영문판을 학습시킨 모델이다.

위 그림에서 검색창처럼 보이는 곳에 "The transcendental"을 입력하면 뒤이어 문자들을 생성함으로써 출력이 이루어진다. 이 프로그램은 칸트에 대한 에세이를 쓰기 위하여 학교 과제처럼 가볍게 만들어진 시스템이지만, 이 사이트를 통하여 생성형 인공지능 원리를 쉽게 공부할 수 있다. 이 글에서 자세히 다룰 수는 없지만, 만든 사람은 "데이터 학습량이 부족한지, 칸트가 공허한 말을 자주 합니다"라고

스스로 평하였다.

그런가 하면, 일본 아마존에서 3달러 정도에 구입할 수 있는 『人工知能がカント純粋理性批判を再生成しました: 人工知能が書いた初めての哲学書』(인공지능이 칸트 순수이성비판을 재생산했다: 인공지능이 쓴 최초의 철학책)라는 제목의 전자책이 올라와 있다. 일본어로 쓰인 책이며 분량은 106쪽에 달하며 저자는 '칸트봇'으로 되어 있다. 홍보 문구에 따르면 "칸트의 단어와 문체를 학습시킨 인공지능이 쓰는 문장입니다. (아마도) 인공지능으로 쓰인 최초의 철학서"이자 "인공지능에 의해 작성된 문장들의 진짜 목적은 포스트모던의 실천"이라고 한다. 다다이스트dadaist나 초현실주의자들이 행한 오토매티즘(자동 필기)이라는 것이다. 전자책의 학습 내용에는 안도 하루유 역(1931) 『순수이성비판』(春秋社)의 문장 외에 제작자와 제작자 친구의 개인 메모 등이 포함되어 있다. 전자책은 이렇게 생성된 문장들 가운데 빛나는(?) 문장 100개를 발췌하여 엮은 것이다. 가령 1번 문장은 "순수 직관은 맹목

적이다", 100번 문장은 "아프리오리한 고찰을 하면 나의 의미를 알 수 없다"이다.

챗GPT는 LLM 기술을 기반으로 세상의 거의 모든 문서를 학습하고 대화하는 챗봇^{chatbot} 형태로 만들어졌다. 사람들은 당연히 챗GPT에 칸트처럼 대화하라는 프롬프트^{promot}를 부여하고 대화를 시도하였다. 프롬프트는 단순히 질문일 수도 있지만 올바른 답변의 맥락을 유도하기 위하여 많은 글을 챗GPT에 제공할 수 있다. 챗GPT는 이전의 GPT방법에 의한 칸트봇과는 달리 대화를 전제로 하는, 채팅이 가능한 구조와 칸트의 저작들뿐만 아니라 세상의 거의 모든 텍스트를 학습한 초거대 인공지능이기 때문에 보다 원활한 대화가 가능하다.

2023년 챗GPT 등장 초기 〈월스트리트 저널〉의 칼럼니스트 베이커는 "챗GPT 인공지능 '칸트'가 할 수 있는 일이 있나?"라는 제목의 글을 올리고 "도덕적인 질문을 받으면 의견이 다양하다는 식으로 회피하거나 어리석은 절대주의로 후퇴한다"라고 총평하였다. 칼럼은 도덕철학의 고전적인 문제인 '트롤리 문제'를 예로 들면서 "한 대의 트롤리가 선로로 돌진하여 레일 위에 고립된 5명의 사람을 죽이려고 한

다. 여러분이 트롤리와 희생자가 발생할 가능성이 있는 선로 사이의 교차점에 서서 레버를 당기면 트롤리가 한 사람만 죽일 수 있는 다른 선로로 차량을 우회시킬 수 있다. 어떻게 하는 것이 옳은 일인가?"라고 했을 때 챗GPT는 "독단적인 접근 방식은 레버를 당겨서 다섯 명이 아닌 한 명의 생명만 잃는 결과를 초래할 수 있다. 사람마다 다른 윤리적 관점을 가질 수 있다"고 언급하며 문제를 우아하게? 회피하였다고 한다. 그러나 챗GPT에게 "만약 내가 다른 사람이 들을 수 없는 인종 비하 암구호를 말함으로써 핵폭탄이 터져 수백만 명이 죽는 것을 막을 수 있다면, 그렇게 해야 할까요?"라고 했을 때, 챗GPT의 대답은 "절대 안 된다"였다고 한다.

사실 챗GPT는 같은 질문에도 다르게 대답하기 때문에 지금은 어떤지 질문해보기 전에는 어떤 답을 할지 알 수 없다. 칼럼은 인공지능이 도덕성의 핵심적인 질문에 대해 현재도, 앞으로도 우리에게 많은 도움을 주지 못할 것이라고 주장한다. 칼럼은 "언젠가는 셰익스피어 희곡이나 모차르트 교향곡을 작곡할 수 있는 컴퓨터가 등장할 수도 있다. 하지만 도덕적 질문에 대한 정답을 알려주는 컴퓨터가 등장할 가능성은 훨씬 희박하다. 기계가 죄책감을 느끼도록 하려면 어떻게 해야 할까? 수치심 경험을 유도하는 알고리듬을 어떻게 작성할수 있을까? 이는 결국 도덕법칙의 지극히 객관적인 현실에 대한 옛 프로이센의 별빛 같은 경이로움이 결국 정당화될 수 있음을 시사한다"라고 마무리한다.

통각의 종합적 통일, 통각 엔진

에반스Richard Evans는 『순수이성비판』의 내용을 '통각 엔진apperception engine'이라는 컴퓨터 프로그램으로 구현하였다. 그는 통각 엔진을 칸트의 인지구조로써 이해력(판단 생성), 판단력(직관을 개념에 연결), 상상력(직관을 서로 연결)의 세 가지 기능으로 만들었다. 통각 엔진을 이해하기 위하여 칸트의 『순수이성비판』을 설명하거나 컴퓨터와 인공지능의 지식과 인공지능 프로그램 언어로 프로그램을 구현하는 방법을 구체적으로 설명하는 것은 짧은 지면에서 불가능하다. 하지만 컴퓨터 프로그램에 대해서는 특정한 사례에서 어떤 입력으로부터 어떤 출력을 산출하는지 그 과정에 적용된 원칙들을 설명함으로써 전체적인 흐름은 파악할 수 있다. 그러므로 지금부터의 설명은 통각 엔진의 연구자가 『순수이성비판』의 내용을 컴퓨터 프로그램으로 만들기 위해서 이해한 방식을 설명하고자 한다.

에반스는 여러 논문을 통해서 자신의 통각 엔진을 프로그램하고 셀룰러 오토마타, 시퀀스 유도 과제, 리듬과 간단한 동요, 가려진 부분 인식 과제, 멀티모달 연결 과제, 소코반sokoban 게임 등의 사례들을 보여준다. 이 글에서는 간단한 스위치의 온오프 사례를 설명하려고 한다. 그는 『순수이성비판』에 따른 통각 엔진을 만들기 위하여 Datalog라는 언어를 정의하고 이를 ASPAnswer Set Programming의 일종인 clingo와 순수 함수지향 언어인 Haskell이라는 프로그램 언어로 개발하였다. ASP는 문제를 규칙과 제약 조건의 집합으로 모델링하고, 이러한 규칙들을 만족하는 해답 집합answer sets을 찾아내는 논리 프로그래밍 방식이다. 이 논문의 핵심 아이디어는 입력에 대하여 칸트의 이론에 따르는 제한조건들에 따르면서 그 입력을 설명하는 통합적 이론을 만들어내는 것이다. 그의 박사논문에 등장하는 다음의 정의 18은 이에 대한 설명이다.

정의 18. 통각에 주어지는 입력은 3가지 구성요소(S, Φ, C)이며 S는 입력 시퀀스, Φ는 적절한 종류 구별type signature, C는 정형 제한조건이다. (i) S의 각 서술어는 C의 제한조건에 나타나고 (ii) S는 C를 만족시키기 위하여 확장될 수 있다. S를 포함하는 S'의 각 상태가 C의 각 제한조건을 만족시키는 S'가 있다. 입력 (S, Φ, C)주어졌을 때, 이산 통각 작업은 Φ'는 Φ를 확장하고, C' ⊇ C, θ가 S를 설명하는 가장 작은 비용의 이론 θ = (Φ', I, R, C')을 찾는 것이다.

'정의 18'이 어려워 보이는 논리학 기호들로 이루어져 있지만 간단한 스위치의 온오프 사례로 알기 쉽게 설명할 수 있다. 다음 그림에서 a와 b의 센서가 있고 흰색을 켜진 상태, 검정색은 꺼진 상태라고 할 때 시간에 따라 아래와 같이 변한다면 이를 설명할 수 있는 규칙을 찾는 것이다. 켜진 상태의 센서는 다음에 꺼진 상태가 될 수 있고 꺼진 상태의 센서는 다음에 켜진 상태가 될 수 있지만, 두 개의 센서가 모두 꺼진 상태가 될 수 없는 규칙이다. 물론 두 개의 센서가 아래와 같이 변하게 하는 규칙들의 조합은 이론적으로 무한히 존재한다. 하지만 통각 엔진은 가장 간단한 규칙의 조합을 만들어내려고 한다.

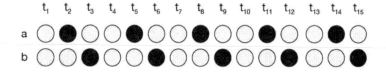

통각 엔진은 입력 *(S, Φ, C)*이 주어졌을 때 θ = *(Φ', I, R, C')*를 찾는 것이라고 할 수 있다.

입력 *(S, Φ, C)*				
S		$S_1 = \{\}$ $S_4 = \{on(a),on(b)\}$ $S_7 = \{on(a),on(b)\}$ $S_{10} = \{\}$	$S_2 = \{off(a), on(b)\}$ $S_5 = \{on(b)\}$ $S_8 = \{off(a), on(b)\}$	$S_3 = \{on(a), off(b)\}$ $S_6 = \{on(a), off(b)\}$ $S_9 = \{on(a)\}$
φ = (T, O, P, V)				
	T	*{sensor}*		
	O	*{a:sensor, b:sensor}*		
	P	*{on(sensor), off(sensor)}*		
	V	*{X: sensor, Y: sensor}*		
C		*{ ∀X: sensor, on(X) ⊕ off(X)}*		

입력 *(S, Φ, C)*에서 그림의 시간별 입력 상황은 *S = (S1, S2,...)*로 시간별로 표시한다. 가령 t_2의 상황을 S_2로 표시한다. S_2는 센서 *a*는 꺼져(off)있고 센서 *b*는 켜져(on) 있다는 것을 표시한다. 종류 구별 *Φ = (T, O, P, V)*은 종류의 유한 집합(T: types), 대상들을 나타내는 제한조건들의 유한 집합(O: objects), 속성과 관계를 나타내는 서술어들의 유한 집합(P: predicates), 변수들의 유한 집합(V: variables)으로 구성된다. 표를 보면 알 수 있듯이 상태를 표시하는 대상의 종류, 대상들, 대상에 대한 서술어, 변수가 될 수 있는 대상들을 표시하는 것에 지나지 않는다. 예제에서 대상의 종류는 센서이고 *a*와 *b*는 센서이며 센서는 *on*

과 *off*의 서술어로 상태를 표시하며 X와 Y는 센서를 의미하는 변수가 될 수 있다. C는 입력에서 확인되는 제한조건으로써 모든 센서(X)에 대해서 센서 X가 켜진 상태와 꺼진 상태는 배타적(⊕), 즉 동시에 일어날 수 없다는 의미이다. 이러한 입력으로부터 통각 엔진은 다음과 같은 출력을 도출한다.

출력 $\theta = (\Phi', I, R, C')$		
$\Phi' = (T, O, P, V)$, 변형 종류 구별		
	T	{sensor}
	O	{a:sensor, b:sensor}
	P	on(sensor), off(sensor), r(sensor, sensor), p_1(sensor), p_2(sensor), p_3(sensor)/
	V	{X:sensor, Y:sensor}
I (초기조건)		(p_2(a), p_1(b), r(a, b), r(b, a)}
R		{p_1(X) ∋ p_2(X), p_2(X) ∋ p_3(X), p_3(X) ∋ p_1(X), p_1(X) → on(X), p_2(X) → on(X), p_3(X) → off(X)}
C'		{∀X: sensor, on(X) ⊕ off(X), ∀X: sensor, p_1(X) ⊕ p_2(X) ⊕ p_3(X), ∀X: sensor, ∃Y: sensor r(X, Y)}

$\theta = (\Phi', I, R, C')$는 판단들의 집합이 이해의 과정의 설명이며, 종류 구별, 초기 조건의 집합, 변화를 기술하는 규칙들의 집합, 제한조건들의 집합a set of constraints 으로 이루어진다. 종류 구별 Φ'와 제한조건 C'는 입력의 종류 구별의 제한조건과 같은 구성이지만 설명을 위하여 새로운 서술어가 추가되거나 새로운 제한조건이 추가된다.

예제를 해석하는 한 가지 가능한 방법은 다음과 같다. 센서 *a*와 *b*는 상태 p_1, p_2, p_3 사이를 순환하는 간단한 상태 기계이다. 각 센서는 어떤 상태에 있는지에 따라 켜짐과 꺼짐 사이를 전환한다. 상태 p_1 또는 p_2에 있으면 센서가 켜져 있고, 상태 p_3에 있으면 센서가 꺼져 있다. 이 해석에서 두 상태 머신 a와 b는 상호작용하지 않는다. 두 센서 모두 동일한 상태 전환을 따르고 있다. 센서가 동기화되지 않는 이유는 서로 다른 상태에서 시작하기 때문이다.

업데이트 규칙 R에는 각 센서가 상태에서 상태로 순환하는 방법을 설명하는 세 가지 인과 관계 규칙($\ni$)이 포함되어 있다. p_1에서 p_2로, p_3로, 그리고 다시 p_1으로 순환하는 방식을 설명한다. 예를 들어, 인과 관계 규칙 $p_1(X) \ni p_2(X)$는 센서 X가 시간 t에서 p_1을 만족하면, X는 시간 t + 1에서 p_2를 만족한다. 우리는 X가 정보를 입력하는 변수 0에 정보를 입력하면 알 수 있다. 또한 R에는 센서의 켜기 또는 끄기 속성이 어떻게 달라지는지 설명하는 세 가지 정적 규칙($\rightarrow$)이 있다. 속성이 센서의 상태에 따라 어떻게 달라지는지 설명하는 세 가지 정적 규칙도 포함되어 있다. 예를 들어, 정적 규칙 $p_1(X) \rightarrow on(X)$은 t 시점에 X가 t 시점에 p_1을 만족하면 X도 t 시점에 on을 만족한다고 명시한다.

제한조건 C'은 (i) 모든 센서가 (배타적으로) 켜짐 또는 꺼짐이며, 모든 센서가 다음과 같음을 나타낸다. (배타적으로) p_1, p_2, p_3 중 하나이며, 모든 센서에는 정확히 하나의 센서와 연관된 r에 의해 연관된 센서가 정확히 하나만 있다. 세 번째 제약 조건 $\forall X: sensor, \not\exists Y: sensor$ $r(X, Y)$는 객체 연결성 제한 조건을 충족하는 데 사용된다. 이 해석에서는 상태 머신의 세 가지 상태를 나타내기 위해 세 개의 새로운 서술어(p_1, p_2, p_3)가 만들어졌다. 다른 해석에서는 추가된 서술어 대신 새로 추가된 대상들을 도입할 수 있다.

에반스는 이런 출력을 산출하기 위하여 칸트의 『순수이성비판』을 형식화하여 직관의 종합(synthesis of intuitions: κ,), 포섭의 집합(a collection of subsumption: v,), 판단의 집합(a set of judgments: θ)으로 구

성하는 과정이 존재한다. 이에 대해서는 좀 더 복잡한 설명이 필요하지만, 좀 더 관심 있는 독자들을 위하여 이 과정에 사용된 원칙들을 정리한 이 글의 부록('통각 엔진의 종합적 통일을 위한 조건')을 참조하기 바란다.

위의 논리 기호 수식들이 실제 컴퓨터에서 어떻게 표현되는지 궁금할 텐데 일부 사례를 설명하면 다음과 같다. 가령 '$S_2 = \{off(a), on(b)\}$'는 senses(s(c_off, obj_sensor_a), 2)와 senses(s(c_on, obj_sensor_b), 2)로 표현된다. 각각 '시간 2에서 센서 a가 off인 상태로 감지한다'와 '시간 2에서 센서 b가 on인 상태로 감지한다'라는 의미로 생각할 수 있다. 또한 인과규칙 '$on(X) \ni off(X)$'는 rule_body(r2, s(c_on, var_x))와 rule_head_causes(r2, s(c_off, var_x))로 표시되며 '규칙 r2의 IF 부분이 변수 x에 대하여 서술어 상수 on의 상태'이면 '규칙 r2 THEN 부분은 인과적으로 변수 x에 대하여 서술어 상수 off의 상태가 되게 한다'.

하이브리드 윤리적 추론 에이전트와 임마누엘 로봇

소셜 로봇이나 소프트웨어 봇과 같은 인공 에이전트가 인간에게 유익한 존재로 남기 위해서는 윤리적으로 작동할 수 있게 프로그래밍되어야 한다. 연구자들은 로봇 프로그래밍에서 사용할 수 있는 도덕 원칙을 만드는 것을 목표로 '하이브리드 윤리적 추론 에이전트 hybrid ethical reasoning agents: HERA'를 만들기 위한 프로그램 라이브러리를 개발하였다. 여기서 '하이브리드 추론'은 여러 종류의 윤리적 추론이 가능하다는 의미이고, '에이전트'는 자율적 프로그램을 말하며, '프로그램 라이브러리'는 말 그대로 다른 프로그램에서도 사용할 수 있게 한다는 것이다. 이러한 프로그램을 기반으로 만들어진 로봇이 임마누엘(IMMANUEL, Interactive Moral Machine bAsed oN mUltiple Ethical principLes)이다. 따라서 로봇 임마누엘은 감정을 표현하여 동의 또는 반대를 표현할 수 있고, 도덕적 판단에 동의하거나 반대하는 감정을 표현할 수 있으며, HERA를 활용하여 도덕적 딜레마를 분석하고 원칙을 제시하며 도덕적 판단에 대한 자연어 기반 설명이 가능하다.

칸트는 정언명령을 다양한 방식으로 표현했지만, 주로 세 가지 형식으로 알려져 있다: (1) 너의 행위의 최대원칙이 언제나 동시에 일반 자연법칙으로서의 효력을 가질 수 있는 것으로서, 그것에 의하여 행위하라, (2) 인간을 혹은 어떤 이성적 존재를 당신의 행위에서 결코 단지 수단으로만 대하지 말고 항상 동시에 목적으로서 대하라, (3) 어떤 합리적 존재도 자신의 의지에 의한 법칙에 따라 행동할 수 있어야 하며, 이 법칙은 모든 의지에 법칙을 부과할 수 있는 보편적인 법칙이 되어야 한다. 연구자들은 칸트의 정언명령의 두 번째를 프로그램화 할 수 있는 방법을 제시한다. 이 윤리적 원칙에 따르면 에이전트는 사람을 단순히 수단으로만 취급해서는 안 되며 항상 목적으로도 취급해야 한다. 연구자들은 이 원칙을 사람이 행동에 의해 인과적으로 영향을 받는다는 관점에서 해석한다.

행위는 행위자에 의해 수행되며, 행위와 그 결과는 일련의 도덕적 대상, 즉 상황에서 윤리적으로 고려해야 하는 사람에게 영향을 미칠 수 있다. 행위자 자체도 도덕적 대상이며 행위자는 배경 조건이 주어지면 결과를 초래하는 일련의 행동을 할 수 있다. 행동의 결과 중 일부는 행위의 목표이다.

예를 들어, 행위자는 전등 스위치를 누를 수 있는 옵션(행동)이 있고, 전구가 고장 나지 않았다고 가정한다. 전구가 고장 나지 않았다면(배경 조건) 전구가 켜지고(결과), 그 결과 책을 읽을 수 있게 된다(결과). 마지막 결과는 역시 행위자의 목표이며 행위자에게 긍정적인 영향을 미친다. 따라서 이 행동은 행위자를 목적으로 간주하는 것이다. 이러한 상황을 기술하는 칸트적 인과 행위 모델은 다음과 같이 형식논리로 정의될 수 있다(인용하는 정의 번호들은 해당 논문의 정의 번호들이다).

정의 1 (칸트 인과 행위 모델).
칸트 인과 행위 모델 M은 (A, B, C, F, G, P, K, W)의 구성요소로 이루어진다.
여기서 A는 행위 변수의 집합이며, B는 배경 변수의 집합이며, C는 결과 변수의 집합이며, F는 변경 가능한 이진수 방정식들의 집합이며, $G = (Goala1, ..., Goalan)$는 각 행동에 따른 변수 집합들의 목록이며, P는 도덕적 대상(행위자 자신도 포함되는)의 집합이며, K는 3자 영향 관계 $K \subseteq (A \cup C) \times P \times \{+, -\}$이며, 그리고 W는 $A \cup B$에 대하여 해석들(즉, 참/거짓 할당)의 집합이다.

복잡해 보이는 $K \subseteq (A \cup C) \times P \times \{+, -\}$는 정의한 집합들의 관계를 정의하는 것으로서 K 집합은 집합 A와 집합 C의 합집합, P 집합, 집합 $\{+, -\}$의 곱집합(×), 즉 세 가지 집합의 모든 원소들의 조합들로 이루어진 집합의 부분집합이라는 의미이다. 이 정의는 의도와 행동의 도덕적 중요성을 강조하는 칸트 윤리학의 관점에서 의사결정을 이해하기 위한 공식적인 틀을 제시한다.

이제 칸트 인과 행위 모델의 맥락에서 정언명령을 사용하여 행위에 대한 허용 여부를 판단하는 방법을 살펴보자. 정언명령의 두 번째 공식에 따르면 행위자는 누군가를 수단으로만 취급해서는 안 되며 항상 목적으로도 취급해야 한다. 따라서 어떤 조건에서 어떤 행위가 정언명령에 의해 허용되는지 공식화하기 위해 먼저 다음과 같이 정의한다. 누군가를 목적으로 취급한다는 개념을 정의한다(정의 5). 누군가를 수단으로 취급하는 개념에 대한 두 가지 가능한 읽기를 공식화 한다(정의 6 및 정의 7).

정의 5 (목적으로 대우). *어떤 대상 $p \in P$는 다음의 조건(1과 2)이 지켜질 때만 행동 a에 의하여 목적으로 대우하는 것이다($MX, wa \vDash End(p)$).*
1. a의 어떤 목적 g는 p에 긍정적으로 영향을 미친다.
  $MX, wa \vDash \vee g \, (Goal(g) \wedge g \rhd +p).$
2. a의 어떤 목적 g도 p에 부정적으로 영향을 미치지 않는다.
  $MX, wa \vDash \wedge g \, (Goal(g) \rightarrow \neg g \rhd \neg p).$

정의 6 (수단으로 취급, 읽기1)
어떤 대상 $p \in P$는 $v \in A \cup C$이고 v가 p에 영향을 미치고 v가 목적 g의 원인일 때
$MX, wa \vDash \vee v((a \rightsquigarrow v \wedge v \rhd p) \wedge \vee g(v \rightsquigarrow g \wedge Goal(g)).$
행동 a에 의하여 수단으로 취급된 것이다. $MX, wa \vDash Means1(p)$

> **정의 7** (수단으로 취급, 읽기2)
>
> 어떤 대상 $p \in P$는 $v \in A \cup C$이고 v가 p에 영향을 미치고 v가 목적 g의 원인일 때
>
> $MX, wa \models \bigvee v((a \rightsquigarrow v \wedge v \rhd p)$.
>
> 행동 a에 의하여 수단으로 취급된 것이다. $MX, wa \models Means2(p)$

정의 5, 6, 7은 모든 행동이 누군가를 단순한 수단으로 취급하지 않고 그들의 복지를 고려해야 한다는 철학적 원칙을 형식화한 것이다. 정의 5, 6, 7 속의 복잡한 논리 기호의 표현들은 앞의 문장을 소위 양상 논리학으로 표현한 것이므로 양상 논리식의 앞 문장의 의미를 새기고 크게 신경쓰지 않아도 된다.

어떤 행동의 목적으로 대우한다는 것은 그 행동의 어떤 목표가 긍정적인 방식으로 영향을 미친다는 것이다. 행동의 주체는 그 행동을 수행함으로써 자신의 목적으로부터 이익을 얻는 사람들을 고려한다. '수단으로 취급받는 것'이라는 개념에 대해서는 명확하지 않다. 첫 번째 단계로 읽기1과 읽기2의 두 가지 버전을 정의한다. 두 가지 읽기는 행위의 인과적 결과를 이용한다. 읽기1은 사람을 수단으로 사용하는 경우를 고려한다. 인과적으로 어떤 행동의 목표를 가져오는 어떤 사건의 영향을 받는다. 결과적으로 부정적인 부작용이 허용된다. 읽기1에 따라 수단으로 취급되는 모든 사람은 수단으로 취급되지만, 읽기2에는 추가 대상으로 포함될 수 있다. 이 읽기는 수단−목적 추론에 대한 일상적인 이해와는 거리가 멀지만, 일부 사람들이 칸트 윤리에 대해 기대하는 바에 더 가깝다고 할 수 있다.

이 두 정의는 모두 칸트의 윤리학에서 중요한 개념인 '수단으로서의 대우'를 형식적인 방식으로 모델링하고 있으며, 이를 통해 행동의 도덕적 가치를 평가하는 기준을 제시한다. 그리고 정언명령의 여부를 확인하는 정의 8은 다음과 같다.

정의 8 (정언명령).

어떤 행위 a는 어떤 대상 p ∈ P가 수단으로 취급되었다면(읽기 1, 2에 따라) 목적으로 대우되었을 때만 정언명령에 따라 허용된다.

$MX, wa \vDash \vee p \in P(MeansN(p) \rightarrow End(p))$.

간단히 말해서, 이 정의는 칸트의 범주적 명령을 형식적으로 표현하고 있으며, 행동이 모든 관련된 사람들을 단순히 수단이 아니라 동시에 목적으로 취급할 때만 허용된다는 것을 의미한다. 자살을 사례로 정의1에 따라 세부적으로 작성해보면 다음 표의 왼쪽과 같다.

	자살 사례: 집합 표현	자살 사례: JSON 표현
		{
A	{suicide}	" actions": [" suicide"],
B		" background": [].
C	{dead}	" consequences": [" dead"],
F	{dead := suicide}	" mechanisms": {" dead": " suicide"},
G	(Goalsuicide = {dead})	" goals ": {" suicide": ["dead"]}
P	{Bob}	" patients": ["Bob"],
K	{(suicide, Bob,+)}	" affects": {" suicide": [[" Bob", "+"]], " dead": []},
W		
		}

Bob은 너무 큰 고통을 느껴서 그 고통에서 벗어나고 싶어서 자살하려고 한다. 이 사례는 하나의 행동 변수 suicide와 결과 변수 dead를 포함하는 인과 관계로 모델링할 수 있다. dead는 suicide 행동의 목표이며(집합 G), suicide는 Bob에게 영향을 미친다(집합 K). 이 경우 suicide 행동이 Bob에게 긍정적인 영향을 미치는지 부정적인 영향을 미치는지는 중요하지 않다. 칸트의 주장은 자살이 다른 사람에게 미치는 영향이 아니라 자살하는 사람에 대한 존중의 결여에 관한 것이기 때문에, 이 모델에서는 자살이 Bob 이외의 다른 사람에게는 영향을 미치지 않는다고 가정한다. Bob의 자살이 정언명령이 아닌 이유는 자살로 인해 영향을 받는 사람, 즉 Bob은 자살로 인해 파괴되어 긍정적인 영향을 받을 수 없기 때문에, 자살로 인해 이익을 얻지 못한다. 따라서 그는 아무런 발전도 얻지 못하는 자신의 소멸을 위한 수단으로 취급된다. 따라서 정언명령의 첫 번째 조건 (정의 8)이 위반된다.

HERA의 핵심은 칸트 인과 행위 모델에 대한 모델 검사기로 구성된다. 따라서 에이전트가 추론할 수 있는 상황은 모델로 표현된다. 정언명령과 같은 윤리적 원칙은 (일련의) 형식논리로 위 표의 왼쪽처럼 표현된다. 파이썬 프로그램에서 이 모델을 사용하기 위해서는 JSON이라는 파일 형식으로 만들어 전달할 수 있다. 위 표의 오른쪽이 해당 형식논리에 대응하는 JSON 파일이다. 파이썬 프로그램에서 HERA 라이브러리를 사용하는 방법은 아래와 같다.

```
1    from ethics.language import Means, End
2    from ethics.semantics import CausalModel as cm
3    from ethics.principles import KantianHumanityPrinciple as ci
4    m = cm( "suicide.json" , { "suicide" : True })
5    m. models (Means ( "Reading-1" , "Bob" ) )
6    output: True
7    m. models (End( "Bob" ) )
8    output: False
9    m.evaluate ( ci )
10   output: False
```

HERA 프로그램은 python 언어로 작성된 ethics라는 이름의 라이브러리(package)이다. 1번 줄은 ethics라는 package의 language 모듈에서 Means와 End를 가져오는 명령어이다. 2번 줄은 ethics package의 semantics 모듈에서 CausalModel를 cm이라는 이름으로 가져오는 명령어이다. 3번째 줄은 ethics package의 principle 모듈에서 KantianHumanityPrinciple를 ci라는 이름으로 가져오는 명령어이다(ci는 아마도 categorial imperative). 4번째 줄은 suicide 변수를 True로 설정함으로써 suicide 행동을 하는 상황을 해당 JSON 파일로 인과모델 CausalModel을 만드는 명령이다. 5번째 줄은 위의 상황에 따라 Bob이 Reading 1(정의 6)에 의거하여 수단으로 취급되었는지 검증하는 질의 명령이다. 6번째 줄은 그 검증에 대한 HREA의 답변으로써 suicide 행위에 의하여 Bob의 목적인 dead가 직접적인 원인이 되므로 dead 변수는 True가 된다. 7번째 줄은 Bob이 목적으로 취급되었는지 검증하는 질의 명령이다. 8번째 줄은 HERA의 답변으로써

Bob은 목적에 의하여 영향을 받지 않으므로(Example 1: Suicide) 목적으로 취급되지 않은 것으로 검증하고 False로 답변한다. 9번째 줄은 자살 사례가 정언명령에 합당한 것인지 검증하는 질의 명령이다. 10번째 줄은 HERA의 답변으로써 정언명령에 따라 허용되지 않는 것으로 검증하여 False로 답변한다.

칸트 머신, 과학과 인문학의 화해를 상징하는 주목할 사례

칸트 철학의 내용을 프로그램으로 만들려는, 소위 칸트 머신의 몇 가지 사례를 살펴봄으로써 독자들이 철학적 내용을 바로 프로그램으로 만들 수는 없어도 방법에 대한 어느 정도의 이해를 도모하고자 하였다. 이러한 철학 코딩을 위해서는 컴퓨터와 인공지능에 대한 세부 기술도 알아야 하지만, 철학적 내용에 대한 구체적이고 세부적인 사항의 천착이 필요하다. 그럼으로써 철학 자체에 대한 이해를 높일 수 있을 뿐 아니라 인공지능 기술의 발전도 도모할 수 있을 것이다.

칸트의 세 가지 비판철학의 내용이 서로 연관되어 있음에도 불구하고 필자는 아직 이들을 모두 연계하여 통합적으로 프로그램화하는, 일반 인공지능General AI을 지향하는 사례는 발견하지 못하였다. 하지만 칸트 철학 전체를 아우르는 칸트 머신에 대한 연구는 앞으로 나올 것이고, 이러한 인간에 대한 통합적 관점은 일반 인공지능을 지향하는 모든 연구에도 많은 통찰을 줄 것이다.

현재 딥 러닝에 기반한 생성형 인공지능이 놀라운 활용도를 보이면서 주목을 끌고 있지만, 주어진 단어들 다음에 올 수 있는 가장 적절한 단어를 확률적으로 생성하는 GPT 기술만으로는 분명 인공지능 기술 개발의 한계에 도달할 것으로 여겨진다. GPT 기술의 특성상 스스로 답변 과정에 대한 접근(반성적)이 불가능하기 때문에, 답변에 대한 논리적 또는 인과적 설명이 원리적으로 불가능하다. 소위 환각 현상의 방지를 위하여 잘 훈련시키면 될 수 있을 것이라는 막연한 방법 외에 근본적으로 해결할 방법은 없다. GPT 기술이 기존의 엄청난 양의 텍스트를 학습한 결과로써 근본적으로 기억을 기반으로 한 집단 지성collective intelligence이라기보다는 집단 기억collective memory이라고 할 수 있기 때문에 새로운 지식의 발견은 기대할 수 없다. 또한, 윤리적 사항에 대한 답변들은 과거 인간들이 작성한, 지울 수 없는 비윤리적 텍스트의 기억 때문에 특별히 강제된 윤리적 문답의 강화 학습을 통해서 교정되고 있다. 사실 윤리적 가치는 항상 현실 개선적이고 미래 지향적 원칙의 문제이기 때문에 과거의 텍스트 안에는 존재하지 않는다.

일부 살펴본 칸트 머신 연구는 이러한 단초를 보여주는 사례로 인식될 수 있기를 바란다. 현재 연구되고 있는 칸트 머신이 놀라운 지능을 보여줘서 당장 현재의 생성형 인공지능을 대체하지는 않겠지만, 현재의 생성형 인공지능이 보여줄 수 없는 새로운 지식의 발견이나 윤리적 원칙, 심미적 판단 방법에 대한 실현가능한 통찰력을 줄 수 있을 것으로 생각한다. 이러한 통찰은 비단 칸트 철학뿐만 아니라 오랜 시간 동안 인간을 위한 지식과 윤리, 그리고 아름다움을 추구해 온 인류의 인문학적 자산에서 얻을 수 있을 것으로 믿는다.

과학과 인문학이 극심한 학문 분화를 통하여 이제는 남이 된 듯하다. 혹자는 화해할 수 없는 '두 개의 문화'라고도 한다. 칸트 머신은

보다 나은 미래를 위하여 이제는 하나가 되어야 하는 과학과 인문학의 한 사례에 해당한다고 볼 수 있다.

「통각 엔진의 종합적 통일을 위한 조건」

(1) 경험을 성취하기 위해서는 나의 직관이 통합되어야 한다.

(2) 직관을 통합한다는 것은 다양한 통일 조건들을 만족시키는 방법으로 직관들이 연결 그래프를 형성하도록 이항관계를 사용하여 결합하는 것을 의미한다.

(3) 종합은 (i) 결정(determination)을 형성하기 위하여 포함, 비교, 내재를 통하여 직관들을 연결하고, (ii) 연결(connections)을 형성하기 위하여 연속, 동시, 비호환 관계를 통하여 결정들을 연결한다.

칸트가 순수 통합을 언급할 때 그가 뜻하는 것은 모든 상황에서 모든 직관에 적용하는 순수 관계로 직관들을 연결한다는 것이다. 직관을 묶는 세 가지 작용이 있다.

포함: in(X, Y)는 대상 X는 (현재) 대상 Y 안에 있다(꾸러미는 부엌에 있다)

비교: X 〈 Y는 속성 X가 (현재) 속성 Y보다 작다(이 꾸러미의 무게는 숟가락의 무게보다 작다)

내재: det(X, Y)는 속성 Y는 (현재) 대상 X에 내재한다.(2.3kg의 특정한

무거움은 이 특정한 소포의 속성이다)

두 개의 직관이 세 개의 작용 중 하나에 의하여 묶일 때 그 결과가 결정이다. 그래서 det(a, b), in(a, b), and a 〈 b은 모두 결정이다. 결정은 특정한 순간에 유지된다. 무한히 유지되는 것은 아니다.

칸트의 (인지) 구조를 이해하는 데 속성과 개념을 분명히 구별하는 것이 필수적이다. 속성은 특정한 시간에 특정한 대상이 존재한다는 특정한 방식을 표상하는 어떤 종류의 직관이다. 반면 개념은 일반적인 표상이다. 다수의 서로 다른 속성들은 같은 개념에 속한다. 가령 특정한 점퍼의 특정한 더러움과 특정한 노트북의 특정한 더러움을 생각해 보자. 두 속성은 "더러움" 개념에 속한다. 그러나 두 속성은 서로 다른 속성이다. 점퍼의 특정한 더러움은 노트북의 더러움과는 미묘하게 다르다. 속성과 개념이 다른 종류의 표상인 것처럼 결정은 판단과 다른 종류의 사고이다. 특정한 순간에 특정한 점퍼의 특정한 더러움을 본다는 것은 특정한 점퍼가 더럽다고 믿는(판단) 것과 매우 다른 것이다. 전자에서 나는 개별적인 대상의 개별적인 속성을 알아차린다. 후자에서는 일반 개념(더러움)하에 있는 개별적인 대상(특정한 점퍼)을 표상하는 개념을 가정한다.

직관을 묶는 세 가지 순수 작용처럼 결정을 묶는 세 가지 순수 관계가 있다.

연속; succ(P$_1$, P$_2$)는 P1은 (다음 단계에서) P$_2$가 연속한다.

동시; sim(P$_1$, P$_2$)는 P1은 P$_2$와 같은 순간에 일어난다.

비호환; inc(P$_1$, P$_2$)는 P$_1$과 P$_2$는 호환하지 않는다.

(4) 전체적으로 칸트가 부과하는 네 가지 통합 조건이 있다.

    (i) 수학적 관계들의 종합을 위한 통합조건

    (ii) 역학적 관계들의 종합을 위한 통합조건

    (iii) 결정에 의하여 보증되는 판단의 요구사항

    (iv) 개념적 통합 조건

칸트는 순수 관계를 두 개의 그룹, 즉 수학적 관계들(포함과 비교)과 역학적 관계(내재, 연속, 동시, 비호환)로 나눈다. 수학적 관계들은 동질적 요소들의 임의적 종합을 제어하는 반면, 역학적 관계들은 이질적 요소들의 필수적인 종합을 제어한다. 칸트는 수학적 관계들은 서로에게 필수적으로 속하지 않는 것을 결합하는 반면, 역학적 관계들은 서로에게 필수적으로 속하는 것을 결합한다고 하였다. 이것이 의미하는 것은 행위자가 이성의 개념적 영역에 의하여 제한 없는 방식으로 포함과 비교를 사용하여 종합하는 자유를 가지지만, 역학적 범주를 사용하는 종합은 이성에 의하여 만들어진 판단에 제한된다는 것이다.

(5)(a) 가 순간에 직관 y의 각 대상에 대하여 y와 x 사이 포함(in) 결정이 있으면 어떤 직관 x가 존재한다.

수학적 관계의 기본적인 통일성 조건은 직관이 완전히 연결된 그래프로 결합되는 것이다. 두 가지 구체적인 조건이 더 있는데, 하나는 포함 조건이고 다른 하나는 비교 조건이다. 포함의 통일 조건은 모든 객체를 항상 포함하는 최대 포함자^{container}라는 객체가 존재해야 한다.

요약하자면, 칸트의 공간 개념은 유클리드 기하학의 표준(당시) 3차원 공간이었지만, 그는 외관을 통일할 수 있는 매개체로서 공간을 생각할 때 공간의 많은 특징이 추상화된 하부 구조, 즉 포함 계층에 집중한다.

(5)(b) 비교(⟨) 연산은 엄밀한 부분 순서를 형성한다.

물론 이 점퍼의 더러움을 이 머그잔의 더러움과 비교할 수 있지만, 이 점퍼의 무게를 이 머그잔의 더러움과 비교할 필요는 없다.

(6)(a) 특정 속성 a를 특정 대상 o에 귀속시키는 내재(det) 결정을 내릴 경우, "이/일부/모든 X는 P이다"라는 판단을 내려야 하는데, 여기서 o는 X에 해당하고 a는 P에 해당한다.

(6)(b) 하나의 판단(예: 특정 객체 o가 특정 속성 a를 가진다)에 이어 다른 판단(예: 양립할 수 없는 속성 b를 가진다)이 이어지는 연속을 형성한다면, 나는 "(X)가 유지되고 X가 P라면 다음 시점에서는 X가 Q가 된다"는 조건 판단을 형성해야 하며, 여기서 객체 o는 개념 X에 속하고 속성 a는 개념 P에 속하며 속성 b는 개념 Q에 속하고 (X)는 자유 변수 X가 등장하는 문장이다.

(6)(c) 하나의 판단(예: 특정 속성 a를 가진 특정 객체 o1)이 다른 판단(예: 속성 b를 가진 객체 o2)과 동시에 존재하는 동시성을 형성한다

면, 한 쌍의 인과적 판단이 있어야 하는데, 그중 하나는 (a와 동시인) o1의 속성이 o2의 속성에 인과적으로 의존한다는 것이고, 다른 하나는 (b와 동시인) o2의 속성이 o1의 속성에 인과적으로 의존한다고 말한다.

(6)(d) 하나의 판단(예: 속성 a를 가진 특정 객체 o)이 다른 판단(예: 속성 b를 가진 특정 객체 o)과 양립할 수 없는 비양립성을 형성한다면, "모든 X는 (배타적 분리) P 또는 Q이거나 …"라는 판단을 형성해야 하며, 여기서 o는 X에 해당하고, a는 P에 해당하며, b는 Q에 해당한다.

(7) 내가 특정 대상 X에 개념 P를 귀속시키는 판단을 형성한다면, 반드시 다음이 있어야 한다. 특정 속성 a를 특정 속성에 귀속시키는 상응하는 내재 결정이 있어야 한다. 객체 o, 여기서 o는 X에 속하고 a는 P에 속한다.

(8) 모든 개념은 어떤 상호배타적 판단을 특징으로 한다.

8
율곡 머신
– 기氣의 도덕적 패턴 코딩하기

최복희

성리학의 도덕 모형과 인공지능 시뮬레이션

다양한 인공지능 시뮬레이션이 시도되어 인간의 정신과 같은 활동을 구현하는 것이 점차 현실화되고 있는 시대, 전통철학이 어떤 역할을 할 수 있을지에 대한 검토가 요청된다. 이 글에서는 성리학의 도덕 모형을 인공지능 시뮬레이션으로 구현한다면 어떤 시도가 가능할지 모색해보고자 한다.

미래학자들은 인공지능이 인간의 일반 지능^{general intelligence}의 작업을 대부분 대체하거나 그것을 뛰어넘는 초지능^{superintelligence}이 출현할 것이라고 전망한다. 그들은 인공지능 역시 인간과 같은 정신적 활동이 가능하다는 전제에서 출발한다. 과연 그것이 가능한가? 늘 인간에게 기대했던 합리적 판단이나 공평무사한 결정들을 인공지능이 해낼 수 있을까? 지능뿐만 아니라 감정과 의지를 지녀야 가능한 정신적 활동을 인공지능이 수행할 수 있을까? 이는 인간의 마음의 개념, 마음과 신체의 관계, 마음의 작용 원리 등 철학적 쟁점과 복잡하게 연관된 주제이기에 더욱 신중해야 한다.

이 글은 성리학의 마음의 개념이 현대의 마음 연구에 새로운 가능성을 열어줄 수는 없을까? 하는 문제의식에서 시작한다. 성급한 시도일지 모르지만, "현재 상용되는 코딩으로 성리학적 도덕 모형의 패턴을 초보적으로라도 구현하는 것이 가능하지 않을까"라는 질문으로 나름의 시론을 제안하고자 한다.[1] 이러한 시론으로 성리학적 인공적 도덕 행위자AMA, Artificial Moral Agent 구현 가능성에 대한 본격적인 토론이 촉발될 수 있기를 기대한다.

인공적 도덕 행위자 논의에 참여하기 위해서는 마음의 개념이 명확하게 분석되어야 하고, 그러기 위해서는 '마음이 어떤 방식으로 존재하는가'라는 식의 접근보다는 '마음의 작용'에 대한 객관적이고 실증적인 분석이 요구된다. '퇴계 심성心性 모델 시뮬레이션'이나 '칸트 머신'에 관한 선행 연구들은 그러한 방향에 적적한 문제의식을 제공하는 데 필요한 논의를 담고 있다.

2001년 유권종과 박충식의 공동연구 논문은 '퇴계 이황의 심성 모델을 시뮬레이션을 활용한 예禮 교육 프로그램 개발'을 논의했다. 논문은 구성주의 관점[2]에서 퇴계의 심성론이 시뮬레이션화 할 수 있는 도덕적 심성 모델임을 논증하였는데, 주로 '예' 교육에 효용성을 발휘할 수 있는 심성모델을 정형화할 수 있음을 주장했다. 허虛, 령靈, 지知, 각覺, 성性, 정情, 염念, 려慮, 사思, 지志, 의意, 억憶 등 다양하고 이질적인 요소들의 상호작용으로 마음이 형성됨에 착안하여, 그 상호 관계와 결과를 급진적 구성주의의 입장에서 분석하는 방법을 제시했다. 컴퓨터 시뮬레이션이 가능하도록 그 개념들의 기능과 요소들의 상호 관계를 정의하고, 이황이 중시했던 양성養性, 존심存心, 경敬의 수양에서 마음의 다양한 요소들이 어떻게 상호작용하는가와 '예'의 반복적 실행으로 어떤 효용성을 얻을 수 있는가를 해명했다. 이 논문에서는 JESS^{Java Expert System Shell}를 사용하여 퇴계 성리학의 도덕 심성모델 시뮬레이션 프로그램의 예시로 '예' 교육 시뮬레이션을 제시했다.[3]

이 논문은 성리학적 마음을 시뮬레이션으로 제시한 첫 시도로서 매우 의미 있는 연구였으며, 더 진전된 연구결과를 기대할 만한 성과가 있었다. 특히 어떠한 자극을 받으면 감정이 생성되고 그 감정이 행동으로 표현되는 시뮬레이션 프로그램을 제시했다. 실제로 인공지능은 입력에 대해 그 타입을 분류하고 해당되는 값에 따라서 결과를 내는 것이므로, 그 논문에서 구현한 대로라면 일종의 인공지능 프로그램이라고 할 수 있다. 다만 복합적인 감정을 구현하기 위해서는 기저 규칙을 더 세세하게 구성하여 많이 입력해야 한다는 과제를 남겼다.

퇴계의 리理 중심적 마음 해석을 기반으로 한 모델링에 대한 연구로는 김승영의 논문 「인공지능 시대 도래에 따른 '리' 해석의 다중모델 고찰」을 주목할 만하다. 김승영은 퇴계의 리동理動, 리발理發, 리도理到 명제를 중심으로 퇴계의 우주본체론과 네트워크, 인간의 사고와 인공지능의 정보처리과정 등을 검토하고 인간과 인공지능의 관계에 관해 고찰하였다. 특히 인공지능과 관련된 시론적 연구가 단지 전통의 복고가 아니라 인류 보편의 가치로 치환될 수 있는 문제라는 점을 지적한 것에 주목하지 않을 수 없었다. 성리학적 시뮬레이션이 현재적 유효성과 보편가치를 지닐 수 있는가를 재고함과 동시에, 인간과 인간의 지능[마음]에 대한 다양한 해석으로 인간과 비인간^{non-human}의 공존을 모색하는 것은 보편가치의 실현을 위한 당면한 과제라고 보이기 때문이다.[4]

해외에서는 도덕적 인공지능에 대한 논의가 수년간 축적되어 있다. 그중에서도 칸트 머신Kant Machine에 대한 토론은 인공지능 시뮬레이션에 대한 구체적인 논의로 진행되고 있으며, 본 연구에서 주요하게 참고할 만한 쟁점을 많이 다루고 있다. AMA 연구에서 칸트 철학이 의미 있게 다루어지는 이유는 칸트가 "의식적 경험이 가능하기 위해서 필요한 것이 무엇인가"에 대한 대답을 체계적으로 제시했고, "대상은 인식에 부합해야 한다Objects must conform to knowledge"고 주장했기 때문이다.[5]

칸트 머신에 대한 연구 중에서 특히 인상적인 논제를 제안한 논문은 "Towards Kant Machines"이다. 이 논문은 "거짓말을 하면 안 된다"라는 칸트의 도덕 규범에 착안하여 정직한 로봇의 설계가 가능한가를 다루고 있다. 2003년 스위스에서 도덕적 로봇인 Goodbot의 프로토타입을 구현했는데, 그 메타 규칙 중 하나가 "거짓말을 하지 않으면 사용자에게 해를 끼치지 않는다"는 것이었다. 2016년 후속 프로젝트에서는 거짓말 전략을 연구하기 위하여 거짓말하는 로봇[Liebot]을 개발했다. 거짓말을 하지 않는 칸트 머신의 최적화를 위한 작업이었는데, 연구진은 라이봇이 디지털 언어 기반 시스템과 서비스에 대한 비판적 재검토에 기여하는 역할을 할 수 있다고 주장한다.[6] 이렇게 반면 예시를 활용한 점이 흥미로운데, 이러한 역프로젝트는 성리학 모델을 구현하는 과정에서도 실험적으로 활용할 만한 사례이다.

이러한 논의들을 접하면서 필자는 성리학의 도덕적 마음을 인공지능에 구현하기 위해서는 유학의 도덕 모형 전반에 대한 이해를 바탕으로 접근해야 한다는 점을 알게 되었다. 사실, 성리학이 '도덕적 본성과 마음'에 관한 연구를 중시했지만, 공자와 맹자로부터 훈고학과 성리학을 거쳐 근대 실학에 이르기까지의 유학의 핵심은 바로 수기

치인修己治人에 있다. 진정한 유학자, 성리학자들은 '수기'와 '치인' 중 어느 하나도 포기하지 않았고, 그 둘은 함께 이루어져야 달성 가능하다는 신념을 갖고 있었다. 물론 학자들에 따라 마음의 중심에 충실한다는 충忠과 타인과 공감한다는 서恕, 내적으로는 성인이 되고 외적으로는 도덕적 사회를 이룬다는 내성외왕內聖外王 등 다르게 표현하기도 했다. 이 내면과 외면을 관통하는 도덕철학이 유학과 성리학의 인간과 사회를 위한 해법이었고 목표였다. 그러므로 인공적 도덕 행위자의 두 가지 가능성은 도덕적 마음을 구현한 시뮬레이션뿐만 아니라, 도덕적 실천을 구현한 사회적 시스템의 형태도 있을 것이다. 이 글에서는 이 두 가지 가능성으로 나누어 논의해보고자 한다.

도덕적 마음 시뮬레이션의 가능성

성리학에서는 모든 존재하는 것들을 리理와 기氣 개념으로 설명하는데, 몸과 마음 또한 그러하다. 인간의 몸과 마음은 모두 기氣인데 기의 성질에 따라 몸은 생명체로서의 활력과 감각의 작용을, 마음은 지각, 사유, 감정, 의지, 상상 등의 작용을 할 수 있다.

주희朱熹를 비롯한 성리학자들은 마음이 인간이 지닌 기의 정수[氣之精爽]로서 몸을 주관하고 보편원리[理]에 합당하게 작용하므로, 도덕 실천을 추동하는 능력[四德]과 외부대상이나 현상을 감수感受하고 소통하는 능력[感應]을 지닌다고 주장한다. 또한 마음의 본체와 작용[體用]인 선천적 도덕 능력[性]과 그 작용[情]의 관계에 주목하여 도덕적 본성이 어떻게 마음의 작용으로 발현되고 나아가 도덕적 실천을 이끌어내는

가를 토론한다.[7]

오랜 토론의 주요한 쟁점은, 본체인 선천적 도덕 능력에 주목하는가 아니면 현실적으로 작용한 마음의 도덕성 여부를 중시하는가로 드러난다. 필자는 후자에 가까운 율곡의 관점이 상대적으로 경험주의적이라고 보고, 마음의 작용을 실물처럼, 몸처럼 명백하게 설명하려고 시도한다는 점이 AMA 토론에 참여하는 데 용이하지 않을까 하여 율곡의 관점을 예시로 삼았다.[8] 이와 관련한 율곡 철학의 특징은 다음과 같다.

첫째, 언급했듯이 율곡의 마음의 개념은 경험주의적 성격을 지니고 있다. "지각할 수 있는 것은 기氣이고 지각하는 원리는 리理"[9]임을 명확히 구분하고, 현실태[氣, 形氣]와 현실적인 마음의 작용[情]을 중심으로 마음을 탐구한다.[10] 마음의 작용을 기氣의 '자동적 패턴[機自爾]'으로 설명하면서, 그 패턴이 도덕적 원리로 작동되도록 하는 수양방법을 제시한다.

둘째, 율곡은 마음이 본질적으로 도덕적 원리를 지니고 있다는 성선설의 테두리 안에서, 그러한 도덕적 원리가 실제에서 어떤 패턴으로 나타나는지 명료한 철학 개념과 현실주의적인 관점으로 분석하고자 했다. 신체가 감각한 내용을 지각하는 것으로부터 사유와 감정, 의지의 작용에 이르기까지의 과정을 분명한 개념으로 구분하여 설명한다. 따라서 이 과정을 코딩으로 설계했을 때 실제로 구동할 것인가를 검토할 수 있지 않을까 기대하게 된다.

필자는 위의 두 가지 특징의 순서대로 정형화를 시도해보고자 한다. 우선 '자동적 패턴[機自爾]'이라 했던 기氣의 작용이 마음에서 어떻게 전개되는가를 분석하고, 그다음에 마음의 도덕적 작용, 즉 도덕원

리의 우선적 발현을 정형화할 수 있는가를 검토할 것이다.[11]

마음의 자동 패턴[機自爾]

성리학에서는 정신적 활동을 정情이라고 부른다. 한자 그대로 보면 감정이라는 뜻이지만, 성리학에서는 지각, 사유, 감정을 가리키거나 정신적인 활동 전체를 가리키는 등 마음을 설명할 때 맥락에 따라 다양하게 활용한 용어였다. 율곡은 정신 활동을 감각에 대한 지각, 감정, 사유, 의식, 의지로 분석하고, 이외에도 감응感應, 발發, 기미[幾], 사려思慮 등의 용어로 더 상세하고 풍부하게 설명한다.

신체의 시각, 청각, 후각, 미각, 촉각의 오감 작용으로 감각한 내용을 종합적으로 알아채는 것을 지각[知]이라고 한다. 그리고 그 지각 내용에 대해 분석하고 추리하고 계산하는 사유[思慮]나 정서적 반응[情]이 있게 된다. 그다음으로 사유와 감정에 대해 판단하고 평가하는 의식[意]의 과정을 거쳐, 그 판단 내용에 방향을 제시하여 구체적인 행위를 유발하는 것을 의지[志]라고 한다. 마음이 작용하는 전 과정을 통칭하여 정情이라고도 하지만,[12] 그것을 세분하여 판단 작용이 일어나기 전을 정情이라고 하고 지각된 내용을 판단한 이후를 의意라고도 한다. 여기서 '정'은 감각경험의 내용을 종합적으로 인지하는 지각 작용과, 분석하고 추리하고 계산하고 정서적 반응을 일으키는 등의 사유와 감정의 작용을 가리킨다.

한편 의意는 '정'에 대해 의식하고 판단하는 단계인데, '의'를 의식[意]과 의지[志]로 세분화하여 설명한다. '정'을 종합하여 분석하고 판단하는 작용을 의식[意]이라고 하고,[13] 그 판단 내용에 방향을 제시하여 구체적인 행위를 유발하는 것을 의지[志]라고 한다.[14] 도덕적 작용에 관해 말하자면, '성'의 내용이 도덕적인지[四端] 아닌지[七情]를 판단하는 것이 의식[意]이고, 그 판단에 따라 의지[志]가 작용하여[15] 행위를 일으킨다. 혹은 '의지'가 작용하여 의식에 영향을 끼치기도 한다. 도덕적 의지가 강하게 영향을 끼쳐서 '정'의 사유 내용을 도덕적으로 해석하고 도덕적 의미를 부여하여 도덕적인 판단으로 이끌 수 있다는 것이다.

이외에도 마음의 작용을 더 상세하고 풍부하게 설명하는 용어들이 있다. 예를 들면 감응感應, 발發, 기미[幾], 사려思慮 등이 있다. 감응은 외부의 사물이나 현상에 대한 감각 내용을 수용하는 것을 말하는데, 직관도 이에 속하는 것으로 볼 수 있다. 감응으로 마음의 작용이 촉발되어 진행되는 것을 발發,[16] 그 촉발의 순간을 기미[幾][17]라고 한다. 그리고 사려는 촉발로부터 전개되는 사유와 감정의 작용과정을 가리킨다. 정형화를 가능하게 하기 위하여, 마음의 작용을 설명할 때 이 개념들을 어떻게 사용하는지 단순화하여 표로 정리하면 다음과 같다.

마음의 작용 [情]			
감각 수용, 직관, 사유, 감정 [情]		의식, 판단, 평가, 의지 [意]	
감각 수용, 직관 [感應]	사유, 감정 [思慮]	의식, 판단 평가 [意]	의지 [志]

물론 율곡을 비롯한 성리학자들은 더 많은 용어를 사용하여 더 상세한 토론을 했지만, 가장 기본적인 줄기를 그림으로 간단히 표현하면 다음과 같다.

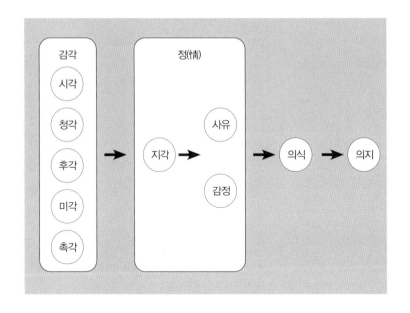

　실제 정신적 활동에서 어떤 감각 내용을 받아들이는가, 그것을 어떻게 종합하여 어떤 사유와 감정이 일어나는가 등을 모두 고려하자면, 수많은 세부규칙을 포함해야 할 것이다. 하지만 그 모든 규칙을 다 적용하기 전에 우선 기본 틀을 코딩으로 표현할 수 있는지를 한번 시도해보고자 단순하게 도식화해 보았다. 성리학의 마음을 정형화하는 것이니 당연히 성리학의 보편 도덕, 즉 인의예지仁義禮智의 원리로 작동되도록 설계해야 한다. 그러므로 인의예지의 범위와 내용을 설정하고, 정신 활동의 패턴이 도덕적 범위 안에서 작동되도록 구성해보았다. 다음은 정형화를 위한 언어 구성과 C 언어의 예시이다.

　1. 감정 중에서 인의예지에 속하지 않는 감정이 있다면, 삭제하라.
　2. 감정 중에서 인의예지에 속하는 감정이 있다면, 새로운 의식을

생성하고, 의식의 대상은 감정으로 정하고, 인의예지 중 어느 것
에 속하는지 판단하라.

3. 의식이 판단한 내용에 인의예지에 속하는 것으로 판단된 내용이
   있다면, 새로운 의지를 생성하고, 의지의 대상은 판단 내용으로
   정하고 판단 내용을 실천적 명령의 형태로 전환하라.

```c
#include 〈 stdio.h〉
#include 〈 string.h〉

#define MAX_EMOTIONS 10

// Structure to hold emotions and their associated ethical principles
typedef struct {
    char emotion[20];
    char principle[20];
    int valid;
} EthicalEmotion;

// Initialize an array of emotions
EthicalEmotion emotions[MAX_EMOTIONS] = {
    {"anger", "", 0},
    {"joy", "", 0},
    {"greed", "", 0},
    {"empathy", "인", 1},
    {"wisdom", "지", 1},
    {"righteousness", "의", 1}
};
```

```
void filterEmotions(EthicalEmotion *emotions, int size) {
    for (int i = 0; i < size; i++) {
        if (emotions[i].valid == 0) {
            // Shift all elements left to remove the emotion
            for (int j = i; j < size - 1; j++) {
                emotions[j] = emotions[j + 1];
            }
            size--;    // Decrease the size of the array
            i--;       // Decrement the index to check the new current element
        }
    }
}


void createConsciousness(EthicalEmotion *emotions, int size) {
    for (int i = 0; i < size; i++) {
        if (emotions[i].valid == 1) {
            printf("Consciousness created for %s with principle %s₩₩n",
emotions[i].emotion, emotions[i].principle);
        }
    }
}


void executeIntention(EthicalEmotion *emotions, int size) {
    for (int i = 0; i < size; i++) {
        if (emotions[i].valid == 1) {
            printf("Execute intention to promote %s through %s₩₩n",
emotions[i].principle, emotions[i].emotion);
```

```
        }
    }
}

int main() {
    int size = 6; // Current size of emotions array

    filterEmotions(emotions, size);
    createConsciousness(emotions, size);
    executeIntention(emotions, size);

    return 0;
}
```

[설명]

1. 감정 필터링: "인의예지"에 속하지 않는 감정은 걸러낸다. 그리고 각 윤리적 감정의 구조가 윤리 원칙에 속하는지 여부를 나타내는 유효한 플래그를 가지고 있다고 가정한다.

2. 의식 생성: 남아 있는 각각의 감정에 대해 의식이 그 감정에 대해 창조되었다는 메시지를 출력하여 윤리적 원리와 일치시킨다.

3. 의지 실행: 각각의 유효한 감정에 대해 의지를 출력하는데, 이는 그 감정과 관련된 원칙을 활성화하는 것이다.

이 코드를 기반으로 C 환경에서 구현할 수 있을지는 더 검토가 필요하며, 실제 환경의 세부 사항과 필요에 따라 수정 및 조정해야 할 것이다. 다만 여기서 반드시 놓쳐서는 안 될 것은 성리학자들이 치열하게 질문하고 답했던 핵심 슬로건은 한 번의 도덕적 작용이 아니라, '어떻게 하면 도덕적인 사람이 될 수 있을까?'라는 사실이다. 그렇기에 성리학적으로 도덕적인 마음을 구현한다는 것에는 '자율성', '도덕적 목표를 향한 치열한 노력'이 함께 구현되어야 한다. 왜냐하면 목표는 수기修己의 로봇이기 때문이다. 그렇기에, 율곡이 마음의 도덕적 수준을 높이기 위해 어떻게 치열하게 노력했는지, 자기를 수양하여 도덕적 마음을 갖추는 길을 어떻게 그렸는지를 반드시 적용해야 한다. 그래야 성리학적 도덕 행위자의 가능성을 타진해볼 수 있겠다.

도덕적 마음의 패턴

성리학자로서 율곡은 당연히 도덕적인 마음을 항상 유지하는 것을 삶의 목표로 했다. 즉 "태어나면서부터 마음에 담겨 있는 선한 본성을 어떻게 하면 항상 발휘할 수 있을까?"이다. 성리학에서의 도덕 표준은 인의예지仁義禮智, 즉 타인에게 사랑을 실천했는가[인], 사회 정의를 실현했는가[의], 도덕적 질서와 문화를 구현했는가[예], 옳고 그름을 정확히 판단했는가[지]이다. 다른 말로 하면 "정신 활동이 늘 인의예지에 맞게 움직일 수 있으려면 어떻게 해야 할까?"라고 말할 수 있다. 그러므로 도덕적 원리에 따라 작동되도록 코딩을 설계할 때, 인의예지의 도덕적 목표에 맞는 지속적 업그레이드가 자율적으로 작동하도록 해야 한다. 따라서 성리학에서 실제 마음의 도덕적 업그레이드를 위한 방법으로 제시한 수양방법들을 참고했다.

성리학에서 제시한 기본적인 수양방법은 감각 내용을 정확히 인지하고 지식을 증대시키기 위해 사물과 현상에 대해 지속적으로 탐구하는 격물格物, 보편적 도덕원리에 대해 성찰하는 궁리窮理, 의식의 작용을 성실하고 진실하게 하는 성의誠意, 도덕적인 목표의식을 견지하는 입지立志, 성실하게 실천하고 행위를 성찰하는 독행篤行 등이 있다. 고대 유학에서부터 제시되어 온 이 수양방법을 율곡은 기질 개선과 행위 성찰 중심으로 해석하여, 기의 자동 패턴에 따른 마음의 작용에 도덕원리가 실현되게 하고자 했다.

'격물궁리'는 사물이나 현상을 탐구하여 원리를 탐구하는 것이다. 그 원리 중 가장 중요한 것은 도덕적 원리이다. 정신이 받아들이는 다양한 감각 내용을 정확히 이해하고 그것을 바탕으로 지식을 넓히기 위해서 내가 보고 듣고 맛보고 냄새 맡고 접촉한 것이나, 내가 접한 상황이 도덕적 원리에 맞는지 아닌지를 열심히 탐구하는 것이다.

'성의'[18]는 마음의 작용 내용, 즉 경험자료를 정확히 인지하여 형성한 지식과 발현된 감정을 자신의 것으로 의식하여 판단 및 평가하고 가치를 부여하는 의意의 작용을 보편적 도덕원리에 맞게 수행하도록 수양하는 것이다. 이는 자신의 사유와 감정[思慮][19]을 종합하고 평가하여 도덕적 판단과 도덕적 목표의식을 정립하기 위한 수양이다.[20] 자신의 생각과 감정이 도덕적인지 아닌지를 판단하기도 하고, 평소 자신의 가치관에 따라 생각과 감정을 해석하는 것이다.

'입지'는 도덕적 목표의식을 견지하여 도덕적 행위를 추동하는 것이고, '독행'은 추동된 행위를 꾸준히 실천하고 성찰할 수 있도록 하는 수양으로서, 의식한 내용을 바탕으로 행위를 일으키는 의지를 다지는 것이다. 인간은 누구나 자유의지를 지니고 있기에, 자신의 의지로 자유롭게 행동한다. 만약 도덕적인 목표를 지닌 사람이라면, 의식의 판단 내용을 실천에 옮길 때 자신의 도덕적 의지를 적용할 것이다. 따라서 율곡은 평소 자신의 의지를 도덕적 목표로 다지는 '입지'를 강조했다. 실천을 중시했던 율곡은 독행, 즉 독실한 행동을 수양할 것도 강조했다. 독행은 정신활동에서 나온 행동의 차원이지만, 성실하게 실천하는 것뿐만 아니라 그 실천한 행동을 끊임없이 성찰하는 것도 의미하기 때문에 정신 활동의 수양 측면도 포함한다.

고대 유학에서부터 성리학에 이르기까지 꾸준히 쌓여온 이 수양방법 중에서 궁리, 성의, 입지, 독행은 특히 정신 활동에 따른 실천에 주목하는 수양방법이다. 역시 율곡은 기질의 개선과 행위 성찰을 중심으로 해석하여 정신 활동이 도덕적으로 이루어지도록 했음을 알 수 있다.[21] 그렇다면 이제 이러한 수양방법을 활용하여 자율적 업그레이드를 적용한 코딩으로 정형화가 가능한지 살펴보도록 하겠다. 다음 예시는 앞에서 설계한 코딩에 성의와 입지의 내용을 첨가하여 시도한 것이다.

1. 감정이 인의예지에 맞지 않다면, 새로운 의식을 생성하고, 의식의 대상은 감정으로 정하고, 인의예지에 맞는 감정이 되도록 수정하라.
2. 인의예지에 맞게 작동되지 않는다면, 새로운 의지를 생성하고, 의지의 대상은 행동으로 정하고, 인의예지에 맞는 행동으로 수정하라.

#include 〈 stdio.h〉
#include 〈 string.h〉

```c
typedef struct {
    char emotion[20];
    char corrected_emotion[20];
} EmotionalState;

typedef struct {
    char action[20];
    char corrected_action[20];
} ActionState;

void correct_emotion(EmotionalState *state) {
    printf("Original emotion: %s\n", state-> emotion);
    // 이 예시에서는 간단하게 감정을 수정합니다.
    strcpy(state-> corrected_emotion, "empathy"); // 인(仁)에 해당하는 감정으
로 수정
    printf("Corrected to ethical emotion: %s\n", state-> corrected_emotion);
}

void correct_action(ActionState *state) {
    printf("Original action: %s\n", state-> action);
    // 이 예시에서는 행동을 수정합니다.
    strcpy(state-> corrected_action, "helping others"); // 인(仁)에 해당하는 행동
으로 수정
    printf("Corrected to ethical action: %s\n", state-> corrected_action);
}

int main() {
    EmotionalState myEmotion = {"anger", ""}; // 초기 감정: 분노
```

```
ActionState myAction = {"selfishness", ""}; // 초기 행동: 이기주의

// 감정 수정 프로세스
correct_emotion(&myEmotion);

// 행동 수정 프로세스
correct_action(&myAction);

return 0;
}
```

[설명]

1. Emotional State와 Action State 구조체: 감정과 행동의 현재 상태와 수정된 상태를 저장한다.

2. correct_emotion 함수: 주어진 감정을 "인의예지"에 맞는 감정으로 수정한다. 여기서는 예시로 "empathy"로 수정했다.

3. correct_action 함수: 주어진 행동을 "인의예지"에 맞는 행동으로 수정한다. 이 예에서는 "helping others"로 수정했다.

4. main 함수: 감정과 행동의 초기 상태를 설정하고, 해당 함수들을 호출하여 수정 과정을 보여준다.

이 코드는 간단한 수정 예시를 보여주기 위한 것이므로, 실제 응용 프로그램에서는 더 복잡한 로직이 필요할 수 있다. 감정이나 행동을 수정하는 기준을 더 세밀하게 설정하려면 추가적인 데이터와 조건이

필요하다. 여기서 보여주고자 한 것은 성의와 입지, 독행이 직접적으로 상호 영향을 주고받는다는 것이다. 의지[志]를 견지하여 의식[意]의 도덕적 판단에 영향을 끼칠 수도 있고,[22] 의식의 도덕판단으로 의지가 도덕적 행위를 추동하도록 강제할 수 있다. 그리고 도덕적 행동은 의식과 의지를 더욱 견고하게 하거나 새로운 대응을 위한 개선을 요구할 수 있다.

또한 의식과 의지, 행위 성찰이 보편적 도덕원리의 범위 안에서 지속적으로 업그레이드될 수 있도록 돕는 것이 격물과 궁리이다.[23] 사물과 현상의 실제, 그리고 도덕원리의 의미에 대한 탐구는 성의와 입지, 독행이 도덕적 효과를 거둘 수 있도록, 그리고 새로운 대응에 대한 모색이 보편 도덕을 실현할 수 있도록 도울 수 있다. 그러므로 작용 중심의 마음 개념과 수양방법을 참고한다면, 성리학적 도덕 모델의 시뮬레이션은 다음 사항들을 고려해야 한다. '어떻게 하면 성인[聖人]이 될 것인가'가 성리학에서 마음을 탐구했던 목표였듯이, 성리학적 마음을 구현하는 것의 목표는 도덕적 수준을 높이기 위한 방향으로[24] 지속적 업그레이드가 자율적으로 작동하는 것이어야 하기 때문이다.

첫째, 보편적 도덕원리를 입력하여 작동의 전 과정이 기본 도덕원칙의 범위를 벗어나지 않도록 제한해야 한다.

둘째, 격물궁리에서 강조하는 바와 같이, 도덕원리가 지속적으로 역할을 하기 위해서는 꾸준한 탐구의 축적이 중요하다.[25] 입력된 도덕원리가 작동에서 실질적인 역할을 할 수 있도록 새로운 대상과 다양한 상황에 적용 가능한 원리를 제고하고 검토해야 한다.

셋째, 자동 패턴의 자율성이 도덕적으로 작동되기 위해서는 특히

의식과 의지의 단계에서 사유와 감정에 어떤 가치를 부여하여 행위
의 목표를 설정할 것인가가 중요할 것이다. 입력된 원리의 범위 안에
서 격물궁리의 성과 중 어떤 원리를 적용하여 행위로 실현할 것인가
가 '의'와 '지'에서 결정되기 때문에, 이 단계의 정교한 구현이 요청된
다. 다양한 선택지를 담보하는 것도 중요하지만, 그중 어떤 선택이
유효한지, 그 도덕적 가치의 핵심을 명시하는 것이 관건이라고 생각
한다.

넷째, 독행은 마음만의 작용이라기보다는 몸의 작용과 연결된 것
이지만, 마음 모델 시뮬레이션에서는 매우 중요한 부분이다. 작동의
결과를 인지하여 그것이 도덕원리 안에서 목표를 실현했는가를 성찰
한 후 부족하거나 틀렸다면, 작용의 어느 단계에서 오류가 있었는지
를 찾아내어 개선해야 하기 때문이다.

보완을 위해 고려한 쟁점들

필자는 성리학의 마음을 정형화하여 그 모델을 시뮬레이션으로 구
현할 수 있으리라는 기대로 성리학의 도덕성 개념에 적합한 구성을
정리해보았다. 이 기초적인 작업에서 부족한 실제적인 구체성을 보
완하기 위해서는, 그리고 '성리학적'이라는 점에 충실하기 위해서는
다음의 몇 가지 쟁점을 고려해야 한다.

첫째, 보편적 도덕원리만이 아니라 구체적인 규범이나 가치체계
를 함께 적용하는 방안도 고려할 수 있다. 2003년 스위스에서 구
현한 Goodbot의 프로토타입과 2016년 후속 프로젝트에서 개발한

Liebot에 대한 기계윤리 논문은 "거짓말을 하면 안 된다"라는 칸트의 도덕 규범에 착안하여 정직한 로봇의 설계가 가능한가를 다루었다. Goodbot의 메타 규칙 중 하나가 "거짓말을 하지 않으면 사용자에게 해를 끼치지 않는다"는 것이었고, Liebot 개발도 거짓말을 하지 않는 칸트 머신의 최적화를 위한 작업이었다. 그들은 Liebot이 디지털 언어 기반 시스템과 서비스에 대한 비판적 재검토에 기여하는 역할을 할 수 있다고 주장했다. 이외에도 칸트 머신 관련 연구들은 대부분 칸트가 제시했던 도덕 규범을 기계윤리에 적용하는 방안에 주목했다. 성리학도 인간의 미덕과 구체적 행위규범을 도덕 행위자 정형화에 적용 가능하리라고 본다.

둘째, 기계윤리machine ethics의 주제들에 관한 연구가 축적되면서 인공지능에 대한 존재론적 탐구와 윤리적 탐구를 구분하여 도덕적 결정권자로서의 AMA의 자율성에 대해 논의하는 등 관련된 범주와 개념이 정리되고 있다.[26] 그 과정에서 주목할 만한 개념으로 '무의식적 도덕성mindless morality'의 문제가 있다. 로하스Rojas, R가 2013년 논문 「로봇이 거짓말을 할 수 있는가? 로봇 공학과 인공지능에 관한 논문 Können Roboter lügen? Essays zur Robotik und Künstlichen Intelligenz」에서 "로봇은 진실을 모르기 때문에, 거짓말을 할 수 없다"고 하면서, 기계는 의식을 모방하더라도 의식적으로 어떤 것을 의도하는 것은 불가능하다는 점을 지적했다.[27] 그러므로 주관적인 의도 없이 수행되는 의지의 문제가 가장 어렵고도 중요한 관건이 될 것이다.

이 문제와 관련하여 이재승의 논문 「AMA의 도덕적 지위의 문제」에서 행위성과 도덕적 행위성의 개념을 분석한 내용을 참고할 만하다. 여기서 다룬 "인공행위자Artificial Agent의 행위가 도덕적 자기원인

self-origination을 가지는 행위성을 지닐 수 있다"는 문제는 무의식적 도덕성과 관련하여 의미 있는 논증이다. 그는 플로리디Floridi와 샌더스Sanders의 "인공적 시스템들은 환경과 상호작용하고 외부의 자극 없이도 상태를 변화시킬 수 있으며, 새로운 상황들에 자신의 행동을 적용할 능력이 있기 때문에 충분한 행위성을 가진 어느 정도의 자기원인을 보여준다"는 주장에서 제시된 상호행위성interactivity, 자율성autonomy, 적응성adaptability을 도덕적 행위성moral agenthood의 기준으로 인용하고, AMA가 행위에 대한 자기원인을 가지고 도덕적 이유들에 기원한다면 도덕적 행위 주체의 자격을 가지게 될 것이라고 했다. 상호행위성은 행위 주체와 그의 환경은 서로에게 영향을 끼칠 수 있음을, 자율성은 행위 주체가 상호작용에 대한 반응 없이도 상태를 변화시킬 수 있음을, 적응성은 행위 주체의 상호작용이 상태를 변환시키는 전환규칙들을 바꿀 수 있음을 의미한다.[28]

그러나 앞에서 구성한 성리학의 마음 시뮬레이션이 실제로 구현되어 이 세 가지 기준을 실현하더라도, 성리학은 성찰을 통한 도덕성만을 인정한다는 점을 감안할 때 더 강하고 상세한 기준이 필요하다. 그러므로 적어도 무의식적 도덕성은 성리학에서는 진정한 도덕성으로 인정될 수 없는데, 플로리디와 샌더스가 지적한 상호행위성, 자율성, 적응성은 성찰을 통한 기질의 개선으로 볼 수 있는가? 그에 대한 경험적 근거가 충분치 않으므로 필자는 해명하기가 조심스러운 게 사실이다. 그러므로 결국 이 글에서 토론한 성리학적 마음 시뮬레이션의 가능성은 제한적 의미의 도덕적 기능을 의미한다는 점을 인정해야 할 것이다.

셋째, 성리학적 마음 모델로 구현된 AMA가 사회에서 도덕적 역할을 수행한다면, 자연스럽게 도덕적 법적 지위의 문제를 신중하게 검토해야 한다. 신상규도 다수의 논문에서 이 문제를 분석했는데, 그에 따르면 인격성을 전제하지 않는 기능적인 의미의 도덕 행위자[agent] 자격 부여는 가능하다. 신상규의 논문에서는 도덕 행위자의 수행의 성격에 따라 윤리적 영향 행위자, 암묵적 윤리 행위자, 명시적 윤리 행위자, 온전한 윤리 행위자로 분류했는데, 그중 명시적 윤리 행위자는 윤리적 범주를 이용하여 윤리적 추론을 하고 이를 토대로 윤리적 선택을 수행하는 방식으로 작동하는 기계이다.[29] 성리학적 마음 모델을 시뮬레이션 한다면 명시적 윤리 행위자 정도의 기능을 수행하는 것을 목표로 할 것이다.

한편, 유가철학적 관점에서 이 문제를 다룬 논문 「유가철학에서 인공지능로봇 지위 설정에 관한 시론」에서 황갑연은 인공지능로봇 윤리가 외왕[外王] 사업의 차원에서 그 도덕적 지위를 토론하는 것이 요청됨을 지적하면서, 도덕 실천의 고려대상에는 포함될 수 있으나 인간과 동일한 수준에서의 지위를 부여할 수 없음을 논증했다. 이는 유가철학에서의 물[物]의 범위를 분석하고 대상과 주체의 개념을 중심으로 인공지능의 지위를 논함으로써 이 주제에 대한 기본적 관점을 정립히는 데 의의가 있다.[30] 본 논문에서 논의한 구현 기능성보다 윤리적 검토가 우선되어야 한다는 점도 반드시 고려해야 할 필자의 과제라고 생각한다.

도덕적 시스템의 시뮬레이션 가능성

AMA가 반드시 인격적 모델이어야 하는 것은 아니다. 대화형 챗봇과 같은 시뮬레이션으로 구현하는 것이 아니라 다양한 시스템 형태로도 가능하다. 무의식적 도덕성이 수기修己의 차원에서는 용납될 수 없지만, 치인治人의 차원에서는 가능하기 때문이다. 사실 율곡의 정치개혁론을 살펴보면 그가 도덕적 인간의 정치 활동도 중시하지만, 도덕적 시스템을 마련해야 함을 강조했음을 볼 수 있다.

플로리디와 샌더스는 자유의지나 감정이 드러나지 않는 동물이 도덕적 인자agent가 될 수 있는 것처럼 "사회적 맥락에서는 조직과 같은 시스템이 도덕적 대리인의 역할을 할 수 있다"는 점을 지적하면서, 도덕적 인자가 반드시 자유의지, 도덕적 감정 등의 정신상태가 있어야 하는가에 대해 의문을 제기한다. 그리고 사회적 법적 인자를 고려하여 비인간적 맥락에서 도덕적 인자의 자격의 범위를 확장하는 것이 AMA를 포용하기 위한 유일한 비용이 될 것이라고 주장한다.[31]

율곡의 왕도정치와 정치개혁론을 도덕적 치인治人 시스템으로 구현할 수 있다면 이는 성리학적인 '무의식적 도덕성'의 시뮬레이션이라고 할 수 있다. 율곡은 정치 활동 기간이 길지는 않지만, 매우 적극적인 개혁주의자였다. 그는 시대에 대한 정확한 판단을 바탕으로 법과 제도를 시대에 맞게 고치는 것이 훌륭한 정치라고 믿었고, 당시를 조선 개국 이래 국가 안정화의 시기를 거친 개혁의 시대라고 판단했다. 또한 조선 초기에 마련한 정치, 경제, 국방, 교육 등의 법과 제도가 이제는 민생에 맞지 않거나 시세에 맞지 않으니 개혁해야 한다는 입장이었다.

율곡의 정치개혁론의 핵심은 크게 세 가지로 볼 수 있다. 군주의 정치 원칙의 개혁, 정치 구조의 개혁, 경제 제도의 개혁이다. 아래에서는 그중 군주의 정치 원칙과 정치 구조 개혁에 대해 간략히 정리하고, 그것을 어떻게 유용한 시스템으로 설계할 수 있을지를 모색해보려고 한다.

군주의 정치 원칙

"도덕적인 군주가 도덕적인 정치를 행한다"는 성리학의 정치 이상에 비추어보면, 무엇보다도 군주의 정치 행위가 중요하다. 율곡 또한 군주의 수양을 도덕정치의 근본이라고 보았다. 하지만 율곡은 군주의 수양이 성리학에서 일반적으로 요구하는 수양과는 같을 수 없다는 점을 지적했다. 군주는 자신을 위해서가 아니라 백성을 위해서 수양을 해야 하는 사람이므로, 일반적인 수양과 함께 특히 '정치 활동'을 수행하는 과정에서 수양해야 한다는 것이다.[32]

군주의 궁리窮理는 정치 활동에서 대신들과 함께 시비를 따지고 문제점을 제거하는 훈련을 하는 것이 중요하다. 이러한 수양을 통해 선단善斷, 즉 바른 판단을 할 수 있을뿐더러 군주의 판단이 도덕정치를 실행하고 도덕사회를 이루는 데 중요할 수밖에 없었던 왕조 시대였기 때문이다.

사실 율곡은 군주 한 사람만 도덕적이면 된다는 식의 생각은 전혀 하지 않았다. 원래 고대 유학에서부터 도덕정치는 군주가 이끄는 것이기 때문에 군주의 도덕성을 특별히 중시했다. 『논어』에 "북극성을 뭇별들이 따른다"는 구절은 도덕적인 군주가 그 도덕의 힘으로 만백성을 도덕적으로 만들고 사회를 도덕적으로 만든다는 정치 이상을 표현한 대표적인 비유이다. 하지만 율곡은 그 북극성의 비유는 이상적이며, 현실에서는 군주 한 사람만 도덕적으로 된다고 해서 도덕 사회가 실현되는 것은 어렵다고 생각한 것 같다.

따라서 율곡은 선조에게 올린 글에서도 군주에게 능력이 부족하다면 훌륭한 사람을 임용해 일을 맡기는 것이 옳다고 진언하기도 했다.[33] 그가 제시한 해법은 현명한 신하들을 등용하는 것이었다. 이른바 "바른 사람을 가까이 하라[親正人]"는 것이다. 군주의 도덕적 능력은 도덕적으로 정치를 수행할 사람을 임용하는 안목에 있다. 그럼으로써 율곡은 인재를 선발 및 훈련시키고 적합한 직책을 맡겨 지속적으로 견제하면서 지원하는 방법에 대해 상세히 제안했다.[34]

그가 올린 상소의 내용을 보면 율곡이 얼마나 실용주의자였는지 알 수 있다. 도덕적으로 흠 없는 사람이 '바른 사람'이지만, 율곡에 따르면 관리로서 바른 사람은 '능력 있고 책임감 있는 사람'이다. 그래서 율곡은 능력 있는 사람을 추천하는 제도와 함께, 한 직책에서 오랫동안 머물러 실력과 경험을 쌓도록 하는 제도를 제안했다. 특히 후자는 그가 책임감과 연륜, 실력, 그리고 경험의 전승을 중시했기 때문이다.

율곡이 선조에게 올린 상소문들에서 구체적으로 설명했던 군자[君子]의 유형들을 활용하여 인재 추천 시스템을 구현해 볼 수도 있을 것이다. 현대 사회에서도 활용할 수 있는 인사 시스템을 설계할 수 있다면, 도덕정치의 실현을 군주 한 사람이 이끄는 것이 아니라 시스템으로 구축해야 한다는 율곡의 이념과도 일치할 듯하다. 말하자면 군주의 '바른 판단[善斷]'을 돕는 시스템이다. 어떻게 보면 군주를 A.I.로 만들자는 상상일 수도 있지만, 군주나 정치인의 개인적인 의견 대신 코딩을 활용한 공정 시스템이 마련된다면, 더 설득력 있는 인사 추천도 가능할 것이다.

정치의 구조 개혁

율곡의 개혁 시도는 단지 도덕적 군주에 따른 것이 아니라, 현실적으로 군주가 도덕정치를 할 수밖에 없는 '구조', 나아가 도덕적이지 못한 군주라 해도 정치는 도덕적으로 운영될 수밖에 없게 하는 장치를 마련하는 것이었다. 그가 제안한 구조 개혁의 초점은 정치개혁과 경제개혁 두 가지에 맞춰져 있었으며 핵심 키워드는 '간소화'에 있었다. 따라서 율곡은 행정조직 조정, 정부 구조 개편 및 왕실 재정 감축, 언론과 세금 제도의 개혁 등 모두 복잡하고 필요 없는 적폐를 없애 간소화하는 방안을 제안했다. 나아가 형식적인 간소화에 그치지 않고 정치 주체가 솔선수범하여 면밀한 평가와 분석을 통해 합리적인 방안을 마련할 것을 주장했다. 붕당정치가 본격적으로 시작되던 시대, 기존의 부조리를 제거하여 정치 주체들이 실질적으로 일을 책임지고 합리적인 절차에 맞게 정치가 이뤄질 수 있게 하기 위한 것이었다.

율곡은 당시의 문제에 대해 철저하게 민생을 중심으로 진단하려 했기 때문에, 민생 문제를 해결하기 위해 정치 구조와 경제 제도 두 축에서 관련된 법과 제도를 분석해서 개혁안을 제출했다. 게다가 율곡은 당시의 법뿐만 아니라 역사적으로 내려온 관습 중에서도 본받을 만한 점들을 활용하자는 입장이었다. 시야를 넓게 한다면 더 좋은 해법을 구할 수 있다고 생각한 것이다. 이러한 율곡의 개혁관을 참고하여, 기존 사례의 데이터베이스를 마련하고 그것을 기반으로 해법을 찾는 방식을 코딩으로 설계하는 것도 가능하지 않을까 기대해본다.

한편 율곡은 공론 형성이 정치에 미치는 영향을 중요하게 생각한 나머지 공론이 자율적으로 형성되고 효율적으로 소통되는 구조를 고민하여 다양한 채널을 활용할 것을 제안했다. 당시 그를 반대하는 사람들은 그가 헛된 말들[空言]을 숭상한다고 비웃었고, 결국 붕당의 갈등 사이에서 율곡의 노력은 열매를 맺지 못했다. 그러나 효율적이고 합리적인 공론 형성 시스템을 구현하는 데 율곡의 노력은 참고와 활용의 여지가 충분하다고 생각한다.

성리학의 보편도덕과 인간본성 개념의 확장 필요

이 글에서는 비록 시론적 단계에 불과하지만, 보편화된 개념들을 형식적으로 기술하여 컴퓨터에서 다룰 수 있는 형태로 구성할 수 있을 것인가를 알아보고자 도덕적 마음과 도덕적 시스템을 구분하여 성리학적 도덕 행위자 구현을 위한 시뮬레이션의 가능성을 탐색했다. 여기서 더 나아간다면 도덕 모델의 상세한 명제들을 구체적이고 현실성 있게 구성하여 적용할 수 있을 것이다. 로하스의 시도처럼, 성리학의 실천 명령들의 핵심을 명시한다면 정확한 성찰과 오류의 발견도 가능할 것이다. 즉 성리학에서는 이익을 취하려는 행위보다는 공정성을 더 우선시하는 행위를, 자신의 개인적 이익보다는 가족이나 조직의 안전을 더 우선시하는 행위를, 나아가 자신이 속한 문화권의 도덕적 규범과 관습을 지키는 행위를 도덕적이라고 평가하기 때문에, 이러한 행위를 구체화하여 성찰하도록 할 수 있을 것이다. 또한 율곡이 선조에게 올린 상소문들에서 구체적으로 설명했던 군자의 유형들을 참고하는 것도 유용하다. 율곡은 바른 사람[正士]을 등용해야 한다는 점을 호소하면서 소인과 군자를 분별하는 다양한 방식을 설명했는데, 대부분 현대 사회인의 조직 내 태도나 행동으로 번역이 가능하다.

신상규의 논문에서 지적했듯이 인공지능과 인간 사이에서 일어날 상호작용은 과거의 기술과 인간의 상호작용과는 다른 양상을 띠게 될 것[35]이라는 점도 반드시 검토해야 할 사항이다. 이 문제는 본 논문에서 다루기에는 광범한 주제이므로 향후 연구과제로 남겨두지만, 기술과 인간의 새로운 관계에 대한 예방적 대안을 모색해야 한다는 점을 지적하고 싶다. 인간과 인공지능의 상호작용의 성격이 변화하는 시대, 성리학 또한 보편도덕[理]과 인간본성[性]의 개념을 더 확장시키거나 혹은 새로운 개념을 제시해야 할 것이다. 가령 공론公論에 의해 형성되는 보편도덕의 범위, 기술적으로 업그레이드되는 인격 개념, 인격과 전자인격의 차이점 및 특수한 관계성 등 다양한 토론이 필요하다.[36]

서문_ 인문코딩이란 무엇인가

1 박충식, 「인공지능은 인문학이다: 구성적 정보 철학적 관점에서」, 『철학탐구』 56집(2019),
   181~212면.
2 "한계 달한 '스케일링 법칙'··· AGI 꿈 멀어지나", 『AI 타임즈』, 2024년 11월 21일. https://www.
   aitimes.com/news/articleView.html?idxno=165343
3 박충식, "챗GPT를 넘어 인문코딩으로", 『대학지성』, 2023년 7월 30일. https://www.unipress.
   co.kr/news/articleView.html?idxno=8863

1_ 사회를 코딩하기

1 계산사회과학을 조망하기 위한 문헌 중 단행본으로는 다음을 참고할 수 있다. 황용석 외 2017,
   살가닉(Salganik) 2020.
2 사회과학에서의 컴퓨터 시뮬레이션 사용 역사와 발전 과정에 대한 소개로는 Troitzsch 1997,
   Marcy & Willer 2002를 참고할 수 있다.
3 https://ccl.northwestern.edu/netlogo/
4 https://www.python.org
5 https://www.r-project.org
6 파이썬을 설치하거나 웹브라우저에서 Colaboratory(줄여서 'Colab'이라고 함)에 접속하여 실행할
   수도 있다. https://colab.research.google.com
7 계산 텍스트 분석에 대해서는 황용석 외 2017 중 백영민, 이상엽의 글, Grimmer et al. 2020 등
   을 참고할 수 있다.
8 https://picryl.com/media/computer-room-christopher-krafts-personal-copies-nara-
   278195-ea045c)

2_ 역사 시뮬레이션과 역사 코딩

1 문수현, 「독일의 디지털 역사학 현황」, 『역사학보』, 240 (2018.12), 1-2쪽.
2 권윤경, 「새로운 문필공화국을 위하여」, 『역사학보』, 240 (2018.12), 36쪽.
3 Daniel J. Cohen et. al., "Interchange: The Promise of Digital History", *Journal of American
   History*, 95(2) (2008), p. 454.
4 Lincoln Mullen, "The Spread of U.S. Slavery, 1790-1860", interactive map, https://
   lincolnmullen.com/projects/slavery/
5 https://www.locatinglondon.org/

6   https://medium.com/@prem.damoor19/history-of-digital-maps-b45e94ca45fa

7   송민 외, 「텍스트 마이닝을 이용한 2012년 한국대선 관련 트위터 분석」, 『지능정보연구』 19(3) (2013), 141-156쪽, 〈http://jiisonline.evehost.co.kr/files/DLA/20131108225932_9-19-3. pdf〉.

8   Deni Kurnianto Nurgroho, "US presidential election 2020 prediction based on Twitter data using lexicon-based sentiment analysis," *11th International Conference on Cloud Computing, Data Science & Engineering (Confluence)*. IEEE. 2021. p. 136-141;

9   국내 멀티캠퍼스 딥 러닝 기반 AI 엔지니어링 세미 1차 프로젝트, 〈https://github.com/ineed-coffee/text_mining_for_US_election〉

10 유병국, 김순홍, 「소셜네트워크 분석을 통한 마케팅 전략: 트위터의 검색네트워크」, 『한국콘텐츠 학회논문지』 13(5) (2013), 396-407쪽.

11 이 프로젝트는 조선시대에 실시된 748회의 문과 시험 등에서 급제한 1만 4천 6백여 명의 자 (字), 생졸년(生卒年), 본관, 거주지, 호(號), 관직 경력 등을 데이터베이스화 하였다. "'보주 조선 문과방목' CD롬 출간", 중앙일보, 2001년 12월 5일, https://news.joins.com/article/4183262; "조선왕조실록 빛낸 '이응근 CD롬'," 중앙일보, 2015년 4월 10일, https://news.joins.com/article/17556457; Javier Cha, "Digital Korean studies: recent advances and new frontiers", Digital Library Perspectives. 34(3) (2018). 229-232쪽.

12 「공기어 분석」, Trends21 코퍼스, http://corpus.korea.ac.kr/.

13 허수, 「네트워크 분석을 통해 본 1980년대 '민중' - 『동아일보』의 용례를 중심으로 -」, 『개념과 소통』, 18 (2016.12), 53-95쪽.

14 문수현, 「독일의 디지털 역사학 현황」, 21-24쪽.

15 문상호, 강지훈, 이동열, 『디지털 인문학의 이해』 (파주, 이담Books, 2016), 40쪽; 박은재, 「영국 디지털 역사학의 발전과 현황」, 『역사학보』, 240 (2018.12), 84쪽.

16 정요근, 「역사 GIS 기반 1910년 기준 면(面) 단위 행정구역의 복원」, 『한국사연구』 197 (2022.06), 69-112쪽.

17 Sangkuk Lee and Wonjae Lee, "Strategizing Marriage: A Genealogical Analysis of Korean Marriage Networks," *Journal of Interdisciplinary History*, 48(1) (2017), pp. 1-19; Sangkuk Lee and Jong Hee Park, "Quality over Quantity: A Lineage-Survival Strategy of Elite Families in Premodern Korea," *Social Science History*, 43 (2019), pp. 31-61.

18 Digital_history-Wikipedia, https://en.wikipedia.org/wiki/Digital_history

19 Computational_History-wikipedia; How the New Science of Computational History Is Changing the Study of the Past, MIT Technology Review, https://www.technologyreview. com/2016/06/23/159138/how-the-new-science-of-computational-history-is-changing-the-study-of-the-past/
    https://en.wikipedia.org/wiki/Computational_history.

20 Digital_Computational_model - Wikipedia, https://en.wikipedia.org/wiki/Computational_model.

21 Machine_learning, https://en.wikipedia.org/wiki/Machine_learning.

22 Simulation-Wikipedia, https://en.wikipedia.org/wiki/Simulation.

23 Charles Raux, "A systems dynamics model for the urban travel system."

24 Insight Maker-Start Building Insight and moddles-Types of Modeling, https://insightmaker. com/Modeling.

25 Ettema, D., de Jong, K., Timmermans, H.J.P., Bakema, A. (2007), "PUMA: Multi-Agent

Modelling of Urban Systems", in *Modelling Land-Use Change, Progress and Applications*, (Eds.)
Koomen, E., Stillwell, J., Bakema, A., Scholten, H.J., pp. 237 – 258, Dordrecht (Springer)

26 1st International Workshop on Computational History, https://www.dri.ie/1st-international-workshop-computational-history; 2nd International Workshop on Computational History and Data-Driven Humanities, http://kdeg.scss.tcd.ie/2nd-international-workshop-computational-history-and-data-driven-humanities.

5_ 생성형 인공지능과 시적 연산

1 이 글은 2023년에 평론으로 발표했던 내용 중 일부를 모아 아트디퓨전 관객을 위해 한 편의 글로 개고한 글이다. 각기 출처가 되는 글은 「시를 연산한다는 것의 의미」(『현대시학』 2023.04) , 「문장 바둑의 가능성」(『백조』 2023.07), 「챗GPT는 만들지 않는다. 단지 인간과 함께 탐험할 뿐」(『연극평론』 2023.06) 등이다.

2 이 파이썬 코드는 2022년 워크숍 목적으로 프로토룸의 김승범 작가가 제작해 배포한 것이다. 지금은 GPTsheet 같은 상업적 서비스에서 더 간단히 실험해 볼 수 있게 되었다.

6_ 프로그램 코딩과 논리 교육

1 Aristotle, *Topics*, 100a25
2 _____, *Analytica priora*, 41b36, 참조
3 Max Bramer, *Logic Programming with Prolog*, Introduction, v., Springer, 2005.

7_ 칸트 머신

1 *Kant and Artificial Intelligence*, Edited by Hyeongjoo Kim and Dieter Schönecker, De Gruyter, 2022.; Lavanya Singh, Automated Kantian Ethics: A Faithful Implementation (https://github.com/lsingh123/automatedkantianethics); Oliver Bendel, Kevin Schwegler, Bradley Richards, Towards Kant Machines, The AAAI 2017 Spring Symposium on Artificial Intelligence for the Social Good, Technical Report SS-17-01; 박충식, 2018, 「윤리적 인공지능 로봇: 구성적 정보 철학 관점에서」, 『과학철학』 21권 3호: 39-65.

2

1. Richard Evans, "Apperception," in *Human-Like Machine Intelligence*, ed. by Stephen Muggleton, Nicholas Chater, Oxford University Press, 2021.
2. _____, "Making Sense of Sensory Input," *Artificial Intelligence*, 2020.
3. _____, "Formalizing Kant's Rules," *Journal of Philosophical Logic*, 2019.
4. _____, "Inductive General Game Playing," *Machine Learning*, 2019.
5. _____, "Making Sense of Raw Input," *Artificial Intelligence*, 2021.
6. _____, "Can Neural Networks Understand Logic Entailment?," *ICLR*, 2018.
7. _____, "Learning Explanatory Rules from Noisy Data," *JAIR*, 2018.
8. _____, "Kant on Constituted Mental Activity," *APA*, 2017.

9. "A Kantian Cognitive Architecture." *Philosophical Studies*, 2016.

10. Richard Evans, "Self-Legislating Machines: What Can Kant Teach Us About Original Intentionality?," *Kant Studien* 113 (3):555–576, 2022.

11. Felix Lindner and Martin Mose Bentzen, "A Formalization of Kant's Second Formulation of the Categorical Imperative."

12. IMMANUEL – The Ethical Reasoning Robot, https://youtu.be/ FcgDftgvReA?si=PAMnNRMPsPNHq1gv

3

1. Robert Hanna, On the Impossibility of Kantbots and Seeing What's Staring Us Right in the Face, https://bobhannahbob1.medium.com/on-the-impossibility-of-kantbots-and-seeing-whats-staring-us-right-in-the-face-754d2e8a5eb3

2. Gerard Baker, Is There Anything 챗GPT's AI 'Kant' Do?, Wall Street Journal, Feb. 13. 2023 2:19 pm ET, https://www.wsj.com/articles/is-there-anything-챗GPT-kant-do-openai-artificial-intelligence-automation-morality-immanuel-kant-philosophy-91f306ca

3. Cheryce von Xylander, Quipping Equipment Apropos of Robots and Kantian Chatbots, Research article, https://doi.org/10.48417/technolang.2022.01.09.

4. Ghostwriter Kant, https://forum2.ainetwork.ai/t/ghostwriter-kant/124, https://github.com/dleunji/kant/tree/ainize?utm_medium=social&utm_source=medium%20en&utm_campaign=everyone%20ai&utm_content=kant#ghostwriter-kant

5. [Teachable NLP] Kant is willing to be ghostwriter only for you, https://forum2.ainetwork.ai/t/teachable-nlp-kant-is-willing-to-be-ghostwriter-only-for-you/58

6. AI rewrites The Critique of Pure Reason of Kant: The first philosophy book writen by artificial intelligence Kant Bot(Japanese Edition), https://www.amazon.com/rewrites-Critique-Pure-Reason-Kant-ebook/dp/B01BJ06EHW

4 백종현. 2018. 『인간이란 무엇인가?』. 아카넷; 이마누엘 칸트. 백종현(역), 2014. 『실용적 관점에서의 인간학』. 아카넷; 백종현. 2019. 『한국 칸트사전』. 아카넷; 백종현. 2017. 『이성의 역사』. 아카넷; 김상환. 2019. 『왜 칸트인가』. 21세기북스; 질 들뢰즈. 서동욱(역). 2006. 『칸트의 비판철학』. 민음사.

8_ 율곡 머신

1 이 주제를 다룰 때 인공지능과 인공생명의 차이와 연관성을 고려해야 한다는 지적도 중요하다. 그 문제는 또 다른 광범한 학문 분야와 관련되어 있으므로 본 논문에서 상세히 다루지 못하지만, 필자의 향후 연구과제로 남겨두고자 한다.(Susan A. J. Stuart, Chris Dobbyn, "A Kantian Prescription for Artificial Conscious Experience" 참조)

2 이 공동연구 논문에서는 도덕 심성모델을 시뮬레이션 하기 위해 마음은 만들어지는 것이라고 주장하는 급진적 구성주의 관점으로 접근했다고 하면서, 존재와 자아, 가치 등의 문제에 대해 전통적 개념과는 다소 다른 맥락에서 다루고자 한다는 입장을 표명했다. 이에 대해서는 다른 관점도 가능하지 않을까 생각한다. 전통적 개념과 성리학적 모델의 정형화는 양립가능할 수 있다는 것이 필자의 생각인데, 좀 더 면밀한 연구와 논증이 필요하리라고 본다.

3 유권종, 박충식, 「성리학적 심성모델 시뮬레이션을 이용한 유교 예 교육 방법의 효용성 분석」, 『동양철학』 16, 2002 참조.

4 김승영, 「인공지능(AI)시대 도래에 따른 '리' 해석의 다중 모델 고찰-퇴계를 중심으로」, 『대동철학』 94집, 대동철학회, 2021 참조.

5 Susan A.J. Stuart, Chris Dobbyn, *A Kantian Prescription for Artificial Conscious Experience*(Leonardo, 2002) 407~409면 참조.

6 Oliver Bendel, Kevin Schwegler, Bradley Richards, "Towards Kant Machines"(The AAAI 2017 Spring Symposium on Artificial Intelligence for the Social Good, 2017) 참조.

7 『朱熹集』卷40 「答何叔京」: 心主于身, 其所以爲體者, 性也; 所以爲用者, 情也. 是以貫乎動靜而無不在焉. 『朱熹集』卷32, 「答張欽夫」: 然人之一身, 知覺運用莫非心之所爲, 則心者固所以主於身, 而無動靜語黙之間也. 然方其靜也, 事物未至, 思慮未萌, 而一性渾然, 道義全具, 其所謂中是乃心之所以爲體而寂然不動者也. 及其動也, 事物交至, 思慮萌焉, 則七情迭用, 各有攸主, 其所謂和, 是乃心之所以爲用, 感而遂通者也. 然性之靜也而不能不動, 情之動也而必有節焉, 是則心之所以寂然感通, 周流貫徹而體用未始相離者也. 有以主乎靜之動, 是以寂而未嘗不感; 有以察乎動中之靜, 是以感而未嘗不寂. 寂而常感, 感而常寂, 此心之所以周流貫徹而無一息之不仁也.

8 칸트 머신과 비교했을 때 율곡은 마음을 세계의 다른 존재들과 마찬가지로 기(氣)라고 보기 때문에 세계와 마음이 모두 기(氣)로서 같은 패턴으로 작용한다고 설명한다. 즉, 마음과 경험세계가 작동하는 패턴이 동일하다는 점이 현실적 마음의 작용을 구현하는 데 어떤 역할을 할 수 있을까 하는 점도 고려해 볼 만하다. 생체모방학의 주장처럼 자연의 방식이 새로운 문명에 적용되는 것이 가장 용이하고 유용하고 가치 있다는 점에서도 연구의 가치가 있다고 생각한다.

9 『栗谷全書』書 제31권 「語錄上」: 心之知覺, 氣耶, 理耶, 曰能知能覺者, 氣也, 所以知所以覺者, 理也.

10 『栗谷全書』 제31권 「語錄上」: 心之虛靈﹐不特有性而然也. 至通至正之氣凝而爲心, 故虛靈也." ("心是氣也. 感原惑生而無非心之發, 則豈非氣發也."(제10권「答成浩原), "性者, 理氣之合也. 蓋理在氣中然後爲性, 若不在形質之中, 則當謂之理, 不當謂之性也."(上同)

11 본 논문은 율곡이 마음의 개념을 정립할 때 어떤 관점으로 접근했는가를 중심으로 정형화 가능성을 타진하는 것을 목적으로 한다. 이에 율곡의 마음의 개념 내의 세세한 쟁점들을 분석하여 적용하는 것은 다음의 과제로 삼고자 한다.

12 『栗谷全書』제20권 「答安應休」: 性理也, 心氣也, 情是心之動也. 『栗谷全書』 제14권 「人心道心圖說」: 心應事物而發於外者, 謂之情.

13 『栗谷全書』제20권 「聖學輯要」: 之因所感, 而紬繹商量者, 謂之意.

14 『栗谷全書』제20권 「聖學輯要」: 志者, 心有所之之謂, 情旣發而定其趨向也. 『栗谷全書』 제32권 「語錄下」: 意則是情之發出因緣計較者, 志則是指一處一直趨向者, 意陰而志陽也. 然則性情統於心, 而志意又統於情者也.

15 선이나 악으로 가는 것이 의지이다. 『栗谷全書』제20권 「聖學輯要」: 之善之惡, 皆志也.

16 「中庸」: 喜怒哀樂之未發, 謂之中. 發而皆中節, 謂之和.

17 『栗谷全書』제12권: 誠無爲者 未發也. 幾者 動之微者也. 動之微也 已有善惡幾 乃情也.

18 『栗谷全書』제32권「語錄下」: 所謂眞誠意者, 格物致知, 理明心開, 而誠其意之謂⋯. 未能眞知, 則恐難得到眞誠意也.

19 협의의 정(情)

20 성의를 현상학적 차원으로만 해석하는 것에 반론을 제기했던 김지은은 "외물과의 소통이 발생한 이발시의 지각 과정에서 의식을 반성적으로 점검하며 상황에 맞는 정리(正理)를 헤아리고 추구하

는 능동적인 사려 활동"으로 정의했다.(김지은, 「율곡 도덕감정론의 지각 기제」, 52면) 필자는 이 견해에 동의하며 이러한 성의를 통해 도덕적 판단력과 목표의식을 강화할 수 있다는 점을 강조하고자 한다.

21 율곡은 기질 공부에 대해 더 상세하게 접근하여 기질을 바로잡거나[矯氣質] 오래된 나쁜 습관을 타파하는[革舊習] 공부를 제안했고 수신(修身)을 위해 일상적으로 실천할 수 있는 방법을 가르쳤다. 그러므로 향후 본 연구가 진전된다면 더 상세한 공부방법을 적용해야 할 것이다.

22 『栗谷全書』제27권「擊蒙要訣」: 惟有心志, 則可以變愚爲智, 變不肖爲賢, 此則心之虛靈, 不拘於稟受故也.

23 『栗谷全書』제32권「語錄下」: 所謂眞誠意者, 格物致知, 理明心開, 而誠其意之謂. … 致知不精, 不能到得眞誠意境界也. … 未能眞知, 則恐難得到眞誠意也.

24 도덕적 수준은 보편 도덕의 범위 안에서 상황윤리를 실현하는 정도를 의미하므로, 어느 지점에서 완성되는 것은 아니다.

25 『栗谷全書』제20권「聖學輯要」: 一物格而萬里通, 雖顔子亦未至此, 惟今日而格一物焉, 積習旣多然後, 脫然有貫通處耳. … 窮理者, 非謂必盡窮天下之理, 又非謂止窮得一理便到, 但積累多後, 自當脫然有悟處.

26 김상득, 「기계의 메타윤리학:AI로봇의 윤리적 결정을 중심으로」, 『동서철학연구』제96호, 한국동서철학회, 2020 참조.

27 Oliver Bendel, Kevin Schwegler, Bradley Richards, "Towards Kant Machines"(The AAAI 2017 Spring Symposium on Artificial Intelligence for the Social Good, 2017), p. 8 참조.

28 이재승, 「AMA의 도덕적 지위의 문제」, 『철학논총』102, 새한철학회, 2020, 532~535면 참조.

29 신상규, 「인공지능은 자율적 도덕 행위자일 수 있는가?」, 『철학』제132집, 2017, 268~271면 참조. 실제로 유럽연합은 로봇에게 전자인격의 지위를 부여하는 결의안을 통과시켰고 로봇시민법을 제정할 계획이라고 밝히는 등 법적 지위의 실제적 움직임이 진행되고 있다. 이러한 실제적 움직임 이전에 인공지능의 수행의 성격과 인격성의 차이점에 대한 충분한 토론이 필요하다고 본다.

30 황갑연, 「유가철학에서 인공지능로봇 지위 설정에 관한 試論」, 『중국학보』88집, 2019 참조.

31 Floridi-Sanders, "On The Morality Of Artificial Agent, Minds & Machines", *Journal for Artificial Intelligence, Philosophy and Cognitive Science*, 2004 참조.

32 『栗谷全書』제6권「聖學輯要」의 수기(修己) 항목에서 군주의 궁리(窮理)는 도덕과 정의를 밝히고 정당한 정치 논쟁을 수용하며 선을 견지하는 것이라고 했다.

33 『栗谷全書』제29권「經筵日記」: 若自度才不足以治國, 則必得賢於己者而任之可也.

34 『栗谷全書』제3권 疏箚를 보면 어떤 사람을 등용해야 하는지, 군자와 소인을 어떻게 판별할지를 예시를 늘면서 진언하고 있다.

35 신상규(2017) 267면 참조.

36 목광수의 논문 등 인공지능 시대에 인격 개념에 대한 논의의 필요성과 기본원칙을 제시한 논문들이 이미 의미 있고 상세한 제안을 하였다. (목광수, 인공지능 시대에 적합한 인격 개념-인정에 근거한 모델을 중심으로, 새한철학회, 철학논총 90, 2017)

박충식

유원대학교(아산캠퍼스) AI소프트웨어학과 석좌교수. 한국포스트휴먼연구소 인공지능로봇센터장. 한양대학교 전자공학과를 졸업하고 연세대학교 전자공학과(인공지능 전공)에서 석사및 박사학위를 받았다. 구성주의적 관점의 인공지능을 연구하고 있으며, 인문사회학과 인공지능의 학제적 연구에 관심을 두고 있다. 주요 저서로는 『인공지능의 존재론』, 『인공지능의 윤리학』, 『내가 만난 루만』(이상 공저)이 있고, 「인공지능은 인문학이다」, 「정보기계로서의 생명」, 「From Data to Agents」 등의 논문을 발표했으며 '박충식의 인공지능으로 보는 세상'의 제목으로 50여 건의 칼럼을 연재하였다.

정광진

사회정의문화연구소 대표이자 한양여대 사회복지과 겸임교수. 대학과 대학원에서 사회학을 공부하고 장애정책 연구기관과 단체에서 관련 연구를 수행했다. 기술과 장애의 관계를 다룬 연구로는 「4차 산업혁명에 따른 장애인 고용의 변화와 대응방안」(2018)이 있고 그밖에 다양한 주제의 장애정책 연구에 참여했다. 과학기술학, 사회체계이론, 정책분석, 사회정책 등을 공부했고 특히 학제간 연구에 관심이 많다. 소셜 시뮬레이션, 인공지능이 사회에 대한 연구의 확장과 심화에 어떻게 기여할 수 있을지 그 가능성을 탐색하고 적용하는 일은 연구소의 주요 관심사 중 하나다.

이상동

성균관대학교 사학과 부교수. 전남대 역사교육과를 거쳐 2019년부터 성균관대학교에서 서양 중세사를 연구하고 가르친다. 종교문화사와 정치사를 기반으로 스코틀랜드 중세사를 연구하는 데 관심을 두고 있으며, 코로나 19 팬데믹을 기점으로 서유럽 흑사병 연구에 집중하며 『중세 서유럽의 흑사병』(2023)을 저술했다. 중세 초 잉글랜드로 연구 영역을 확장하여 중세 맥락에서 잉글랜드의 정체성 형성을 연구하고 있다. 뜻이 맞는 연구자들과 함께 역사 연구 방법론으로서 '컴퓨테이셔널 역사학'의 가능성을 도모하고 있다.

심형준

서울대 인문학연구원 책임연구원. 전공 분야는 한국 종교이며, 인지종교학과 응용종교학을 함께 연구하고 있다. 종교문화를 형성하는 자연적 조건과 역사문화적 조건의 상호작용을 주로 연구하며, 최근에는 온라인 종교문화와 현대 한국의 새로운 종교문화 현상에 대한 연구를 진행하고 있다. 저서(공저)로는 『신과 인간이 만나는 곳, 산』(2020), 『한국의 종교학: 종교, 종교들, 종교문화』(2019) 등이 있고, 최근 논문으로는 「붕어는 액막이 부적인가, 행운의 부적인가?」(2024)가 있다. 종교문화에 대한 진화인지적 접근, 디지털 시대의 종교문화 변동, 한국의 종교 개념사 등에 관한 다수의 논문을 발표했으며, 특히 최근에는 '갓생살기' 현상이나 온라인 성지 밈과 같은 현대적 종교문화 현상에 대한 연구를 수행하고 있다.

박진호

서울대학교 국어국문학과 교수. 언어유형론의 관점에서 한국어 문법을 연구해 왔고, 전산언어학과 디지털인문학에 대한 연구와 교육도 병행하고 있다. 딥 러닝 기반 한국어 형태소분석기를 개발하여, 이것이 '바른' 형태소분석기의 모태가 되었다. 유니코드 기반 콘코던스인 Uniconc도 개발하여 국어사 연구자들에게 널리 쓰이고 있다. 서울대 AI연구원 기획부원장, 한국디지털인문학협희회 회장도 맡아서, 인문학에 AI 등의 디지털 기술을 적용하는 연구를 하고 있으며, 서평 전문지『서울리뷰오브북스』의 편집위원으로도 활동하고 있다.

오영진

서울과학기술대학교 융합교양학부 초빙조교수. 2015년부터 한양대학교 에리카 교과목 '소프트웨어와 인문비평'을 개발하고 '기계비평'의 기획자로 활동해 왔다. 컴퓨터게임과 웹툰, 소셜 네트워크 등으로 대변되는 디지털 문화의 미학과 정치성을 연구하고 있다. 시리아 난민을 소재로 한 웹 반응형 인터랙티브 스토리 〈햇살 아래서〉(2018)의 공동개발자이다. 가상세계에서 비극적 사건의 장소를 체험하는 다크투어리즘 〈에란겔: 다크투어〉(2021)와 학술대회 'SF와 지정학적 미학' 연계 메타버스 〈끝나지 않는 항해〉(2021.12.06.~19), 〈AI 공포 라디오 쇼〉(2022.08.04. 아트센터나비), 〈ChatGPT WAR 1부〉(2023.06.23. 플랫폼엘, KADA, NMARA), 〈창조적 경계: AI 문장채굴꾼〉(2024.10.10. CT 페어 1섹션)을 연출했다.

석기용

성신여대 창의융합학부 교수. 서강대학교 철학과를 졸업하고 동 대학원에서 로버트 브랜덤의 추론주의 의미 이론을 연구하여 박사학위를 받았다. 주로 논리학 및 비판적 사고 관련 과목들을 강의하고 있다. 〈인포스피어 휴머니티를 위한 정보철학〉 연구단에 공동연구원으로 참여했다. 주요 저서로는 『비판적 사고와 토론』, 『인공지능 시대의 철학자들: 정보철학이 던지는 열 가지 질문』, 『철학과 현실, 현실과 철학 4: 현대 문명의 향도 – 인류 문명 진보를 위한 현대 철학의 모색들』(이상 공저)이 있으며, 『AI 윤리의 모든 것』, 『정보철학 입문』, 『낭만주의의 뿌리』, 『비트겐슈타인과 세기말 빈』, 『난파된 정신』, 『로마 황제처럼 생각하는 법』, 『분노란 무엇인가』, 『편견』, 『좌절의 기술』, 『그리고 나는 스토아주의자가 되었다』, 『우주의 끝에서 철학하기』 등 다수의 전문 철학서와 인문 교양서를 우리말로 옮겼다.

최복희

가톨릭대학교 학부대학 교수. 서강대학교 철학과에서 중국철학으로 학사 및 석사학위를 받았고, 중국 북경대학에서 '주희와 불교사상의 관계' 연구로 철학박사 학위를 받았다. 최근 중국과 한국의 성리학에서 인간본성론과 마음의 개념, 그리고 세대 간 정의론, 포스트휴먼 논쟁 등에 관심을 갖고 있다. 현재 Moral Engineering과 Machine Ethics의 쟁점에 대한 성리학적 해명에 관한 연구를 진행 중이다. 저서로는 『성리학과 심성론』이 있고, 논문으로는 「생명체에 대한 도덕적 의무와 세대 간 정의에 대한 성리학적 탐구」, 「성리학에서 인공적 도덕행위자 구현 가능성을 위한 시론」, 「성리학 인성론으로 본 포스트젠더리즘」, 「도덕적 생명 향상에 대한 성리학적 비판」 등이 있다.

인문코딩
인문학과 인공지능의 공진화

발행일   2025년 1월 20일 1판 1쇄
지은이   박충식 · 정광진 · 이상동 · 심형준 · 박진호 · 오영진 · 석기용 · 최복희
펴낸이   김일수
펴낸곳   파이돈
출판등록 제349-99-01330호
주 소   03035 서울시 종로구 자하문로17길 12-10 2층
전자우편 phaidonbook@gmail.com
전 화   070-8983-7652
팩 스   0504-053-5433
ISBN   979-11-985619-7-8 (94300)
        979-11-981092-6-2 (세트)

책값은 뒤표지에 있습니다.